# 当代西方社会的危机与困境

曲伟杰 著

北京邮电大学出版社
www.buptpress.com

# 内 容 简 介

本书以自觉的问题意识为导向,通过深入考察当前西方社会各领域中存在的诸多问题,揭示出西方民主制度固有的缺点与不足。近些年,西方的自由主义民主模式在发展的过程中出现了实质性的衰退,西方社会正面临着巨大的、结构性的共识撕裂的危机,这种危机表现在经济、文化、社会、政治等多个方面。不少西方学者甚至忧心忡忡地预期,西方社会正面临着前所未有的分化、转折和重组。深入研究西方国家所面临的各种问题,这样做有助于我们对西方自由主义民主模式的缺陷与不足保持清醒的认识,增强我们坚持走中国特色社会主义建设道路的信心和定力,更加自觉地拥护中国特色社会主义这一来之不易的实践成果。

## 图书在版编目(CIP)数据

当代西方社会的危机与困境 / 曲伟杰著. -- 北京:北京邮电大学出版社,2019.5(2019.11重印)

ISBN 978-7-5635-5611-3

Ⅰ. ①当… Ⅱ. ①曲… Ⅲ. ①经济发展－研究－西方国家②社会发展－研究－西方国家 Ⅳ. ①F113.4②D569

中国版本图书馆 CIP 数据核字(2018)第 239124 号

---

| | |
|---|---|
| 书　　名 | 当代西方社会的危机与困境 |
| 著　　者 | 曲伟杰 |
| 责任编辑 | 张珊珊 |
| 出版发行 | 北京邮电大学出版社 |
| 社　　址 | 北京市海淀区西土城路 10 号(100876) |
| 发 行 部 | 电话:010-62282185　传真:010-62283578 |
| E-mail | publish@bupt.edu.cn |
| 经　　销 | 各地新华书店 |
| 印　　刷 | 北京九州迅驰传媒文化有限公司 |
| 开　　本 | 720 mm×1 000 mm　1/16 |
| 印　　张 | 11.75 |
| 字　　数 | 205 千字 |
| 版　　次 | 2019 年 5 月第 1 版　2019 年 11 月第 2 次印刷 |

ISBN 978-7-5635-5611-3　　　　　　　　　　　　　　　定价:38.00 元

·如有印装质量问题,请与北京邮电大学出版社发行部联系·

# 前　言

近些年，西方国家的民主体制正面临着难以解决的困境与危机。当前，西方民主危机有多重表现形式，其中，新民粹主义的崛起是最为明显的标志之一。大西洋两岸，右翼民粹主义思潮遥相呼应。在欧洲，民粹主义政党的声势逐渐扩张，右翼民粹主义政党执政逐渐成为趋势，匈牙利、波兰、奥地利等国都是右翼政党执政；在美国，反移民、反全球化等另类右翼思潮来势凶猛，对自由派精英所大力宣扬的进步主义价值叙事造成极大的冲击。从根本上讲，新民粹主义的崛起不是一夕之间发生的，它是西方国家内部存在的深层次问题长期演化的结果。

本书的研究重点在于全面探讨当代西方社会各领域中存在的诸多问题。在经济上，西方社会的结构性的经济不平等是出现诸多难以解决的社会问题的重要因素之一。在文化上，很多右翼政党的支持者关切的核心议题是移民问题，他们既反对移民分享福利和抢占工作机会，更加反对移民所带来的多元化的身份和价值认同。

通过审视当代西方社会所面临的危机和困境，我们可以更清楚地认识到自由主义民主的实质与不足，增强我们坚持走中国特色社会主义建设道路的信心和定力，这是本书的研究目的。西方国家存在的深层次问题对自由主义民主模式提出了严肃的挑战，正是这些问题的存在揭示出西方民主体制所固有的缺点与不足。

# 目 录

导论 ·········································································· 1

## 第 1 章　西方自由主义民主模式的局限 ························· 7
### 1.1　自由主义民主的实质 ··········································· 7
### 1.2　个人主义思潮的缺点与不足 ·································· 9
### 1.3　自由主义民主合法性的薄弱基础 ··························· 13

## 第 2 章　西方社会的经济不平等及其后果 ····················· 20
### 2.1　社会平等的理论基础 ········································· 21
### 2.2　西方社会经济不平等的现状 ································ 29
### 2.3　"两个美国"——美国梦的衰落 ···························· 38
### 2.4　本土主义叙事的张扬 ········································ 45

## 第 3 章　文化冲突视野下的西方社会危机 ····················· 60
### 3.1　保守派对世俗化的反弹 ····································· 61
### 3.2　多元文化主义的发展悖论 ·································· 71
### 3.3　价值虚无主义的流行 ········································ 80
### 3.4　传统道德话语的回归 ········································ 89

## 第 4 章　西方民族主义社会思潮的兴起 ······················ 101
### 4.1　身份政治的凸显 ············································ 102
### 4.2　政治共同体与边界 ········································· 110
### 4.3　重提民族国家 ··············································· 120

## 第5章 当代西方政治运作的困境 ········· 130

5.1 社会共识的破裂——大众与精英的对立 ········· 131

5.2 新媒体对传统政治秩序的冲击 ········· 144

5.3 后真相政治与社会信任的下降 ········· 153

## 第6章 西方社会危机的现实启示 ········· 160

## 参考文献 ········· 169

# 导　论

如果从古希腊时代的雅典城邦民主算起，西方民主已经经过了两千多年的漫长发展历程；即便不把中世纪的千年历史计入其中，仅从近现代算起，西方民主制度也经历了几百年的发展历程。这期间，西方民主制度发生过若干次的曲折与反复，而关于民主的理论也演化出众多的思想流派。现在，流行于西方社会的有代表性的民主理论（包括协商民主、精英民主、多元民主等），都可以在更早期的政治实践和思想作品中找到自身的理论渊源。但是，总体上讲，从古代到近代，民主制度并没有赢得西方思想家的广泛认同，柏拉图、亚里士多德、卢梭、黑格尔、马克思等许多西方思想家都对民主制度持批判性的态度，他们也都对民主制度所可能导致的问题进行过深刻的反思。西方民主制度的大范围扩张，发生在19世纪和20世纪，尤其是20世纪后半叶，美国政治学家塞缪尔·亨廷顿将其概括为"第三波民主化浪潮"。亨廷顿指出，与古希腊民主不一样，"现代民主并不是简单的村庄、部族或者城邦的民主；它是民族国家的民主，而且它的出现也与民族国家的发展联系在一起"[①]。在18世纪50年代，还没有任何现代意义上的民主制度在西方世界中存在。直至1789年，法国大革命的爆发把民族国家和人民主权这两种重要的政治观念推向了历史的舞台，此后，西方世界的民主化浪潮就同时伴随着民族解放的浪潮。当民主政治与民族国家成为一对相辅相成的"孪生"观念之后，民主政治才开始了在全世界范围内的扩张。

但是，近些年，西方民主国家在发展的过程中遭遇到了越来越多的问题和挑战，民主制度的缺点与不足日渐凸显出来。正如《经济学人》杂志在2014年3月的一期封面文章中所说的那样："民主正处在困难的时期。"[②] 这一评估比较准确地概括了西方民主政治的现状。稍微浏览一下最近几年西方学者出版的一些学术著作，如：*The Life and Death of Democracy* （John

---

[①] 塞缪尔·亨廷顿.第三波：20世纪后期的民主化浪潮.欧阳景根译，北京：中国人民大学出版社，2017年，第9页。

[②] *What's gone wrong with democracy*, The Economist, March 1st-7th, 2014, p43.

Keane，2010）①、*Democracy Against Itself*（Mark Chou，2014）、*Four Crises of American Democracy*（Alasdair Roberts，2017）、*How Democracy Ends*（David Runciman，2018）、*The People Versus Democracy：Why Our Freedom Is in Danger and How to Save It*（Yascha Mounk，2018），我们就可以想见问题的严重性。仅从这些作品的标题中就不难发现，西方学者对自身的社会制度正在逐渐失去信心，已经完全没有了弗朗西斯·福山当年提出"历史的终结"这一观点时的自信。实际上，即便对于福山而言，他都在相当大的程度上改变了自己的思想，虽然并没有完全放弃历史终结论的核心观点，但是他也承认出现了世界范围内的自由民主的衰退。2016 年，福山在 *Foreign Affairs*（《外交事务》）杂志（2016 年 7/8 月号）上发表了一篇文章："American Political Decay or Renewal？"。这篇文章的中心思想就是，认为"美国的政治体制实际上已经遭受了实质性的衰落"②。

  曾经的历史终结论者都承认西方的自由民主出现了全球性的衰退，这就足以证明西方社会确确实实存在着诸多重大的政治和社会问题。美国学者拉里·戴蒙德的研究指出："民主衰退的开始可以追溯到 1999 年的巴基斯坦军事政变。该次政变意味着许多新生的民主体制不能发挥良好的效果，实现经济发展、社会和平以及良善的治理。"③ 从 2006 年开始，全球性的民主衰退变得更加明显，而新民粹主义的泛滥就是民主衰退的标志性特征之一。"在希腊、匈牙利、意大利、波兰、斯洛伐克和瑞士 6 个欧洲国家中，民粹主义政党占据议会多数席位。"④ 到了 2016 年，民粹主义、"后真相"政治等又成为西方国家的政治话语中使用频率最高的词汇。特别是伴随着美国总统大选，特朗普的最终胜出超出了绝大多数知识精英和主流媒体的预料。透过美国大选，我们可以看到精英与大众、上层社会与底层社会之间的分歧与对立错综复杂、难以消除。在这一大背景下，西方自由派精英所大力宣扬的全球主义、权利革命、多元文化主义等进步主义的价值叙事遭到了空前的挫折和冲击，而本土主义、反全球化、白人身份认同等偏向保守主义的思想议题开始张扬。不少西方学者甚至忧心忡忡地预期，西方社会正面临着前所未有的分化、转

---

① 该书已有中译本，参见约翰·基恩：《生死民主》（上、下），安雯译，北京：中央编译出版社，2016 年。约翰·基恩是澳大利亚政治哲学家。
② Francis Fukuyama, American Political Decay or Renewal？. *Foreign Affairs*，July/August 2016，p68.
③ 拉里·戴蒙德：《民主的精神》"引言"，张大军译，北京：群言出版社，2013 年，第 14 页。
④ 崔建民：《西方新民粹主义泛滥的警示意义和重要启迪》，《红旗文稿》，2018 年第 8 期，第 35 页。

折和重组，自由主义民主制度的前途晦暗不明。毫无疑问，正是西方社会存在的难以化解的深层次问题才导致新民粹主义的广泛兴起，与此同时，它的兴起也进一步加剧了西方社会本来就存在的问题与困境。需要特别说明的是，从根源上讲，任何一个为人瞩目的社会问题都不是由单一因素造成的，而是多种因素相互叠加、相互作用的结果。西方国家今天所面对的棘手的社会问题不是用一种因素能够解释清楚的。

如果用一句话来概括当代西方社会发展过程中的困境，那就是西方社会巨大的、结构性的共识正面临着撕裂的危机。这种共识撕裂的危机有多重表现，但最为重要的是以下三个方面：

其一，在经济领域的表现。众所周知，西方国家的左翼政党倾向于代表工人、少数族裔和移民群体的利益，基本的政策纲领是实行更加平等的财富再分配政策，因此他们主张实行高税收和高福利的社会政策，主张加强政府管制以遏制大资本、大企业对银行和金融系统的掌控，提高最低工资标准以保障普通工人的利益；而右翼政党倾向于代表企业家、农场主和宗教团体的利益，他们一般会主张采取对企业和个人进行减税等扩张性的财政政策，这样可以让企业有资本追加投资，雇佣更多的工人，降低失业率，而个人也可以有更多的资金用于消费，拉动国内的消费市场。很显然，左翼政党和右翼政党的利益诉求及其背后的支持者是不同的。2008年美国次贷危机以及紧随其后的欧洲主权债务危机的爆发加剧了西方国家内部本就存在的经济政策上的矛盾。目前看来，这一矛盾难以轻易地妥协和调和。

其二，在文化和价值观角度的表现。国内外许多学者业已指出，现阶段西方国家内部正在持续地进行一场影响深远的"价值观对决"或者说"文化战争"。这一对决或战争的实质涉及的是西方人自身的深层次的身份认同，即重新确认"我是谁"的问题。这场价值观对决异常明显地表现为保守派阵营与自由派阵营之间的全方位论争。广义的保守派包括宗教上的保守派，经济上主张小政府、大社会的古典资本主义者，以及强调家庭、责任和爱国等传统价值观念的文化保守主义者。西方社会的主流精英公开表达的思想观念在大多数情况下都是要符合"政治正确"的，也就是要符合自由主义的基本规范——强调个人权利和对多元文化的包容。在西方，精英与大众之间的对立在很大程度上可以等同于自由主义与保守主义这两大意识形态阵营之间的对立。精英更倾向于接受自由主义的价值观念，比如支持各种亚文化群体和少数族裔群体的平权运动、支持更加宽松的移民政策、支持自由流动的全球化的经济政策等。反之，普通大众则更倾向于接受保守主义的价值观念，比如坚持传统的宗教信仰、反对妇女堕胎合法化、支持更加严格的移民审查制度等。这种深层次的认同危机导致不同群体间的分歧与冲突在短期内根本无法弥合。

其三，在政治领域的表现。西方国家内部在经济、价值观念等一系列问题上的分歧加剧了社会共识的分裂程度，社会共识的分裂导致持有不同立场的政党组织之间经常性地处在紧张对立和彼此攻讦的状态中。伴随着民主选举对选民群体的政治情绪的调动，政党轮替下的政治极化现象日趋严重，大量宝贵的社会资源被浪费在情绪化地攻击政治对手上。在政治极化的前提下，安东尼·吉登斯所构想"第三条道路"（或"中间道路"）根本没有容身之地，不同政党中的温和派成员都面临着压力，他们甚至被称为政治上的濒危物种。在今天的美国，秉持温和立场的共和党人有一个专有名词"Rino"（Republican in name only），直译为"只是名义上的共和党人"。仅此一例，我们就足可看出西方政党政治的极化程度。党派之间的恶性竞争让已然出现分裂的西方社会不断走向更深的分裂。结果是，很多关乎重大公共利益的政治议题悬而不决，立法和行政部门的效率持续低下，进而引发了全社会的广泛不满。

基于对当代西方社会发展现状的深入反思，在面对西方的各种新思潮、新理论的时候，我们必须注意结合中国的历史传统和具体国情，不能简单地照搬西方政治经济制度。2014年9月，习近平同志在庆祝全国人民代表大会成立60周年大会上的讲话中指出："照抄照搬他国的政治制度行不通，会水土不服，会画虎不成反类犬，甚至会把国家前途命运葬送掉。"[①] 实现中国梦必须要走中国道路，中国梦必须奠定在中国化的基础之上，中国梦是对马克思主义中国化理论的继承与发扬。深入研究西方国家所面临的各种问题，有助于我们对西方自由主义民主模式的缺陷与不足保持清醒的认识，有助于我们更加自觉地捍卫中国特色社会主义这一来之不易的实践成果。

---

① 中共中央宣传部编：《习近平总书记系列重要讲话读本》，北京：人民出版社，2016年，第166页。

# 第 1 章

# 西方自由主义民主模式的局限

任何关于西方社会问题的研究都离不开对西方民主制度的深入研究，因为这一制度模式影响到西方社会生活的方方面面。可以说，当前西方国家所面临的各种问题都与这一制度模式有着紧密的关联，西方社会的危机在很大程度上也表现为西方民主制度的危机。从古希腊至今，西方民主制度在演变的进程中发展出了许多理论流派和具体的政治制度形式，其中，共和主义民主与自由主义民主是西方民主的两大模式，而自由主义民主模式又占据着主流的地位。

自由主义民主倡导一系列进步主义的价值理念，诸如个人权利、个人自由、平等主义、多元文化主义等。在所有的这些理念中，个人权利和自由的优先性无疑处在自由主义民主的核心位置上。换言之，自由主义民主制度的作用之一就是要保障个人权利和自由的优先性。原子主义的理性主体观念从哲学基础的角度论证了个人权利和自由的优先性。追根溯源，西方社会的问题与困境恰恰说明自由主义民主所依赖的哲学基础本身就存在着很大的局限与不足。对现代理性自我观念的过度强调极易导致个人主义思潮的泛滥。托克维尔认为，个人主义是民主的产物，并且随着身份平等的扩大而发展，若是不加节制，"久而久之，个人主义也会打击和破坏其他一切美德，最后沦为利己主义"[①]。将政治合法性完全建立在个人的同意和对个人的保护这一基础之上的自由主义民主制度又与民粹主义政治是一体两面的。

## 1.1　自由主义民主的实质

众所周知，"民主"（Democracy）政治起源于古希腊城邦时代。从词源学

---

① 托克维尔：《论美国的民主》（下卷），董果良译，北京：商务印书馆，2011 年，第 625 页。

上分析，民主的最初含义指的是村落中的居民（"平民"）的统治。公元前六世纪，古希腊的梭伦改革被认为是奠定了城邦民主的基础，它的主要目标之一就是废除贵族的世袭政治权力。此后，为了进一步提升平民的政治地位，克里斯提尼改革又把雅典公民由氏族编制改为地区编制，从而分散和瓦解了传统地方贵族的家族势力对政治决策的影响力。到了公元前5世纪的伯利克里时代，雅典城邦民主政治达到了顶峰。伯罗奔尼撒战争结束后，雅典城邦民主走向衰落。最终，在公元前四世纪后期，雅典城邦被崛起的马其顿帝国吞并。对于民主政体的界定，古希腊哲学家亚里士多德认为，民主政体是由自由而贫穷的、同时又是多数的人们所统治的政体。此处所说的"多数人"明显地是指城邦中的平民，只要以多数的平民为统治主体的政体一定是民主政体。亚里士多德在论述城邦的构成时认为，在一切城邦中，所有公民都可以划分为三个部分：富有阶级（the rich class）、贫穷阶级（the poor class）和中产阶级（the middle class）。亚里士多德的这一划分是以城邦公民所拥有的财产数量的多寡为标准的。按照亚里士多德的定义，在民主政体之下，没有多少财产的平民应该占城邦人口的大多数，当他们集合在一起的时候，就可以形成城邦中最大的一股政治力量。在古希腊，平民是与贵族相抗衡的社会阶层，他们之间的政治斗争贯穿雅典城邦民主政治的始终。根据法国学者雅克琳娜·德·罗米伊的研究，在古希腊，平民派"代表着与其他阶级或集团对立的阶级或集团"[①]。所以，民主政治也可以等同于"大多数平民（穷人）的统治"。

从制度架构上看，雅典城邦民主与当代西方社会的民主政治之间存在着巨大的差异。当代西方民主政治通常是与选举权、被选举权、代议机构、三权分立、政党轮替等政治设置联系在一起的，古希腊民主政治则与此不同，具体来讲，它主要有以下四点特殊之处。第一，据记载，为了防止政治党派斗争，古希腊梭伦改革确立了以抽签方式选举执政官的制度，具体的方法是，在由4个部落直接选举40名候选人后，通过抽签的办法从中选出9名执政官。从此以后，治理城邦的官员中的多数都是通过抽签的方式产生。在雅典人那里，选举并不是体现民主的手段。亚里士多德明确地说，就任用行政官员而论，抽签法被认为是属于民主性质的，而选举法则被认为是属于寡头性质的。第二，不同于今天西方国家流行的以代议制为特征的间接民主，雅典

---

① 雅克琳娜·德·罗米伊：《希腊民主的问题》，高煜译，南京：译林出版社，2015年，第128页。

城邦实行的是直接民主制，公民直接参与城邦的最高权力决策，投身于城邦的公共事务中，而不是通过在各个选区选举出一位或几位代表，代表自己行使权力。在雅典城邦中，作为最高权力机构的公民大会就是由拥有公民权的全体公民共同参加的，每位公民都可以在大会上发表意见，行使自己的表决权。第三，雅典城邦中没有现代意义上的政党①，并非政党政治。古希腊时代的思想家——包括苏格拉底、柏拉图、亚里士多德等——普遍反对党争，激烈的党派纷争会极大地削弱对城邦公共福祉的追求，从而导致城邦的衰败。应该说，古希腊的这一思想脉络一直影响到启蒙时代。在西方近代观念史上，无论是法国启蒙思想家卢梭还是英国保守派思想家埃德蒙·柏克，均视党派政治为政治生活的一大障碍，党派政治被认为是追逐狭隘的利益目标，从而有损于公共利益的实现。卢梭坚决主张排除掉"派系"和"小集团"等因素对政治决策的影响，"为了很好地表达公意，最重要的就是国家之内不能有派系存在，并且每个公民只能是表示自己的意见"②。所以，卢梭反对公民彼此之间的利益勾结，他希望合格的公民都能够独立自主地发表个人的看法，既不受别人的裹挟，也不被别人所煽动。第四，古希腊民主之所以能够实行全民参与的直接民主制度，根本原因在于城邦民主的适用范围很小，在雅典城邦中，享有公民权利并且经常性地参加集会的人数大概就是几千人。正所谓"小国寡民"。可以想象，如果这一数字扩大到几十万、上百万，那么选择集会的地点都会成为极大的问题，更遑论进行讨论和决策了。所以，当领土面积广大、人口众多的现代民族国家实行民主政治的时候，间接民主制度就取代了直接民主制度。而且，雅典城邦中的公民之所以能够做到经常性地参加集会，是因为很多劳务工作都是由奴隶完成的。这些客观条件都与西方现代民族国家存在很大的差别。间接民主制度需要选举出代表进行间接治理，所以选举权与被选举权的问题就变得重要起来，以至于当代西方的间接民主制度被一些学者称之为"选主"。

仅就当代西方国家的民主政治而言，它就包括各种各样具体的制度形式：在宪法权力的设定上，分为君主立宪制和共和制；在行政权力的归属上，分为总统制和政党内阁制；在立法权力的分配上，分为一院制和两院制；在议会代表的选举上，分为比例代表制和"赢者通吃"的制度；在投票决策的时候，程序设置可以划分为绝对多数和相对多数。在此基础上，西方学界形成

---

① 王绍光：《民主四讲》，北京：生活·读书·新知三联书店，2008年，第10页。
② 卢梭：《社会契约论》，何兆武译，北京：商务印书馆，2005年，第36页。

了很多种理论派别,如参与民主、协商民主、精英民主等。不少西方学者试图整合民主理论的资源,对从古至今的民主模式进行归纳区分。德国思想家尤尔根·哈贝马斯区分出三种民主模式——自由主义民主、共和主义民主以及程序主义民主①。对于程序主义民主被单列一类,学术界并没有达成共识,但是,把自由主义民主和共和主义民主列为民主的两种基本模式已被西方学术界普遍接受。一般认为,共和主义民主概括的是古希腊罗马的古代民主模式,强调公民责任、公民美德和积极参与公共事务。这种理念在今天已经不是主流,现代西方民主制度的主流形态是自由主义民主模式。

自由主义民主模式的最核心的原则是个人自由和权利的优先性原则。优先性体现在个人权利和自由是第一位的,是必须加以严格保护的,绝不能仅仅为了集体利益或国家利益而牺牲个人。个人的自由和权利神圣不可侵犯,对它们的重视和保护构成了民主制度合法存在的哲学基础,而对公共利益的追求、对政治美德和公民责任的强调则被削弱甚至是替换。事实上,当我们把个人权利和自由放在第一位的时候,共和主义民主所强调的共同善等概念就必然会被放弃。因为既然个人权利具有优先性,那么自然而然个人有权自主选择自己喜欢的生活方式,小到兴趣爱好、职业规划,大到价值理念、宗教信仰,一切的选择都归于个人。从个体的视角出发,我们每个人的选择都会带上极强的个人色彩,最终必然会呈现出多元化的格局。个体选择的多样化侵蚀了共同善存在的根基,而国家又无权强制干预个人的自由选择,也无权指定一种共同的价值理念来要求所有人遵从。包括爱国主义、家庭伦理等在内,传统的价值理念都遭到自由主义者的质疑,他们乐于宣扬的理念之一就是所谓的公民不服从理论。个人优先于社会,权利优先于善,选择优先于目的,所有这些都是自由主义民主模式的要义。

从根本上讲,个人自由和权利的优先性原则奠基在现代理性主体观念的基础之上。西方近现代主体哲学把我们每个人都视为一个理性的道德主体,这一道德主体被视为摆脱了一切未经选择的传统、习俗和道德纽带的约束,迈克尔·桑德尔称之为"无负荷的自我"(unencumbered selves)。即我所接受的一切观念、原则和生活方式都必须是经过我个人的反思、批判和选择的结果,否则就无法证成道德主体的绝对首要地位。因此,康德式的理性主体就表现为一个选择中的自我,而自我的选择能力将优先于选择的目标。对于

---

① 尤尔根·哈贝马斯:《包容他者》,曹卫东译,上海:上海人民出版社,2002年,第279页。

这种孤立的、理性的、自足的主体观念,查尔斯·泰勒将其称之为原子主义的哲学观点。原子主义的理性主体观念为自由主义民主制度下个人权利和自由的优先性奠定了本体论意义上的哲学基础。在这样一种基础上,个人主义思潮在西方社会中兴起并逐渐泛滥。

## 1.2 个人主义思潮的缺点与不足

关于个人主义思潮的起源,英国剑桥大学教授艾伦·麦克法兰有一番基于历史维度的分析:"个人主义是在英国被创造出来的。英国是第一个真正推崇个人主义精神的国家,它随后被传播到了美国,现在它被广泛传播。"[①] 与麦克法兰的观点一样,美国社会学家罗伯特·贝拉更是直言,个人主义是美国文化的核心。追溯个人主义的起源,贝拉认为,17世纪的英国出现了一种对个人权利的激进的哲学论证,约翰·洛克是这种激进哲学的代表人物。这种哲学思想的核心是认为个人先于组织化的社会而存在(于自然状态中),而社会的出现不过是个人之间为了追求和完善各自的利益而结成的自愿性契约,此即现代西方社会制度的理论基石——社会契约论。贝拉将洛克式的激进的个人权利理论称为本体论的个人主义。洛克的这一思想对美国的建国和发展产生了巨大的影响。罗伯特·贝拉提醒我们注意一个有趣的现象:"美国文学有一个根深蒂固而又不断再现的主题,即主人公必须脱离社会,仅以一人或几人为伍,才能或在蛮荒旷野,或在茫茫大海,或在群居社会的边陲之地实现道德的善。"[②] 正如丹尼尔·笛福笔下的荒岛上的鲁滨孙,就是近代资产阶级的形象在文学上的反映。历史学家卡尔·贝克尔在论述西部边疆开拓对美国文化的影响时说:"美国式的个人主义是一种成就感,而非一种离心倾向。……堪萨斯的个人主义有个根本的特点,那就是倾向于服从;它是一种讲求服从而非反叛的个人主义。既然学会了忍耐到底,他们也就学会了服从。……在边疆,人们很快就学会了服从那些最基本的法则,因为抗拒或漠视它们只会是死路一条,在那里,生存法则无时无刻不在起着作用。"[③] 贝克

---

[①] 苗千:《不存在判断文明优劣的标准——专访剑桥大学人类学家艾伦·麦克法兰》,《三联生活周刊》,2018年第25期,第117页。
[②] 罗伯特·N. 贝拉等著:《心灵的习性:美国人生活中的个人主义和公共责任》,周穗明等译,北京:中国社会科学出版社,2011年,第193页。
[③] 卡尔·贝克尔:《人人都是他自己的历史学家》,马万利译,北京:北京大学出版社,2013年,第15页。

尔的这一解读可以补充贝拉的观点。

在今天的学术界，学者们愿意比较东西方文化之间的异同。20世纪后半叶亚洲经济的快速发展特别是亚洲"四小龙"的出现增强了亚洲各国的自我肯定，各国的领导者普遍相信，亚洲在经济上的成功崛起在很大程度上得益于亚洲传统文化的影响。在20世纪80年代到90年代，东西方学界都兴起了对"亚洲价值观"的热烈讨论。原新加坡总理李光耀就认为，东亚在经济上的腾飞主要是源于东亚文化更强调集体而非个人："东亚人（日本人、韩国人、中国人和新加坡人）的带有更强群体意识的价值观和实践，在赶超进程中表明是明显宝贵的东西。东亚文化所持的价值观，如集体利益高于个人利益，支持了团体的努力，而这对于迅速发展是必要的。"① 不同于强调集体主义的亚洲价值观，西方近代个人主义思潮有个特点，为了追求普遍主义的权利优先性原则，原子式的个人被剔除掉一切外在的标识——民族的、宗教的、文化的、性别的，而只保留一个独立的、理性的主体自我概念。按照法国近代哲学家笛卡尔的刻画，自主的理性主体将会怀疑一切。自由主义对自主选择的强调实际上隐含着对个体理性的高度信任。在这种意义上，后现代主义无论对理性有多么严厉的批判，其实质仍然是对个体理性的高度依赖。个体为了反抗理性规训秩序的霸权而故意放纵自己，去反潮流，这些行为和言说的背后就没有理性的影子吗？答案是否定的。在任何一种正式的选择之前，都会有对形势的判断和对自身因应能力的衡量。后现代主义者选择反潮流，这一行为和理论本身就要求他对什么是潮流有自己的判断，而自己给出的替代方案又能够言之成"理"，这样才有理由去说服别人。批判和解构绝不单纯是情绪的宣泄，否则撰写大部头的理论著作就没有意义。批判和解构恰恰是理性的人类行为。解构者可以解构逻各斯中心主义，但解构不了理性本身，我们从后现代主义哲学家的著作中看到的是他们对个体理性的纯熟运用。

问题是，我们能否相信原子式的无负荷的自我的可能性？"我们理性分析和选择的能力都是社会的产物，正义和其他社会价值也都是社会和历史的产物"②。离开具体的社会情境来谈论抽象的价值、原则和观念是没有太多意义的。人的概念并不是单纯作为一种观念预设而高悬在我们的头顶之上，恰恰是每一个具体的、活生生的个人所承载着并体现着这一概念的细微之处。我们其实都是作为特定的社会身份的承担者而与这个世界打交道的。自由主义

---

① 塞缪尔·亨廷顿：《文明的冲突》，周琪等译，北京：新华出版社，2017年，第111页。
② 冯颜利、郑一明主编：《国外马克思主义研究专题》，北京：当代世界出版社，2010年，第38页。

者对个人的存在做"减法",减去个人的内在和外在的所有约束条件,得出一个纯粹的理性主体概念。但是,在抽离掉个人的所有身份角色和外在标识之后,自我将只是一个抽象的、空洞的概念,因而也将是无法认识的。在清除了民族、历史、文化和信仰的影响后,我们甚至不能对哪怕是最常见的社会现象进行解释。美国政治哲学家和法哲学家罗纳德·德沃金提出过一个颇为有趣的问题:"生活在距离加利福尼亚州与内华达州分界线仅一英里之遥的加利福尼亚人,或者生活在距法德国界仅一英里之遥的法国人,他们的统治者与边界另一侧一英里地方生活着的那些内华达人或德国人完全不同。"① 对于这种常见的政治现象,任何的自由主义哲学原则都没办法解释清楚。脱离开历史的和文化的阐释视角之后,政治哲学家完全无法说明为什么全世界的领土面积被划分为如此众多的政治共同体,民族国家的边界到底又是如何产生的?

对于个人主义所无法圆满解释的这些问题,共同体主义则给出了相应的回答。早在古希腊时代,亚里士多德就指出,人在本性上是一个政治动物,因而是社会性的存在,单个个体的非自足性决定了城邦建立的必要性。我们每个人仅仅依靠自身的能力都难以生存下去,只有生活在一个城邦共同体中,我们的生存需要才能得到最大程度的满足。城邦的存在既要满足每个人的生存,更要促进良善生活和善观念的实现。很明显,亚里士多德主义的共同体思路并不仅仅着眼于保障个人的生存和利益,它还包括对共同善的重要承诺。在亚里士多德主义的基础上,德国古典哲学家黑格尔明确提出了伦理实体的概念。不同于近代社会契约论所代表的理性建构主义的思路,黑格尔不赞同建构国家的目的只是为了保护个人的权利与利益,他认为,这样的国家是缺乏伦理理念的。黑格尔主张,国家是一个伦理实体,"单个人是次要的,他必须献身于伦理整体。"② 个体只是作为共同体当中的一员而存在的,共同体所承载的道德、习俗、价值观念构成了个人认知在先的基础。马克思的思想恰恰处在"亚里士多德—黑格尔"这一传统思想脉络当中,他指出:"只有在共同体中,个人才能获得全面发展其才能的手段,也就是说,只有在共同体中才可能有个人自由。"③ 但是,与亚里士多德、黑格尔不同的是,马克思认为,

---

① 罗纳德·德沃金:《刺猬的正义》,周望、徐宗立译,北京:中国政法大学出版社,2016年,第415页。
② 黑格尔:《法哲学原理》,范扬、张企泰译,北京:商务印书馆,2009年,第90页。
③ 《马克思恩格斯文集》(第1卷),中共中央编译局编译,北京:人民出版社,2009年,第571页。

存在着阶级剥削和阶级对立的地方是不会有真正的共同体的。如果共同体当中存在着一个阶级对另一个阶级的统治与压迫，那么阶级斗争就不可避免，而这种阶级的划分和阶级斗争的存在将导致一种"虚假的共同体"的存在。不同的阶级既不分享共同的利益，也不承担共同的义务，更不分享共同的目标和价值。因此，亚里士多德眼中的古代城邦、黑格尔时代的普鲁士帝国，都不是真正意义上的共同体。资本主义社会同样也是虚假的共同体，因为在资本主义社会中，无产阶级和资产阶级之间的对立无法消除，而且始终存在着无产阶级对资产阶级的斗争。在马克思看来，资本主义社会强调要保护自利的个人权利和自由，个体被思想家刻画为孤立的、封闭的"单子"，这种对个人认知上的形而上学思路导致资产阶级社会是建立在人与人之间相互隔离的基础上的，共同体存在的目的是为了保护个人的私人利益，包括财产安全和人身安全，马克思称之为"自然的必然性"[①]。从历史的角度看，个人从来都不是处于孤立的、封闭的状态当中，自由主义对个人权利优先性的描述剥离了个人存在的历史维度，把抽象的、自利的个人作为社会演化的起点，而不是历史发展的结果，这并不符合历史事实。马克思从哲学上把人称之为"类存在物"，这就提示我们，说到底人是一种社会性的存在，社会是个人存在的基础，而不是相反。离群索居只是个案，而非通例。自由主义所构想的自足的、孤立的理性主体是适应18世纪市民社会大规模兴起的社会经济形势的产物。与马克思不同的是，当代西方共同体主义学者更加重视从文化传统、价值观念而非经济基础的角度理解共同体，他们认为，共同体的意义就在于共同的文化传统和社会习俗的存续，因此，我们大可不必采用契约论的视角来建构某一类型的共同体，而是需要发现和继承既有的共同体传统和文化精神。

现实地讲，我们每一个人都是作为社会化的自我而存在的，无论我们承认不承认，我们必定会归属于各自不同的共同体，这些共同体在很大程度上宿命式地形塑了个人的身份认同。尤尔根·哈贝马斯把亚里士多德主义的共同体传统界定为"交往性-伦理性"的思路，也即公民"只有在共同的传统和所认可的政治建制的界域内才能形成个人认同和社会认同"[②]。

---

① 《马克思恩格斯文集》（第1卷），中共中央编译局编译，北京：人民出版社，2009年，第42页。
② 尤尔根·哈贝马斯：《在事实与规范之间》，童世骏译，北京：生活·读书·新知三联书店，2011年，第660页。

## 1.3 自由主义民主合法性的薄弱基础

自由主义民主模式的合法性基础是人民主权原则，这一基础是由17—18世纪的社会契约论传统所奠定的。社会契约论的一般性表述是：人民通过订立社会公约而建立了国家，在这个过程中，"我们每个人都以其自身及其全部的力量共同置于公意的最高指导之下"①。主权的本质就在于它是由公意构成的，而公意体现的则是共同体中全体人民的共同意志，因此它着眼于维护与全体人民都息息相关的公共利益。这就是卢梭提出的著名的人民主权原则。在近现代民主制度的辩护者看来，作为自由而独立的理性存在者，个人既是自身需求和偏好的唯一承载者，也是自身利益的最佳判断者。为了维系和捍卫自身的利益与追求，造物者赋予了每个人不可剥夺的权利，共同体不过是人们相互之间联合起来的一种或紧或松的联盟，其目的正是为了保障个人的权利，以便最大限度地实现个人的利益与追求。政府与个人之间是一种委托关系，政府的任何决策都必须得到公民个人的同意，政府的任何行为都必须取得人民的授权，人民的同意和授权构成了政府权力的合法性来源。从此，人民主权原则成为西方民主制度的基础性证成原则。正像托克维尔考察美国的民主政治时所概括的那样："人民之对美国政界的统治，犹如上帝之统治宇宙。人民是一切事物的原因和结果，凡事皆出自人民，并用于人民。"②

然而，社会契约论存在着天然的理论缺陷，把政治权力的全部合法性完全奠定在社会契约的基础上，这无异于建构起一座空中楼阁。契约论的最大问题在于：一份假想中的契约如何可能拥有实在的约束力？作为社会契约论的主要创始者之一，约翰·洛克一开始就意识到了通过社会契约创立政府的潜在的问题，那就是社会契约论的理论建构色彩浓厚，缺乏历史的依据。在《政府论》中，洛克明确地把这一反对意见列举出来。反对者的意见是从经验的立场出发进行的挑战，洛克的自我辩护也很有意思。他同样从经验的立场出发，却进行反向推导——正因为有关政府起源的历史材料太过缺乏，所以我们也不能据此认定自然状态和社会契约一定是无。以子之矛，攻子之盾，历史主义的论辩思路因为缺乏历史的依据而难以彻底挑战社会契约论的理论

---

① 卢梭：《社会契约论》，何兆武译，北京：商务印书馆，2005年，第20页。
② 托克维尔：《论美国的民主》（上卷），董果良译，北京：商务印书馆，2011年，第64页。

观点。我们可以把洛克的这一反驳称为"否定性的证成":因为你无法完全证明社会契约一定无,所以社会契约是存在的。一般人都会发现,这一否定性的证成说服力较弱。如果没有历史事实作为支撑,那么想要证明或否证某一观点的准确性的努力显然只会是观点提出者的自说自话。洛克不会满足于仅仅是否定性的证成,他要更进一步完成"肯定性的证成"。因此,洛克列出了罗马、威尼斯乃至美洲土著的例子来佐证自己的观点。这种证成方法可以称为"枚举法"(借用数学领域中的概念)。洛克的意图是想通过引用历史的事实确立起社会契约论的牢固根基,然而枚举法本身有一个无法避免的缺憾,那就是除非你能够穷举出所有曾经存在的和继续存在的国家的历史起源的事实,否则你无法得出洛克所希望得出的结论——"世界上任何国家"的起源都符合契约论的构想。无论是在今天还是17世纪的英国,这都是无法完成的举证任务。

即便不考虑社会契约这样一种哲学化的理论建构到底需要多少实证依据,社会契约论的理论逻辑本身依然存在问题,那就是依托人民主权原则的自由主义民主政治具有难以克服地走向民粹主义政治的冲动。严格地说,代表人民主权的公意只能是全体一致的同意,但是,在实际的政治操作中,全体一致的同意几乎不可能发生。密尔就指出,全体一致的同意过于理想化了:"当这种共同同意被习惯神圣化时,它往往给好的开端以坏的结局,并且是招致多数国家在很早阶段停止进步的那种可悲命运的最常有的原因之一。"[1] 在现实生活中,源于不同的利益、见识和能力水平,我们在公共事务上的意见分歧和利益冲突几乎是不可避免的,在这种情况下,试图寻求全体一致的同意几乎是不可能的。从现实性的角度看,我们每个人必定会拥有各自不同的私人利益,对于公共利益而言,它是与我们每个人都息息相关的,也是与每个人的根本利益相一致的。问题是,虽然公共利益并不违背我们每个人的根本利益,但是,我们每个人对公共利益的理解又势必会呈现出多元化的趋势。比如,当我们强调,人人都需要活得更有价值的时候,不同的人对"什么是有价值的生活"的认识和理解是不一样的。"民主社会的政治文化总是具有诸宗教学说、哲学学说和道德学说相互对峙而又无法调和的多样性特征。"[2] "安全""自由""繁荣"等都是抽象的概念,关键是,在通过何种政策来实现"安全""自由""繁荣"等目标的问题上,人们的意见会有很大的区别。经济

---

[1] 约翰·密尔:《代议制政府》,汪瑄译,北京:商务印书馆,2012年,第59页。
[2] 约翰·罗尔斯:《政治自由主义》,万俊人译,南京:译林出版社,2011年,第3页。

繁荣肯定是大家都追求的目标，因为在经济繁荣之下，我们每个人才能获得更多的就业和改善生活的机会。但是，在采取什么样的政策实现经济繁荣的问题上，不同的人会有不同的看法。西方左翼政党主要着眼于通过增加税收和福利政策来缩减贫富之间的差距，让不同的收入群体之间更加平等，从而让底层群体和少数边缘群体在政策的扶持和照顾下获得实际生活上的改善。而西方右翼政党却主张实行大规模的减税政策来刺激经济的增长和繁荣，他们认为，高税收和高福利势必降低企业的利润，从而降低企业扩大再生产的可能性，有些中小型企业可能会因此而倒闭，这就会减少就业岗位，增大失业群体的数量。这两种政策主张之间的争论从未平息，难以达成共识。举凡安全、自由、环保、和平等事关公共利益的重大问题上，出现多元化的观点和见解成为普遍性的情况。

从自由主义民主的逻辑基础上讲，无论选民的政策诉求内容是什么，只要是经过他们的理性选择，这种民意本身就具有难以动摇的理论基础。当然，选民的意见未必是符合国家的根本利益的，因而其政策诉求也可能并非是可选方案中最好的方案，即便这些诉求代表了多数人的意见，多数选择的结果并不表示它就是好的结果。无论如何，既然政府权力的合法性来源于选民的同意，那么选民的观点和意见就具有天然的合理性。既然每个人都可以做出自己的选择，那么无论是何种选择，它们都将能够得到自由主义式的辩护，因为它们都是意志主体的自我抉择。因此，"民主和民粹，具有高度重合性。它们都以'民意的合法性'为其话语核心。"① 毫无疑问，民粹主义的核心要义之一就是宣称自己的人民性。扬-维尔纳·米勒认为，民粹主义的核心特征是对"人民"这个概念的道德垄断，"民粹主义者们宣称，他们而且只有他们才代表'真正的人民'及其意志和利益"②。可见，民粹主义者主张存在着一个罗尔斯所说的凌驾于整个社会之上的一元化的实体性意志，而排斥多元化的意志和利益的表达。这个一元化的实体性意志就类似于卢梭所说的"公意"，卢梭曾经设想过一种人人服从公意的不可分割的统一的整体。民粹主义者对一元化的意志和利益的诉求势必会在很大程度上压制多元化的观点和政策主张，而反对他们的人会被排除在"真正的人民"的概念之外。

问题是，我们如何才能避免在利益的问题上自作主张地检验出真正的共同利益目标呢？在罗尔斯看来，为了确保公共利益被参与其中的人们所广泛

---

① 刘瑜：《民粹与民主：论美国政治中的民粹主义》，《探索与争鸣》，2016年第10期，第68页。
② 刘擎：《2016年西方思想年度述评》，《学海》2017年第2期，第212页。

认可和接受，任何的决策都必须满足"相互性"或者说"对等性"（reciprocity）标准的检验。"双方必须相信，不管他们的正义观多么不同，他们的观点仍然支持着对目前形势的相同判断；甚至当各自的地位互相交换时他们也仍然这样做。"① 简单来讲，所谓的相互性标准指的是，对任意的社会成员而言，互换各自的社会角色和身份不会影响到他们的政策主张。举例来说，某位社会成员 A 主张国家应该实行高税收和高福利的公共政策，这一选择并不应该受到他自身的社会角色的影响。如果当 A 属于低收入群体时，他主张高税收和高福利的政策，反之，当自己属于高收入群体的时候，便不主张高税收和高福利的公共政策，那么他的这种政策选择就满足不了相互性标准的检验，因而他就不能声称自己的选择是为了所有人的共同利益。可见，相互性标准意在公共政策选择的融贯性和普遍性。

不过，罗尔斯只是简略地谈到了相互性标准的问题，而并没有进行细致的辨别。我们可以将相互性标准加以扩展，区分出消极的和积极的两种表述方式，这两种表述方式又分别可以区分出略有差异的四层含义。但是无论是消极意义上的相互性标准，还是积极意义上的相互性标准，我们为了满足近代西方主体哲学的基本前提假定，都必须从个人或自我出发来推导相关的表述。因此，我们可以得出以下八种表述方式：

消极（N-1）——"如果你不想做某事或恪守某种原则、理念，那么你同样没有适当的理由来要求别人做某事或恪守某种原则、理念。"

消极（N-2）——"如果你不想做某事或恪守某种原则、理念，那么别人也同样有适当的理由不做某事或不恪守某种原则、理念。"

消极（N-3）——"如果你不想让别人做某事或恪守某种原则、理念，那么你同样没有适当的理由来做某事或恪守某种原则、理念。"

消极（N-4）——"如果你不想让别人做某事或恪守某种原则、理念，那么别人就有适当的理由来要求你不做某事或恪守某种原则、理念。"

积极（P-1）——"如果你要求自己要做某事或恪守某种原则、理念，那么你同样有适当的理由来要求别人也要做某事或恪守这种原则、理念。"

积极（P-2）——"如果你要求自己要做某事或恪守某种原则、理念，那么别人同样也有适当的理由来要求自己做某事或恪守这种原则、理念。"

---

① 约翰·罗尔斯：《正义论》（修订版），何怀宏等译，北京：中国社会科学出版社，2009年，第304页。

积极（P-3）——"如果你要求别人要做某事或恪守某种原则、理念，那么你同样有适当的理由来要求自己也要做某事或恪守这种原则、理念。"

积极（P-4）——"如果你要求别人要做某事或恪守某种原则、理念，那么别人同样有适当的理由来要求你也要做某事或恪守这种原则、理念。"①

面对这八种不同的表述方式，我们需要谨慎对待。从它们的内容上讲，我们可以两两分组，把它们归置到不同的规范名目之下。

首先，（N-1）和（P-1）代表的（描述的）是一种自我反省式的相互性标准，也就是中国传统哲学所强调的"推己及人"的忠恕之道。（N-1）是这一标准的典型表述，所谓"己所不欲，勿施于人"；（P-1）则更像是站在道德的制高点上进行道德说教，它与儒家所强调的"己欲立而立人，己欲达而达人"（《论语·雍也》）不太一样。这里的他者是虚位以待的。在自我反思的同时，我把"他者"主动纳入自己的反思过程当中，我不需要他者一定就在我的面前。（N-3）和（P-3）也是一种自我反省式的相互性标准，但是与前两者不同的是，这种自我反省是"由人至己"，由外至内。（P-3）是这一标准的典型表述，所谓"正人先正己"。对于（N-3）来讲，在多数情况下，它所展示出来的是消极的自我脱责，其前提条件充当的是修辞的作用。虽然在日常生活中，有不少人会运用到这一表述方式来表达自己的某些观点，但是这一表述方式并不构成自我脱责的充分理由。因为它相当于是代替别人进行否定某种规范要求的选择，然后由人至己，否定掉我的某种规范选择。但由于反思中的他者往往并不在场，因此他者并未做出实质性的某种选择，所以就不足以构成自我否定的理由。比如，我们会听到这样的表述："我不想让你慷慨捐献，我也就没有必要慷慨捐献。"别人的捐献与否并不摆在眼前，因此，你所有的后续选择都是基于自己的想象，它是一种修辞上的辩驳，与相互性标准无关。相互性标准针对的是规范化要求，而且这些规范化要求应该是我们想遵循或

---

① 需要注意的是，我们没有列出这两种消极的和积极的表述方式：（N-0）——"如果你不想做某事或恪守某种原则、理念，那么别人就有适当的理由要求你不做某事或不恪守某种原则、理念。"和（P-0）——"如果你要求自己要做某事或恪守某种原则、理念，那么别人就有适当的理由来要求你做某事或恪守这种原则、理念。"这两种表述方式中的个人意志起到了决定性的作用，而他者（"别人"）只是点缀和陪衬。既然是相互性标准，那么一种"碌碌无为"的他者是不具有太多讨论意义的。故此处从略。

追求的。①

其次，(N-2)和(P-2)代表的是我们在日常生活中会经常的提到的"攀比心理"。(N-2)所表现出的社会攀比心理更加明显，(P-2)则更类似于社会榜样的示范引领作用，或者说社会心理中的从众效应。比如你严格要求自己遵守公司的各项规章制度，别人也就相应地有理由要求自己遵守。这不是命令执行式的风格，它不具备强制性的特点，而刻画的是人与人之间的、微妙的交互影响。这是"弱相互性"，因为它立足于对等的个体的自觉的行为选择。无论是攀比、示范引领，还是从众心理，都是自我调节或自我约束的结果。用传统儒家的伦理思想来比附，有点类似于"见贤思齐焉"（《论语·里仁》）。

最后，能够最形象地代表相互性标准的直接内涵的是(N-4)和(P-4)，这两种表述方式是个人之间的交互要求。无论是消极的还是积极的，双方都处于针锋相对的位置上，因此，这是一种"强相互性"标准。

如果仅从民主选举的角度讲，我们确实不能否认民粹主义者的相关诉求的合法性，因为无论他们诉求的具体内容是什么，那确实都承载着他们对何谓安全而美好的生活的理解，但是，我们同时也必须承认其他人的诉求的正当性，因为那同样也承载着他们对安全而美好的生活的理解。民粹主义的问题在于只认同自身诉求的合理性，而拒斥他人诉求的合理性，这就直接违反了相互性标准的基本设定，所以具有了道德垄断的强烈色彩。民粹主义的道德垄断可以用不同于以上八种表述的方式来表述：

消极的 (N-5)——"如果你不想让别人做某事或恪守某种原则、理念，那么别人就有适当的理由来不做某事或恪守某种原则、理念。"

积极的 (P-5)——"如果你要求别人要做某事或恪守某种原则、理念，那么别人就有适当的理由来做某事或恪守这种原则、理念。"

---

① 由此，我们可以引申出，类似这样的表述就又是属于由人至己："我不想让你上班的时候迟到，我也没有理由迟到。"因为其前提已经表明了他对规范化利益是有追求的。迟到违反的是守时这一规范要求，我所表达出的否定性态度事实上代表着我对守时的追求。因此，我用的是否定性的态度来陈述我的肯定性的要求。此时的 (N-3) 在双重否定之下间接转化成了 (P-3)。但是，我们要注意的是，在 (N-1) 和 (P-1) 之间很难存在这种转化。因为我们不能把否定某种规范化要求的行为当作"推己及人"的前提，不过，否定某种规范要求却可以成为想象中的"由人至己"的前提，反正别人并不在场，也没有亮明态度。比如对于这一表述："我不想上班的时候守时，我也没有理由要求你守时。"我们不能经过双重否定，得出 (P-1) 的表述："我想上班的时候迟到，我有理由要求你也迟到。"

不难看出，(N-5)和(P-5)这两种情况并不符合相互性标准的本意。(N-5)这种情况非常常见，一个简单的例子就是，公司的老板不想让员工在上班时间迟到早退，员工就不会贸然迟到早退，适当的理由是，为了保证公司的存续，公司的规章制度必须得到严格的遵守。因此，(N-5)不属于相互性标准的范畴，它可以被合理地界定为"命令执行"，强制服从是这一类表述的典型特征，而且通行于很多管理严格的社会组织当中。同样，(P-5)这种标准在绝大多数情况下也不适用于解决规范领域的问题，因为在这一表述的背后隐含着的是道德上的强制接纳。比如如果你自己特别珍视美满和睦的家庭生活的价值，这并不足以支撑你把该要求扩展至其他人的身上，如要求别人不可以离婚。类似(P-5)这样的表述类型，我们在各种宗教派别的清规戒律当中很容易找到它们的身影。总之，(N-5)和(P-5)都是单维度的规范要求，都属于命令执行式的风格。

今天，无论是属于自由主义阵营，还是属于保守主义阵营，西方学者都充分意识到了理性多元论的现实。从自由民主的原则出发，自主的个体都可以选择和筹划属于自己的价值和利益。20世纪著名的自由主义学者以赛亚·伯林说过："任何一个社会总有些价值是不能彼此调和的。换句话说，人们赖以生存的某些最终的价值，不光在实践上而且在原则上、在概念上都是不可兼得的，或者说不可彼此结合。"[①] 伯林深刻地指出，许多客观的价值——自由、平等、正义等——它们相互之间不可兼容。查尔斯·泰勒认为："道德和宗教的多样性是一个结构性特征，我们可因此而认为这种多样性也是民主社会的一个持久特征。"[②] 不可通约的多元利益和价值的存在使得任何一元化的诉求在民主制度下都无法实现。因此，我们不妨得出结论，在个人自主选择的意义上，民粹与民主具有天然的同源关系，但是，在政策导向上，民粹主义倾向于否定民主制度下的多元化利益表达。正因为这种天然的同源关系，所以西方自由主义民主制度既无法从理论上彻底驳倒民粹主义的合理性，也无法在实践中避免民粹主义的周期性爆发。这是自由主义民主制度的根源性困境，局部的政策性调整无法彻底解决问题。

---

[①] 拉明·贾汉贝格鲁：《伯林谈话录》，杨祯欣译，南京：译林出版社，2011年，第131页。
[②] 若瑟兰·麦克卢尔、查尔斯·泰勒：《政教分离与良心自由》，程无一译，南京：江苏人民出版社，2018年，第103页。

# 第 2 章

# 西方社会的经济不平等及其后果

当前,西方社会的经济不平等趋势非常严峻,在最近几十年间,财富和收入的不平等日益加剧。2008年美国次贷危机爆发后,"占领华尔街运动"在全美广泛兴起,部分示威者把美国国内的贫富悬殊的分配问题描述为"1% VS 99%"。诺贝尔经济学奖的获得者约瑟夫·斯蒂格利茨将美国的社会阶层分化形容为"1%的人所有、1%的人治理、1%的人享用"。"根据人口调查局的统计,一个典型男性工人在2010年的收入,考虑通货膨胀因素后,比1978年还低。三十年时间原地踏步,或者甚至还发生了倒退。"[①] 失业、收入停滞和财富差距拉大等问题使得社会公平再次成为西方舆论关注的焦点,而每当平等和公平问题被普遍关注的时候,马克思主义的相关理论学说就会赢得更多的西方民众的支持。正是在这一背景之下,一本论述资本主义和不平等之间的关系的著作《21世纪资本论》(法国经济学者托马斯·皮凯蒂于2013年出版)才会在西方社会引起持续而热烈的讨论。

经济不平等的严峻形势与西方国家的政治现状密切相关,不平等的加剧导致政党轮替下的政治极化倾向日益明显,所谓的"第三条道路"或"中间道路"逐渐式微,各政党中的温和派人士逐渐丧失了协调的空间。左翼和右翼民粹主义势力的同时壮大证明了西方国家业已走向政治极化,从根源上讲,这两种社会势力的兴起都与经济不平等的现状有着广泛的联系。与此同时,经济不平等的恶化也导致阶层分化、"代际贫困"、"金主政治"等问题很难得到有效的解决。左翼的支持者认为无节制的跨国资本拉大了上层与底层社会之间的财富差距,因而应该通过高税收的政策来进行再分配,而且资本的跨国流动损害了本国工人的利益;右翼的支持者则把矛头指向了外来移民,他

---

[①] 赫德里克·史密斯:《谁偷走了美国梦:从中产到新穷人》,文泽尔译,北京:新星出版社,2018年,第12页。

们认为移民的到来会侵蚀原有的工作机会和社会福利。正是在各种社会问题和思潮的触发下，张扬的本土主义叙事话语在西方国家强势崛起。

## 2.1 社会平等的理论基础

平等涉及的必然是人与人之间的关系，这是毋庸置疑的，这种关系会有诸多不同的表现，包括人与人之间的身份平等、机会平等、权利平等、性别平等、经济平等。自从封建等级制度崩溃之后，身份上的平等成为欧洲社会的基本的规范性要求。约翰·洛克便认定："人类天生都是自由、平等和独立的，如不得本人的同意，不能把任何人置于这种状态之外。"[1] 近代自然权利学说毕竟代表的是一种对平等的理想化表达。19世纪法国思想家托克维尔在《论美国的民主》中开宗明义："我在合众国逗留期间见到一些新鲜事物，其中最引我注意的，莫过于身份平等。"[2] 这里所说的身份平等主要是针对贵族与平民之间的地位关系而谈的，即贵族地位的下降和平民地位的上升，或者干脆地说，像美国这样的新大陆根本就不存在世袭的贵族阶层，这其实也就是德国社会学大师马克斯·韦伯所谈过的现代社会的"扯平"效应[3]。托克维尔强调，身份平等的发展趋势无人可以阻挡，而社会生活中所发生的各种事情到处都在促进民主。由此可见，人们在身份上是否平等是托克维尔界定民主的一个主要原则，从身份平等出发人们可以相继地推出政治权利、社会权利和其他一切权利上的平等。

伴随着民主政治特别是争取普选权运动的发展，一人一票的投票选举制度通过可操作的程序把抽象的平等理念形式化了。无论你是知识精英，还是普罗大众，我们在选票的数量和权重上都是相等的。纸质的选票本身不带有规范性信息，但当投票的行为被视为每个人的自由意志的表达的时候，一张张无差别的、具体的选票却反向证成和强化了自然权利意义上的平等理念。查尔斯·泰勒在分析古今之变时说："各种形式的平等认同对于民主社会已然

---

[1] 约翰·洛克：《政府论》（下篇），叶启芳、瞿菊农译，北京：商务印书馆，2009年，第59页。
[2] 托克维尔：《论美国的民主》（上卷），董果良译，北京：商务印书馆，2011年，第4页。
[3] 社会学大师韦伯认为，作为现代西方国家的根基——官僚制——的发展会带来人与人之间身份上的扯平趋势，而这种趋势所预示的就是大规模的民主制的出现，可见，韦伯也是着重在"身份平等"的意义上谈论民主的精神的，参见马克斯·韦伯：《经济与社会》（第一卷），阎克文译，上海：上海世纪出版集团，2010年，第330—332页。

是至关重要的。"① 平等的理念通过各种文献或法律文件固定下来②，进而通过教育与实践逐渐演变成为每个人的应然认知。国家中的公民们都逐渐拥有了形式上的平等权利。族裔平等、性别平等、机会平等各种各样的平等理念被不间断地创造出来，影响的范围也越来越大，平等理念从此成为一种代表着先进、文明的进步主义叙事话语，并随之激发起全世界范围内的变革运动。

在所有类型的平等当中，道德人格的平等无疑是平等理念的最有力的规范性基础。道德人格平等指的是排除掉财富、出身、族裔、信仰、性别等外在标志之后人与人之间的无差别的平等。追溯历史，人格平等首先是由古希腊斯多葛学派提出来的。问题是，我们究竟如何界定"人格"？古希腊以来的西方形而上学传统不满足于把人仅仅界定为欲望与情绪的集合体，他们认为，激情应该服从理性的管束，这就推导出人格平等的第一种论证思路——理性主义的证成思路。这一思路的核心要点是认为人在本质上都是理性的存在物，所以，既然人人都拥有理性，那么他们就都应该获得平等的对待。理性主义的思路依托于完备理性的假设，但这显然是有问题的。麦金太尔批评过这一思路的局限："大多数道德哲学中，讨论的起点已经预设了成熟的独立实践推理者，他们的社会关系就是成人世界中的关系。"③ 自由而独立的理性主体概念是自由主义民主模式的哲学基础。麦金太尔曾经从生物学本体论的角度出发探讨过人的生命的脆弱和无能，正因为如此，所以人类在自己生命的绝大多数时间里都是一个"依赖性的理性动物"（dependent rational animals），依赖性将人放置在了与他人的密切关系之中，所有地方性的共同体——如家庭、邻里、俱乐部等——都是在这一关系的基础上才得以成立及维持的。人类的生存与繁荣依赖于各种共同体的存在，在共同体中，人们相互之间彼此依存，共谋发展。完全独立而自由的理性主体更多的只是一种哲学假定，而非人类真正的生存现实。另外，理性主义的思路也很难避免如下的尴尬处境：就每个人的自然禀赋条件而言，无论是体力、智力，还是外貌、性情，不分亲疏远近，人与人之间的差异很大。每个人的智力水平、知识水平和技术能力都很不一样，差异极大，还有一些人是先天或后天的失智者。在近代西方思想

---

① 查尔斯·泰勒：《本真性的伦理》，程炼译，上海：上海三联书店，2012年，第58页。
② 例如，1776年的《独立宣言》中说："我们认为这些真理是不言而喻的：人人生而平等，造物者赋予他们若干不可剥夺的权利，其中包括生命权、自由权和追求幸福的权利。"法国1789年的《人权宣言》中也强调："人生来就是而且始终是自由的，在权利方面一律平等。"
③ 阿拉斯戴尔·麦金太尔：《依赖性的理性动物》，刘玮译，南京：译林出版社，2013年，第67页。

家中，托马斯·霍布斯给出了一种不同寻常的论证。他认为："自然使人在身心两方面的能力都十分相等，以致有时某人的体力虽则显然比另一人强，或是脑力比另一人敏捷；但这一切总加在一起，也不会使人与人之间的差别大到使这人能要求获得人家不能像他一样要求的任何利益。"① 霍布斯之所以提出这样的观点，目的是为了得出人与人之间的竞争性的关系。同为启蒙思想家，与霍布斯的观点不同，卢梭把"自然的或生理上的不平等"作为人类当中存在的两种不平等的类型之一。很显然，霍布斯的预设与我们的直观体验不一致。如果我们纯粹依靠理性主义的思路来确证人格平等的话，那么如何对待上述问题？

这就把我们引向了人格平等的第二种证成思路——基于尊严的思路。这一思路的核心是赋予个体以道德主体的力量。"很多平等主义者都把平等建立在人类尊严的基础上"②，这一论点是准确的。天生失智者并不因为他们无法进行自主的理性选择而丧失为人的尊严，因为战争、车祸等外力因素而残障的人，他们也是因为他们无法自由选择自身的生存方式而让人更加同情和怜悯，如果他们能够身残志坚，则更会引起人们的普遍敬重。而从事实的角度讲，我们每个人的智力水平、知识水平和技术能力差别很大，没有人会否认这一点，我们不能期待所有人都成为牛顿、莱布尼茨、康德、黑格尔等具有杰出贡献的科学家或思想家。但是，这并不妨碍我们平等对待每个人的人格自尊。科学家、思想家、文学家、政治家，他们和普通人一样，都拥有相同的人格尊严。不尊重别人的人会自动丧失掉别人对他的尊重，这种关系是相互的。因此，尊严并不是一个像理性一样可以量化处理的概念，它是具有内在价值的，没有其他东西可以作为等价物来交换。我们可以有技术条件支撑下的数量化的智商测验，但是却不可能有数量化的"自尊测验"。尊严也不会自动区分出大尊严和小尊严，更强烈的自尊心并不表示尊严就应该更大。对于个体而言，一个人或者是得到尊严，或者是失去尊严，没有中间地带可供选择。

很多学者认为，基于尊严的平等主义的根本理论依据是从康德的道德哲学中引申出的尊严观念。哈贝马斯就认为："人的尊严这个哲学概念早在古典

---

① 霍布斯：《利维坦》，黎思复、黎廷弼译，杨昌裕校，北京：商务印书馆，1997年，第92页。
② 姚大志：《平等如何能够加以证明？》，《中国人民大学学报》，2014年第3期，第39页。

时期就已出现，并在康德那里获得了它今日仍然有效的表述。"① 然而，康德意义上的尊严概念是与理性的自我立法联系在一起的，"自律就是人的本性和任何有理性的本性的尊严的根据。"② 理性的自我立法之所以具有尊严就在于这种自我立法同时也是普遍的立法。康德毕竟是西方理性主义哲学传统的集大成者，因此自律基础上的尊严概念同样不能免于完备理性或健全理性假设的局限。一种更加合理的论证思路指向了另外一个重要的哲学范畴——本真性。"活出自我"、"活出个性"是当下的时髦语言，在年轻人当中更加流行。流行现象的背后必然隐藏着深刻的道理。现代西方哲学已经不再把同一性列为主要的讨论议题，建构庞大的形而上学体系也不再可行，差异化成为人类社会生活的典型特征。类似地，我们对平等的理解也不能简约为对同质化的生活的追求，因此，平等既不意味着同质，也不意味着消除所有的差异。很多学者愿意将差异化的独特性作为尊严的来源：正因为独特，所以才彰显出我的尊严。查尔斯·泰勒指出，18世纪以来，本真性理想作为全新的观念扎根于现代意识之中：我的生活是独一无二的，我不能按照外部的一致性来塑造我的生活方式，而应该遵从内在的召唤，"忠实于我自己意味着忠实于我自己的独特性，只有我自己才能表现和发现这种独特性"③。在现代社会，个体追求的是差异化的、个性化的表达，有些人推崇自然科学的逻辑推导能力，有些人喜欢文字的感受力和创造力，有些人爱好物理，有些人愿意钻研历史。"真正地认同差异……意味着认同不同存在方式的平等价值。"④ 认可不同的存在方式的独特价值，就是承认我们每个人都享有同等的尊严，无论我们的年龄是大是小，我们的长相是美是丑，也无论我们的知识水平是高是低。

　　现实世界丰富多彩，个人在其中必然被打上各式各样的烙印，这些烙印都属于附属性的身份信息，我们也可以称之为"社会名片"。20世纪下半叶以来，西方社会少数族裔呼吁族群平等，很显然，他们并不是在追求同质化的信仰、习俗、语言和历史叙事，他们意在保存自身传承的文化传统，不希望被同化，不喜欢被融合。在这种意义上，对独特的个性的推崇需要更高层级上的平等对待与相互尊重。此时，尊重的对象并不是个体的理性特质，而

---

① 哈贝马斯："人的尊严的观念和现实主义的人权乌托邦"，鲍永玲译，《哲学分析》，2010年第3期，第2页。
② 康德：《道德形而上学的奠基》，李秋零译注，北京：中国人民大学出版社，2016年，第58页。
③ 汪晖、陈燕谷主编：《文化与公共性》，北京：生活·读书·新知三联书店，2005年，第295页。
④ 查尔斯·泰勒：《本真性的伦理》，程炼译，上海：上海三联书店，2012年，第64页。

是自我呈现出的生存方式。多种多样的生存方式之所以值得互相尊重，是因为它们都是"我"的独特的存在方式，这种独特的存在方式可以是理性自主选择的结果，也可以是从某一传统继承下来的，甚至也可以是受到了他人的影响后的结果。但不管怎么说，它都展现了我的个性。在此基础上，对个性、差异和独特性的尊重与宽容既肯定了每个人的本真性存在，又完善了社会生活的内容。"个性与发展乃是同一回事，只有个性得到扶植培育，才造就出或才能造就先进的人类。"① 约翰·密尔的论断为个性的张扬提供了最经典的辩护。个人的发展生机勃勃，由个人组成的群体自然会蓬勃发展。个人筹划的生活方式未必就是最好的生活方式，但这是适合于他自己并体现了他的意志的生活方式。选择一种特定的生活方式并不是道德高尚者或智力优越者的特权。

在客观环境允许的情况下，个性自由发展的结果是多样性的充分展现，而不是趋同。仅就个人的品位爱好而言就不可能一致。接受了同样的基础教育，有的学生爱好体育，有的学生爱好实验，有的学生爱好写作，这并不直接关乎学生的家庭条件和成长背景。据此，密尔进一步指出了人性的另一个特质。他说："人性并不是一部按照一种模型组建起来，并被设定去精确执行已规定好的工作的机器，人性毋宁像是一棵树，需要朝各个方面去成长与发展，并且是根据使它成为一个活体生命的内在力量的倾向去成长与发展。"② 密尔承认实体性的人性概念，但把它形式化了，他没有赋予人性概念以一个固定的本质，而是将其设定为一个蕴含各种可能性的母体。密尔对人性的设定类似于黑格尔对"自在"和"自为"的区分。单纯的人性是自在的，充分培育和发展了的个性是自为的，显现出他真实的本质。密尔和黑格尔都举了树的生长作为例子。对于"内在力量"到底是什么含义，密尔没有清楚地阐明，这是时代的局限，甚至在基因科学、神经科学和分子生物学高度发展的今天，人性的内在力量仍然没有得到完全合理的解释。密尔对人性的理解与康德略有不同，在康德那里，人性是静态的，是理性的存在者，作为纯粹自动性的理性是先天给定的，不需要进一步追问；而在密尔那里，人性是动态的，概念本身仅仅是一个形式化的范畴，它的所有内涵都有待发展，有待成长与呈现。具体到个性张扬的问题上，很多现代人会把个性理解为随心所欲，个性解放被化约为一句类似《阿Q正传》中的话："我要什么就是什么，我

---

① 约翰·密尔：《论自由》，孟凡礼译，桂林：广西师范大学出版社，2015年，第74—75页。
② 约翰·密尔：《论自由》，孟凡礼译，桂林：广西师范大学出版社，2015年，第69页。

喜欢谁就是谁。"这种意义上的个性显然不是康德式的理性主义者所倡导的个性。康德的理论强调自律,意志自由和自律,二者是可以互换的概念。20世纪后半叶流行于西方的嬉皮士运动,他们的追求显然不可能是康德的追求。康德要求道德法则的绝对必然性,处于目的王国中的理性存在者,他们就像是"上帝之城"中的圣徒,而圣徒显然不是嬉皮士们追求的自我实现的目标。很显然,主张个性解放的青年没有践行纯粹理性的规范要求,他们赋予个人对欲望的追求以道德正当性,大概康德会把他们追求的目标界定为"想象力的理想",而不是"理性的理想"[1]。在康德那里,道德法则拒斥经验性的依据,道德的依据不可能从通常意义上的人的本性和人的生活状态中去寻找。康德把人格的个性被分为三个部分:自然禀赋、性情和作为思维方式的个性。[2] 前两者主要是大自然把人造就成什么,主体是被动的,而后者是主体把自己造就成什么,是自主的。恪守对绝对必然性的承诺,康德主义的基于自由意志的个性观必定是普遍的。而今天,一般人对个性的理解是非康德主义的。在现代人眼中,性情、情绪、普通行为乃至穿着打扮都成为个性的有机组成部分,普通人既做不到严格意义上的意志主体的普遍立法,也不寻求成为圣徒式的"目的王国"的成员,他们并不把追求意志的普遍立法作为人生的目标和道德评判的主要标准,而是寻求表象化的与众不同的生活体验。

　　密尔在谈到个性的时候并没有排除欲望和激情的影响,他甚至没有把理性置于欲望和激情之上,而只是强调欲望和激情应该经过教育与修养。拥有个性的表现则是由自己决定释放和接受什么样的欲望和激情,而不是随波逐流。密尔的个性可以概括为不具流俗、特立独行。更重要的是,与西方传统的形而上学理论不同的是,密尔没有在欲望、激情与道德上的善之间设置一条不可逾越的鸿沟。西方形而上学传统通常把自我的人格分为两部分:一部分是理性的、真正的自我;另一部分是受欲望与激情左右的自我。这种人格划分的哲学传统非常悠久,一个最为著名的源头便是古希腊哲学家柏拉图的灵魂三分说。柏拉图在《理想国》中提出,人的灵魂可以分为理性、激情和欲望三个部分,理性是人的灵魂的最高原则,激情与欲望都应该服从理性。理性的自我能够主导自身的欲望或激情,摆脱其束缚,朝着符合理性要求的

---

[1] 康德:《道德形而上学的奠基》,李秋零译注,北京:中国人民大学出版社,2016年,第37页。
[2] 李秋零主编:《康德著作全集 第7卷:实用人类学》,北京:中国人民大学出版社,2008年,第279页。

目标前进，从而实现真实的自我本性，获得自由①。理性主义自由观所要求的正是理性的自我能够从非理性的因素中解放出来，在运用自己的理性的同时，未经反思就不要轻易接受别人传递的思想观念，这也正是伯林所说的积极自由的主要含义。自主选择意味着我们应该遵循自己内心的真实愿望，在理性的指引下筹划自己的人生，防止理性的遮蔽。因此，伯林才说："积极自由把个性造就成为个性。"②与形而上学传统相反，密尔从经验主义的立场出发并没有贬低欲望和激情的道德作用力。密尔注意到"那些极富自然性情的人，也总是能够习得最强烈的文明性情"，"缺乏血性与良心孱弱倒是一对天然的孪生子"。③富有欲望和激情当然有可能作恶，但是也有可能做出更多的善举。因此，欲望、激情与恶之间并非是正相关的关系。

但是，无论是康德主义还是非康德主义，对人格尊严与相互尊重的强调都没有受到彼此影响。对于康德主义而言，尊严的力量来自于道德法则的普遍有效性；对于非康德主义而言，尊严的力量来自于对独特性的相互认可与包容。密尔承认人群中存在天赋异禀、智力超卓的人，密尔也承认人群中存在血气方刚、精力充沛的人，换言之，实体性的人格本身就是多样的，蕴含诸多可能倾向的人性概念把差异化和多样性内化了。作为个人来讲，先天禀赋、性情和后天的培养教育一样重要。动态的人格观念重视个性的发展和培养，个性的长成固然有先天因素的作用，但是后天的造就也不可或缺。这一点决定了即便不考虑客观环境的约束，个人筹划的生存方式也不是完全个人意志自主选择的结果。有过生活经验的人会明白，个人筹划的生存方式和最终呈现的生活方式在很大程度上会不一样。个人筹划是一回事，筹划的实现与否则是另一回事。支持自主选择的理由可以阐述如下：像密尔所说的那样，自主选择的生活方式未必是最好的，但却是最适合自己的。这种解释的最大

---

① 查尔斯·泰勒曾经区分过阻碍自由的两种类型的障碍。霍布斯一边沁式的消极自由理论把人的自由界定为外在障碍的消除（或者说免于外在障碍的困扰），但是，我们还需要通过理性控制住欲望、激情等人自身的内在障碍，并从这些非理性的内在障碍中解放出来。实际上，在《两种自由概念》一文中，以赛亚·伯林就指出，不管在积极的还是消极的意义上，"自由观念的本质都是抵挡某事或某人……或者抵挡偏执狂、恐惧、神经病、非理性的力量……"（Isaiah Berlin, Liberty: Incorporating Four Essays on Liberty, edited by Henry Hardy, New York: Oxford University Press, 2002, p204.）恐惧、偏执和欲望、激情一样，都属于内在障碍的范畴，但是泰勒认为，内在障碍远不止于这些，它的范围要广泛得多。参看达巍等编：《消极自由有什么错》，北京：文化艺术出版社，2001年，第74页。

② 以赛亚·伯林、贝阿塔·波兰诺夫斯卡—塞古尔斯卡：《未完的对话》，杨德友译，南京：译林出版社，2014年，第156页。

③ 约翰·密尔：《论自由》，孟凡礼译，桂林：广西师范大学出版社，2015年，第70页。

问题在于很多人并不是因为最适合自己才选择一种生活方式,而是因为没有足够的时间、精力或资本去实现自己认为更好的生活方式。自己设想和筹划的生活方式恰恰高于当下自己拥有的生活方式。在现实生活中,不少人并不满足于眼下的生活,但又无可奈何。有些人在自己的规划中更想过富豪般的华丽生活,但限于自己的条件而无法实现。在这种情况下,个人选择的生活方式既不是自己主张的最好的生活方式,也不是自己主张的最适合自己和最满意的生活方式,倒有可能被外人认为这是适合他的生活方式。所谓"当局者迷,旁观者清"。可见,自主选择并不自动构成对选择结果进行价值评判的充分条件。

总之,平等最有力的规范性基础是道德主体意义上的人格平等,因为道德主体意义上的人格不但与理性选择相关,而且还与非选择性的因素相关。我们固然可以因为强调个人理性自主选择的重要性进而得出相互尊重的结论,同样地,我们可以因为强调非理性选择的不可避免性进而得出相互尊重的结论。天生失智者并不因为他们无法进行自主的理性选择而丧失为人的尊严,他们的尊严恰恰是因为他们无法理性选择自己的命运。因为战争、车祸等外力因素而残障的人,他们的尊严也是因为他们无法自由选择自身的生存方式而让人更加同情和怜悯,如果他们能够身残志坚,则更会引起人们的普遍敬重。因此,尊严的来源也不是单一的,理性的与非理性的因素、先天的与后天的因素、因果性的与偶然性的因素,它们交互作用在一起,共同成为了人类尊严的来源,并构筑起丰富多样的社会图景。最后需要探讨的是,有人可能会质疑,既然理性的与非理性的因素、先天的与后天的因素、因果性的与偶然性的因素都成为人类尊严的来源,那么尊严和平等的规范性基础就不需要费力去发掘和证明。这种可能的质疑揭示出还原论的一种困境。当我们追问"人之为人"的本质要素时,我们可以给出多种不同内容的答案,诸如理性、感觉欲望、社会性的动物、语言动物等。当我们最终要把人的本质锁定在一种范畴上的时候就会出现问题,因为无论你如何论证这种范畴的可靠性,我们都可以举出相反的例子来加以批驳,而证明者也不可能做到无一遗漏地去完成逐一验证的工作。还原论的特点之一就是诸要素之间的分离,而基于分离性的要素分析方法不可能得出普适性的结论。归根到底,人类社会不是静态的框架,而是一个复杂协作的动态的系统网络。我们可以运用抽象的方法分离出便于科学分析的诸要素,但诸要素本身在自然界和人类社会中并不是单独发生作用的,而是有机地结合在一起的。分离性的方法可以方便地应用于科学分析，但绝不能轻易套用在复杂多变的人类心理和社会上，仅凭科学定理也不可能让我们顺利获取美好的人生。回到关于人的规范性本质的问题上，分离性的方法无论多么成功，它只能让我们认识人的某个侧面，甚至关于这个侧面的认知也是不全面的，比如理性，我们直到今天也不知道人类理性的终极界限究竟在哪里，我们也无法测知人类的体能极限究竟在何处。形而上学传统是一种"高位"思维方法，试图在诸要素中选择出涵盖一切的高位要素。只有摆脱分离性的分析方法，我们才可以摆脱还原论的困境。采取聚合性地看待人类自身的方法，我们不再在诸要素特征之间进行基数或序数的排序，而是把它们视作共同作用的聚合体，我们依然可以运用诸要素的概念，但是清楚地意识到它们之间的联结关系和相互作用。既不去高抬非理性的作用，也不会贬低理性的价值。自主选择与非自主选择的因素共同促成了一个人的生活方式的实现，并构成个性和独特性的来源，人与人之间的相互尊重与相互平等源自对道德主体的人格平等的认同，而我们对人格的认知需要反过来借助于理性、情感、意志、天分等诸要素。无论是理性的与非理性的因素，还是先天的与后天的因素，它们都是我们开辟出来地从某个角度分析和认识人格的凭借，最好不要轻易地把其中之一作为所谓的人格的真正本质。

## 2.2 西方社会经济不平等的现状

经验清楚地告诉我们，理论上得到充分证明的道德人格的平等并不等同于在现实生活中人们都会处在真正平等的位置上。理论上，每个人都可以毫不费力地把"人人生而平等"这句话挂在嘴边，落实到真实世界，每个人在收入、就业机会、受教育程度甚至是家庭出身等方面都是不平等的。这其中，收入和财富分配等经济领域的平等至关重要，因为说到底，经济上的平等与否关乎个人的自我评价。我们说道德人格上的平等（自尊）是一切平等的规范性基础，这仅仅是从理论上进行的论证，在现实生活中，尊严的获得与自我的认同息息相关。我们不得不承认，即便财富没有赋予个体以更多的尊严，但它毕竟能够赋予个体以更多的声望和无形的社会影响力。我们可以想象，美国的一位商人拥有数百亿美元的资产，这绝非一个巨额的数字那样简单。所有人都清楚，这个数字含有丰富的社会信息，这些社会信息会深刻地影响到每一个人：它既可以代表安全而舒适的住宅小区、让人放心的医疗服务，还可以代表更加广泛的社会影响力,甚至是政治人脉关系。与富裕的社会人士相比,低收入群体会因此而陷入程度不同的自卑感中,这种感觉最终会作用于我们的自我评价。

作为一种原则,平等主义可以清清楚楚地写在社会团体的诉求清单上,也可以作为制度设计并落实为法律条文,但是,再严格的平等主义规范要求也难以预判和改变个人的动机,所以罗尔斯的正义论体系才没有忽略道德情感在理论建构中的基础性作用。"让我们假定,每个达到某一年龄和具有必要理智能力的人在正常的社会环境中都会建立一种正义感。我们在判断事物是否正义并说明其理由的过程中获得了一种能力。而且,我们通常有一种使自己的行为符合这些判断的欲望,并希望别人也有类似的欲望。"① 仅从罗尔斯的这段话中,我们便可得知,个人要保持符合正义感的动机与行为的一致性至少需要满足下列必要的前提:一、成人;二、必要的理智能力;三、正常的社会大环境;四、反复的判断练习;五、明晰坚定的意志力。至于希望别人也有类似的欲望这一点也很重要,特别是关乎人际联系的道德情感,仅凭个人始终不渝地践行是远远不够的。社会成员甲在拥有较多收入的时候按照自己的正义感主动进行了慈善捐助,救济底层的社会成员乙,结果乙在获得甲的捐助后却把救济金用于赌博,而不是解决家庭急需的日常开销,乙的这种举动反馈给甲的信息是相当糟糕的,甲会认为自己的善意没有得到合理的理解和运用,直接影响他未来继续做慈善的动力。扩大到整个社会的福利体系也是一样。西方高福利的国家都面临以下两个难以解决的问题:富人转移财富,甚至把公司的注册地挪至加勒比海地区的某些避税天堂;而有些底层的人们在高福利的保障下得过且过,以至于不想谋求一份日常工作来维持生计。这两种倾向相互交织和叠加,于是出现了从各方面对福利国家政策的反思。保持始终如一的立场、动机和行为的内在融贯性是件非常困难的事情,严格的平等主义规范恰恰要求三者的内在融贯性。

在今天的西方,经济领域的平等是社会关注度最高的平等,部分原因在于它所引发的社会问题最为严重。经济领域的平等也包括很多方面的内容,比如平等的就业机会、升职机会,以及平等的市场竞争关系,等等。但是,财富收入上的分化则是最引人关注的经济领域的平等内容。从理论上讲,收入差距的影响范围很大。

---

① 约翰·罗尔斯:《正义论》(修订版),何怀宏等译,北京:中国社会科学出版社,2009年,第36页。

首先,家庭收入的多少与个人的生存、发展密切相关。我们每个人在日常的生活和工作中,总是想方设法谋求更高的职位,获得更宽大的生存空间。即便我们不把精力主要放在财富的增加上,我们也希望尽可能在自己致力的领域取得更大的声望。英国分析的马克思主义学派理论家G. A. 柯亨明确主张:"与金钱的缺乏即贫穷相伴而来的是自由的缺乏。"[1] 在柯亨眼中,金钱的多寡与个人的自由和发展密切相关。财富自由的实现是保障其他自由的实现的前提,无论是购买最基本的生活必需品,还是充分发展个人的兴趣爱好,它们都离不开金钱的投入。在现实生活中,低收入群体在包括教育、婚姻、医疗、职业等在内的领域中往往都难以获得优质的资源。

从抵御风险的能力来讲,低收入群体更加容易遭受自然灾害、疾病等灾难的袭击而丧命。"2005年8月,卡特里娜飓风席卷新奥尔良市。从历史数据可以看出,城市在飓风来临之前就已存在危机。该市的下九区受灾最严重,这里的居民99%都是黑人,家庭收入中位数仅为19918美元。最重要的是,32%的居民没有交通工具撤离。"[2] 另外,由于无力承担预防保健、体检和药物的费用,穷人比富人更容易生病。而一旦生病,他们就有可能被公司解雇,从而失去收入来源,这导致他们用于维持劳动力再生产的钱更少了,更少的收入反过来致使他们拥有更高的患病率和致死率。

其次,财富与收入上的不平等可以转换为政治影响力上的不平等。马克思早已指出,在资本主义的生产条件下,一切有价值的东西都可以变为交易的对象,"我是什么和我能够做什么,绝不是由我的个人特征决定的。我是丑的,但我能给我买到最美的女人。可见,我并不丑,因为丑的作用,丑的吓人的力量,被货币化为乌有了。我——就我的个人特征而言——是个跛子,可是货币使我获得二十四只脚;可见,我并不是跛子。我是一个邪恶的、不诚实的、没有良心的、没有头脑的人,可是货币是受尊敬的,因此,它的占有者也受尊敬。货币是最高的善,因此,它的占有者也是善的"[3]。更为重要的是,金钱交易的逻辑还会渗透到政治权力分配的领域中。下面这封邮件是2016年6月2日中国驻美资深记者收到的来自美国共和党特朗普竞选团队的

---

[1] G. A. 柯亨:《马克思与诺齐克之间》,吕增奎编,南京:江苏人民出版社,2008年,第373页。
[2] 斯坦利·艾岑等:《美国社会问题》(第12版),郑丽菁、朱毅译,北京:电子工业出版社,2016年,第211页。
[3] 《马克思恩格斯文集》(第1卷),中共中央编译局编译,北京:人民出版社,2009年,第244—245页。

署名邮件，题目是"这是正式邮件"，邮件中写道：

"在整个预选进程中，唐纳德·特朗普没有向一个人要过一分钱，因为他只向你们——美国人民——承担义务。

但是现在有问题了：那个骗子希拉里和她的密友们正在筹集20亿美元以试图阻止我们。

这就是为什么我们要求你捐献出35美元，以便成为我们竞选活动的资金委员会一员。……

你们是我们这个团队唯一需要的人。我们的竞选是美国人民，而不是其他任何人的运动。

请现在就捐出35美元以激活你作为我们竞选资金委员会成员的资格。"①

7月1日，同一记者又收到了署名为希拉里的邮件，标题为"你与唐纳德·特朗普对决"，其中写道：

"我无意让他在今年11月的选举中获胜——我也无意让他在今天取得胜利。我能否拜托你走出来以确保民主党能够名列前茅？

在今日午夜最后期限到来前捐出3美元，以便让特朗普看看清楚，他所面对是本次大选中最为强大的团队。"②

由这两封来自不同团队的邮件可以看出，选举是与金钱紧紧地捆绑在一起的。无论自己述说的政策目标是多么高尚，吁请民众给予金钱上的捐助才是最关键的。实际上，在西方民主政治的实践过程中，众多财富的持有人花重金支持某位候选人，该候选人当选后则投桃报李，给予其人以政策或职位上的照顾，这种现象十分常见。大额度的捐助人通常被称为"金主"。西方民主选举的成本是巨大的，各级候选人需要募集大量的竞选经费，用于投放竞选广告、组建竞选团队、租赁办公场和集会场地、进行民意调查和数据分析等。这其中，总统大选在选举经费上的开销更是天文数字。"1860年竞选总统时，共和党只花了十万美元便使林肯成为美国第十六位总统，而一百年后的1960年，十万美元只够让候选人在全国电视网出现30分钟。2012年走

---

① 温宪：《特朗普评传》，北京：世界知识出版社，2017年，第336—337页。
② 温宪：《特朗普评传》，北京：世界知识出版社，2017年，第344页。

'草根'路线的奥巴马竞选花费7.3亿美元。"① 到了2016年的美国总统大选，总统选举和国会换届选举的所有候选人募集到的经费总额约为55亿美元。如此巨额的经费支出不是任何人可以单独承担的，候选人势必会向拥有更多财富的个人或集团寻求经费捐助。在2016年的总计约为55亿美元的政治献金中，"捐款数额最大的100个超级富人家庭的捐款占捐款总额的11.9%"②。毫无疑问，捐款越多的个人或集团越能够对现实的政治运作施加影响。据此，政治献金催生了大量的利益集团，他们通过游说、捐款等多种途径影响实际的政治进程。例如，拥有500多万会员的"全美步枪协会"（NRA）是美国最大的利益集团，步枪协会具备强大的资金实力、组织动员能力和游说能力，任何想要竞选公职的候选人都不敢轻易得罪该协会。2016年大选时，该协会以各种形式向特朗普的竞选团队提供了约3 000万美元的政治献金。无论是个人还是利益集团，他们之所以乐于支持某位或某些候选人的目的就在于影响未来的公共政策。

　　除了影响公共政策的制定，政治献金的另外一层作用就是提供献金的人有可能为自己或为与自己有关的人谋求一些政治职务。2000年美国总统大选时，德克萨斯州有一个名为"先锋"的筹款俱乐部，专门为共和党候选人小布什筹措经费，"这些人之中，共有43人先后谋上了要职，其中有两人出任内阁部长，另有19名成员出任包括法国、荷兰、新西兰、挪威、葡萄牙、西班牙和瑞士等重要国家在内的美国驻外大使"③。这一现象即是"政党分肥"。在美国总统对于驻外机构的负责人的任命上，有一个70∶30的潜规则，即在所有的驻外大使的任命中约有30%属于权钱交易性质的政治分肥。在2012年美国大选时，罗伯特·巴伯为奥巴马捐助160万美元，后来奥巴马提名他担任驻冰岛大使。但是，在此之前，巴伯却从未去过冰岛。类似这样的政治分肥现象屡见不鲜。在2013—2017年任期内，奥巴马提名的类似人选的比例竟然高达57%④。在政党分肥之外，之所以很多人愿意通过献金或辅选谋求一官半职，原因就在于对于许多人而言，通过选举进入政府是一条快速上升的社会渠道。凭借着在相关职位上积累的各种人脉关系，政府部门中的官员可

---

　① 霍文琪：《美国大选：被金钱左右的政治》，《中国社会科学报》，2015年10月9日，第3版。
　② 房宁等：《"政治正确性"之争——2016年美国总统大选研究报告》，北京：中国社会科学出版社，2017年，第79页。
　③ 陶文昭：《政治献金：选举成本与民主原则的困局》，《江海学刊》，2010年第2期，第111—112页。
　④ 温宪：《特朗普评传》，北京：世界知识出版社，2017年，第303、304页。

以轻松地完成华丽的职业身份转换：从政界到商界、从政界到智库，机会合适的话，还可以再度转换到政界。这种政治现象在西方被称之为"旋转门"。许多公司愿意高薪聘请原政府中的官员作为自己的顾问或董事，因为他们非常熟悉和政府部门打交道的方式方法，而且他们手中的社会资源往往也很丰沛，非寻常人可比。美国原副总统理查德·切尼是小布什总统的副手，也是老布什总统任命的国防部长。在国防部任职期间，切尼和美国的大军火商、大军工集团建立了密切的关系。从1991年海湾战争开始，切尼主持下的国防部与得克萨斯州的哈利伯顿公司签订了若干合同，金额高达数亿美元。离开国防部之后，切尼进入商界，应邀担任哈利伯顿公司的首席执行官。在2000年离开公司去参加小布什的竞选团队的时候，切尼一次性地从公司获得了2 000万美元的酬金①。切尼的经历最为典型地说明了到底什么是华府的"旋转门"，类似的案例不胜枚举。毋庸置疑，旋转门的存在绝不是社会平等的表现，而且它正好符合迈克尔·沃尔泽严厉批评过的违反复合平等原则的一种现象：政治职务成为一种"支配性的善"②。所谓的支配性的善指的是，政治职务可以带来超出政治领域之外的额外利益，比如优越的医疗护理、将自己的子女送入更好的学校、获得更多的商业上的利益等等。无论是政党分肥制，还是政治旋转门，它们的背后都隐藏着金钱对西方民主制度的深度干预，这是当代西方政治模式的主要缺陷之一。

  西方社会的经济不平等现状主要表现在存量和增量两个方面。从国家财富存量的总体分布上看，"1% VS 99%"的意思就是国民总收入的多数都被1%的富人纳入囊中，社会财富迅速集中到金字塔顶端的极少数富豪手中，而他们中的很多人都是银行界、投资界、地产界等商业精英。在2002年到2007年的经济增长中，"美国前1%（总计300万人）的超级富豪们，占据了国民总收入的三分之二。其余99%的美国人，也即总计3.1亿人，只占到总收入的三分之一。"③ 从增量的角度看，处于金字塔顶端的少数人的财富增长速率也远高于处于金字塔底层的多数人。"统计自1979年至2005年这1/4个世纪，在调整了通货膨胀因素后，处在金字塔最底层1/5的美国家庭，其平均

---

 ① 更详细的资料介绍参见龚小夏：《帝国的后门：美国观察札记》，上海：上海三联书店，2017年，第86页。

 ② 迈克尔·沃尔泽：《正义诸领域：为多元主义与平等一辩》，褚松燕译，南京：译林出版社，2009年，第21页。

 ③ 赫德里克·史密斯：《谁偷走了美国梦：从中产到新穷人》，文泽尔译，北京：新星出版社，2018年，第5页。

税后收入每年增长约900美元,而处于中间1/5的美国家庭,其年度增长为8 700美元,至于金字塔最顶端1%的家庭,其税后年收入每年飙升达745 000美元。"① 计算下来,在财富增量的这个指标上,1%的顶端家庭是最底层家庭的83倍,差距之大,显而易见。在2008年的金融危机之后,收入差距的两极分化的趋势甚至进一步恶化。"从2009年至2012年,按照实际购买力来计算,位于金字塔最顶端的前1%的美国家庭,其收入增加了31%,而与此同时,对于余下99%的美国家庭来说,他们的收入几乎没有变动(增加不超过0.5个百分点)。"② 与财富总量上的分布相比,增量的差距更能说明不平等的发展趋势。因为总量的分布反映的是时间轴上的某个横截面的基本情况,而增量则集中反映的是财富增长的总趋势。从增量发展的情况看,如果这一趋势不发生明显的改变,我们完全可以预期,美国乃至西方社会的收入差距只会越来越大,从而符合社会学领域中的"马太效应"。

进一步比较不同社会阶层的实际年收入,上层阶级、中产阶级和底层阶级之间的差距也是越拉越大。根据美国皮尤研究中心的数据,2014年,美国"中产阶级家庭平均年净收入是9.65万美元,而上层阶级家庭则达到63.94万美元,是中产阶级家庭的近7倍。这是美联储统计该数据30年以来的最大差距值。同时,低阶层家庭的平均净资产仅为上层阶级家庭的七十分之一,也创下了近30年历史最大差距。"③ 西方学者普遍担忧的是,收入不平等的加剧折射出的是社会阶层的分化与固化,富人永远是富人,而穷人永远是穷人。考虑到不同的家庭出身,从统计数据看,出身于穷人家庭的孩子,只有极少数在长大成人之后可以赚大钱,绝大多数仍然维持在贫穷的状态中。这一现象被称为"代际贫困"。这一代际之间的状态传递也很容易找到一般性的解释理由。在科学技术成为国家经济发展的主要动力的时代,一个人的收入水平与他的受教育水平呈正相关的关系。在西方,由于管理上的严格规范和师资力量上的大量投入,私立学校的教学效果往往比公立学校要好得多。但是,相应地,私立学校的学费也比公立学校要高得多,因而,富裕家庭有条件给自己的孩子选择教学效果更好的私立学校、教会学校甚至是贵族学校,他们

---

① 罗伯特·帕特南:《我们的孩子:危机中的美国梦》,田雷、宋昕译,北京:中国政法大学出版社,2017年,第40页。
② 罗伯特·帕特南:《我们的孩子:危机中的美国梦》,田雷、宋昕译,北京:中国政法大学出版社,2017年,第40页。
③ 徐菁菁:《"疯子"特朗普:风口上的逆袭》,参见《三联生活周刊》,2016年第15期,第94页。

也有条件给自己的孩子报名参加各种业余培训班和补习班，提供额外的接受知识和培养兴趣的资源。这一点，贫困家庭是很难做到的。尤其是，与贫困家庭相比，富裕家庭的父母一般更愿意拿出时间关心孩子的成长，也更加关心自己的孩子在学校中的学习情况。而受教育水平高的个人可以谋求薪资更高的工作。此外，家庭出身在很大程度上也决定了一个人的社交空间。相近的收入水平和受教育水平会直接影响到一个人的工作性质和生活方式，而相同或相近的工作和爱好更容易打造出适合个人的社交圈。在实际交往的过程中，一个人的社交范围往往会局限于与自己有着相似的家庭背景、工作阅历或社会地位的人群中。不可避免的社交范围的局域性是助推西方社会阶层分化的重要因素。

上述情况是西方社会经济不平等的宏观表现。在更加微观的层面上，经济不平等还有以下两个方面的重要表现：

第一，基于对不同种族的考察，不同族群之间的收入有很大区别。2008年，美国人口普查局发现："亚裔家庭收入的中位数为 65 637 美元，非西班牙裔白人家庭为 55 530 美元，拉美裔家庭为 37 913 美元，非裔家庭为 34 218 美元。贫困人口中白人只占 8.6%，亚裔为 11.8%，拉美裔为 23.2%，非裔高达 24.7%。"[①] 这些调查数据提示我们，从人口结构上看，美国的黑人家庭还是占据了贫困家庭的大多数，家庭的贫困导致他们的孩子只能生活在公共服务设施比较差的社区当中，接受教学条件较差的学校教育，因而他们的孩子只可能获得更少的向上层社会流动的机会。当然，在同一种族的内部，同样可以划分出富裕阶层、中产阶层和穷人。

第二，考虑到性别因素，女性比男性更容易陷入贫困。性别平等是一种被推崇的原则，但在面试应聘的时候，性别差异往往或明或暗地左右求职的结果。从收入的角度看，在就业市场上，女性的平均收入低于男性。这其中最有名的例子莫过于好莱坞男影星与女影星之间的同工不同酬的普遍现象。随着社会自由度的提高，未婚母亲和高离婚率导致了大量由单身女性支撑的贫困家庭，这些家庭由单身女性一人支付照顾儿童、教育、住房和医疗成本，因此普遍高于双亲家庭和单身男性的贫困率。

一部分坚持自由主义的思想家认为，收入不平等源于个人本身的能力、奋斗或自由选择。能力高的人获得高收入，个人通过努力奋斗而获得职务和

---

① 斯坦利·艾岑等：《美国社会问题》（第12版），郑丽菁、朱毅译，北京：电子工业出版社，2016年，第190页。

薪资的提升，个人根据自己的爱好自由选择适合自身的工作岗位，所有这些造成的不平等都不再是非正义的。不难看出，这一辩护的根本出发点是基于理性主体的自由选择，能力的运用、工作上的努力和兴趣爱好的培养都离不开个人的付出，而个人愿不愿意付出只与自己的理性选择有关。既然不平等是个人理性选择的结果，那么国家就没有正当的理由通过二次分配的方式来调节收入差距上的不平等。早在撰写《资本论》的时候，马克思就批判过这种观点——"正义和'劳动'自古以来就是唯一的致富手段"①。少数人的富裕是怎么获得的？是因为他们更加勤奋、更加节俭、更有能力。马克思认为这种观点缺乏对历史的深刻认知，属于浪漫主义的想象。诺齐克把分配正义的资格理论界定为要遵循正义的历史原则，关心一种分配到底是如何产生的。但是，诺齐克本人对历史原则的论述却相当简略。我们并不清楚在哪些情况下、通过何种方式以及在多大的调节范围内可以矫正历史形成的不正义，他只是说："过去的不正义是如此严重，以致为了矫正它们，一种更多功能的国家在短期内是必要的。"② 马克思的论述显然比诺齐克更为深刻。在资本主义崛起的过程中，征服和殖民等手段在原始积累的时期都起到过不可估量的作用，横跨大西洋的黑奴贸易、西班牙对南美洲印加帝国的征服、英国人对北美大陆的殖民以及与北美原住民之间的冲突，这些载入史册的历史事实让后人看到的是暴力和死亡，用马克思的话讲，资本在原始积累的过程中充满了血和肮脏的东西。"对直接生产者的剥夺，是用最残酷无情的野蛮手段，在最下流、最龌龊、最卑鄙和最可恶的贪欲的驱使下完成的。"③ 马克思拒绝对资本主义所有制的起源进行田园诗化的处理，而且无论是在资本的原始积累阶段，还是在今天的发达资本主义阶段，资本的增值和财富的累积都隐藏着若干背后交易的内幕。前文提到的西方国家在公共领域中的"金主"政治和利益集团的游说就非常能说明问题。很多富裕人士在介绍自己的成功经验的时候都着重强调奋斗、坚定、敢于冒险等个人品格的重要性，但是他们却很少主动去谈自己的企业或集团进行了多少次利益游说、资助过多少位候选人、每年用在游说上的资金又有多少。自由至上主义者的错误之处就在于，他们把理性主体的自由选择当作是独立的、自主的和与生俱来的，而不是需要后

---

① 《马克思恩格斯文集》（第5卷），中共中央编译局编译，北京：人民出版社，2009年，第821页。
② 罗伯特·诺齐克：《无政府、国家和乌托邦》，姚大志译，北京：中国社会科学出版社，2008年，第278页。
③ 《马克思恩格斯文集》第5卷，北京：人民出版社，2009年，第873页。

天培养的。这一点显然是有问题的。任何人的出生、成长都离不开家庭、学校和社会的培养，美国硅谷有若干具备高级技术能力的软件工程师，他们的技术能力都是通过后天的不断学习而获得的。在学习的过程中，个人固然可以付出自己的努力来取得好成绩，也可以选择自己喜欢的专业，但是，如果没有学校和老师的教育，没有整个社会提供实习和就业的机会，没有家庭提供良好的学费支持，一个人是很难获得成功所需要的能力、资源和机会的。所以，自由至上主义者把经济不平等的起源完全归结为个人的能力、勤奋和爱好，这在理论和现实中都是不能成立的。正如约翰·罗尔斯所说的那样："认为我们应得能够使我们努力培养我们的能力的优越个性的断言同样是成问题的，因为这种个性在很大程度上依赖于幸运的家庭和早期的生活环境。"[①] 个人不可以脱离家庭和社会的整体环境而单独存在，优越的家境和丰富的社会资源对于个人的发展和成功至关重要。企业家和商人就更是如此。稳定的社会秩序和良好的法制体系对商业的正常运行不可或缺，广阔的消费市场和人口基数也有助于扩大商品销售的渠道，甚至是先进的交通基础设施建设也为物流的快速拓展提供了可行性，失去了这些前提条件，单个的企业家和商人是根本不可能期待个人的成功的。

自由至上主义者把经济不平等简单地与个人的能力、努力联系起来，而并没有触及社会制度。早在18世纪启蒙运动时代，卢梭就把人与人之间的不平等归结为私有财产的产生与发展，并认为私有财产权与自然权利是完全不同的。洛克把个人财产权作为自然权利的重要组成部分，戴维·赫尔德这样评论："这个权利的基础依然是神秘莫测的，（正如我们将看到）马克思和恩格斯试图解开的恰是这个谜。"[②] 而解开这个谜的谜底正是马克思主义对人类思想史的主要贡献之一。

## 2.3 "两个美国"——美国梦的衰落

众所周知，今天媒体上经常提到的"美国梦"形成于19世纪60年代美国内战结束之后的岁月。在此前后，则是影响美国历史深远的西进运动，其中还伴随着喧闹一时的"淘金热"。1848年开始的淘金热，让很多淘金者在

---

[①] 约翰·罗尔斯：《正义论》（修订版），何怀宏等译，北京：中国社会科学出版社，2009年，第79页。

[②] 戴维·赫尔德：《民主的模式》，燕继荣等译，北京：中央编译出版社，2008年，第89页。

西部加利福尼亚州实现了一夜暴富的梦想。到了美国内战结束后的19世纪后半叶，美国的经济社会处于飞速发展时期，伴随着大量欧洲移民的涌入，通过个人奋斗而实现财富与成功的梦想被很多人所追求。虽然这个时代日后以"镀金时代"这一略含贬义的名称闻名于世，但带有强烈时代特色的"美国梦"概念却传承了下来。美国学者杰里米·里夫金就回忆过母亲多次向他灌输的这一原则："你在美国可以做任何你想做的事情，你可以成为你想成为的人——只要你的意愿足够强烈。"[①] 美国梦的自我标榜是无非种族、肤色、信仰、出身，只要个人付出努力，就能不断取得经济上的成功。

与美国梦不同的是，19世纪的欧洲则是一个革命运动风起云涌的时代，资本主义的固有矛盾充分暴露，整个欧洲的社会基础被划分为资产阶级和无产阶级两大部分，各种相互论争甚至是对立的哲学思潮充斥在当时的报纸、杂志和书籍中。在如此分裂的社会背景下，欧洲人自然无法形成一个被广泛接受的"欧洲梦"。我们现在所谈论的欧洲梦是相对于美国梦而言的，二次世界大战之后，福利国家制度为欧洲各国广泛接受，欧洲梦才逐渐发展成型。美国梦一直强调通过个人努力而获取财富的积累，而欧洲梦则注重每个人的生活质量，这与欧洲各国实行的高福利政策密不可分，高福利政策从二次分配的角度满足了人们对于平等的诉求。因此，如果我们用个人自由来界定美国梦的本质的话，那么欧洲梦更多的是与对平等的追求联系在一起。里夫金对欧洲梦有着颇多赞扬。他认为，欧洲梦与美国梦的不同之处就在于欧洲梦更加强调相互依存。对于现时代的欧洲人来讲，自由的重点并不在于个体的自由选择，而在于能够进入与他人之间的各种各样的相互依赖的关系之中。实际上早在19世纪，马克思就批评了"孤岛上的鲁滨孙"式的个人观念，认为资产阶级著作家所看重的个人是历史发展的产物，真正的个人是处于既定历史条件和社会关系范围之内的。左翼社会主义运动在深刻改变欧洲的政治格局的同时，也重塑了欧洲的社会基础结构，进而对欧洲的哲学理念产生影响。20世纪的欧陆哲学把"他者"纳入到了形而上学的视野当中，无论是解释学、存在主义还是哈贝马斯的商谈伦理学都从本体论的层面上论证了"自我"与"他者"的交互依赖关系。基于此，欧洲梦更加具有平等对话、包容差异甚至是世界主义的色彩，欧洲人更倾向于用外交谈判的途径来解决冲突。

然而，伴随着经济不平等的状况持续加剧，西方社会阶层的分化日益明

---

① 杰里米·里夫金：《欧洲梦：21世纪人类发展的新梦想》，杨治宜译，重庆：重庆出版社，2006年，第3页。

显，无论是美国梦还是欧洲梦，它们都处在相对衰落的过程中。这其中，欧洲的衰落更加明显。在经济上，高福利政策导致国家的财政支出紧张，经历了欧债危机之后，主要的欧盟国家的经济增长放缓，经济复苏疲软乏力，与此同时，欧洲各国的基尼系数却呈现出增长的势头。作为一个常用的经济指标，基尼系数衡量的是一国之内的贫富差距水平。以欧盟体系内经济最强大的德国为例，从2012年到2015年，德国国内的基尼系数分别为0.283、0.297、0.307、0.301①。自从叙利亚难民危机爆发以来，欧洲各国的社会安全形势也变得严峻。至于美国，因为社会阶层的分化，今天的美国被形容为"一栋分裂两半的房子"：阶层壁垒日趋森严，政党竞争两极分化、意识形态极端对立。曾经长期担任《纽约时报》记者的赫德里克·史密斯说过，他本人在阅读各种报纸时会感到十分困惑，一方面，报纸上登载说全美国总计有1 500万人失业，超过670万个家庭被强行赶出了家门；另一方面，报纸上又报道说夜间郊区的高级餐厅里人满为患，大家花起钱来大手大脚，呈现出一片繁荣的经济景象②。到底是哪个场景更能代表今天的美国？于是，很多西方学者都指出，美国正在走向"两个美国"。如果实地观察一下美国，我们不需要经过太多深入细致的调查就可以清晰地看出这"两个美国"。

美国哈佛大学教授罗伯特·帕特南在新近的著作中描述过俄勒冈州本德镇的情况，"镇上的穷人主要居住在镇东区。在2008年至2012年这一时间区间，东区某一人口普查地段的儿童贫困率高达43%，但与之隔河相望，西区某高档地段的同比数据却低于4%。"③ 当分别走进这两个住宅区域的时候，帕特南眼前看到的景象完全不同：在西边的高档社区中，豪华的住宅都有门卫把守，小区内部拥有优质的基础设施建设：花园般的公共空间、公共艺术馆、小型啤酒厂，应有尽有；而在东区，整个环境一片凋敝，满目所见只有路边摊位、停车场、当铺等简单的生活设施。

从俄勒冈州本德镇这一人口不足20万人的小镇来到美国第九大都会区——佐治亚州首府所在地亚特兰大，情况依然让人触目惊心。亚特兰大是一座现代化的充满活力的大都市，曾经举办过第26届夏季奥林匹克运动会，

---

① 马峰：《全球化与不平等：欧美国家民粹浪潮成因分析》，《社会主义研究》，2017年第1期，第139页。
② 赫德里克·史密斯：《谁偷走了美国梦：从中产到新穷人》，文泽尔译，北京：新星出版社，2018年，第115页。
③ 罗伯特·帕特南：《我们的孩子：危机中的美国梦》，田雷、宋昕译，北京：中国政法大学出版社，2017年，第53页。

商贸繁荣。但是,当帕特南真正进入到亚特兰大市区的时候,他为这里的悬殊的贫富差距所震撼。"整个亚特兰大城区就好像是白色甜圈圈里的黑色空洞,在学校、社区以及社会生活的大多数领域内,事实上的种族隔离仍是社会常态。"[1] 所谓的"白色甜圈圈"指的是城市郊区的白人上层阶级和中产阶级的聚居区,自从20世纪70年代种族隔离制度被废除之后,大量的白人家庭开始逃离市中心区,把住宅搬迁到亚特兰大的郊区。对比郊区和中心区的风貌:在城区北面的巴克黑德是一处高档的住宅区,小区周边建有现代化的摩天大楼、高尔夫球场、商业购物区,该区95%的人口都是白人家庭,年收入的中值高达15万美元,儿童贫困率接近零;而内城的南区和西区则完全是另外一番模样,这里是美国毒品最泛滥、暴力犯罪最猖獗的贫民区,放眼望去,只能看到各种私搭乱建的木板房,居民95%以上都是黑人,儿童贫困率最高可达80%。由于内城中的犯罪率居高不下,以至于很多中产阶级的黑人家庭也逐渐搬离了中心区。帕特南把这一趋势称为"21世纪初黑人中产阶级和工人阶级逃离贫民区的历史浪潮"[2]。

贫民区的真实生活状况究竟是什么样子?在自己的书中,帕特南采访过一位成长于路易斯安那州新奥尔良市的黑人男孩。这位黑人男孩名叫伊利亚,从小跟随祖父母一起长大,生活在贫民区。由于父母很早就不在身边,所以他最亲近的人是堂兄詹姆斯。在堂兄的影响下,他学会了打架、偷窃,乃至抢劫。用伊利亚自己的话讲,生活在新奥尔良,你就要靠自己的双手打拼,否则只能任人宰割。因此,伊利亚从小生活的周遭环境充满了血腥与暴力。"常常听到枪声,开枪杀人的也许就是我隔壁的老王。每天都能看到尸体。绑架、强奸、死人、谋杀,家常便饭,谁想住在这种地方?街上到处都是吸毒的瘾君子,他们没有家,也没有钱。"[3] 不单单是新奥尔良市和亚特兰大市,类似于这样的贫民区在美国的很多大中城市中都可以见到,纽约、芝加哥、巴尔的摩、底特律,概莫能外。

因此,所谓的"两个美国"首先就是指美国社会出现了越来越壁垒分明的社会阶层隔离,这种社会阶层隔离表现在诸多方面,包括城市中的高档住

---

[1]　罗伯特·帕特南:《我们的孩子:危机中的美国梦》,田雷、宋昕译,北京:中国政法大学出版社,2017年,第91页。
[2]　罗伯特·帕特南:《我们的孩子:危机中的美国梦》,田雷、宋昕译,北京:中国政法大学出版社,2017年,第93页。
[3]　罗伯特·帕特南:《我们的孩子:危机中的美国梦》,田雷、宋昕译,北京:中国政法大学出版社,2017年,第116页。

宅和贫民区、教育中的私立学校和公立学校，他们都从不同的侧面反映出美国社会的分化趋势。由于社会阶层分化的不断加剧，跨阶层婚姻的比例越来越少。在婚姻问题上，年轻人在选择配偶的时候，双方家庭的财富、地位是否匹配都是重要的考量标准，此所谓婚姻问题上的"门当户对"。门当户对现象在婚姻家庭领域中的流行从一个侧面反映出不同社会阶层的差异与分野，财富收入等经济上的不平等顺延至社会层面，连个人私生活领域中的选择都会受到连带的影响。罗伯特·帕特南教授已经注意到，到了20世纪的后半叶，美国人越来越倾向于选择教育背景相当的伴侣组建家庭。"跨阶级婚姻"在美国逐渐衰落下去。

社会阶层的分化导致美国的其他领域也出现了极速的分化，这其中表现最为突出的就是美国党派竞争的白热化。回溯思想史，古希腊的思想家都十分反对党派纷争，在他们看来，党争的结果没有其他，只能是城邦的毁灭。古希腊的党派纷争主要是围绕着平民与贵族之间的斗争这一主线进行的，可以说，平民与贵族之间的此起彼伏的党派斗争贯穿整个西方古代世界，不独古希腊城邦民主时期是这样，古罗马共和国的历史也不例外。亚里士多德在论述城邦的构成时认为，在一切城邦中，所有公民都可以划分为三个部分：富有阶级、贫穷阶级和中产阶级。亚里士多德的这一划分是以城邦公民所拥有的财产数量的多寡为标准的。按照亚里士多德的定义，在民主政体之下，没有多少财产的平民应该占城邦人口的大多数，当他们集合在一起的时候，就可以形成城邦中最大的一股政治力量。民主制与党派纷争二者之间的递推链条有两个关键的链接要素：首先，民主政体强调公民间的平等的理念，同属于一个城邦的公民，既然我们在政治上都是拥有平等的公民身份的自由人，那么我们在其他的方面也应该是平等的，其中包括财产上的平等；其次，在民主政体当中，大部分的公民都享有选举权和被选举权，竞选城邦公职的人们就不得不着眼于大多数的平民的利益，迎合他们的要求，这有可能导致平民的权威超过既有的法律的权威。在这两种要素的驱动下，平民由于自身的经济条件的不足便很容易希图富人们的财产，并凭借着自己在人数上的优势来瓜分富人们的财产，而富人们则联合起来进行反抗，整个城邦便不可避免地陷入了敌对状态。党派斗争的最终结果是，不管是哪一派获得了胜利，正常的民主政治秩序都会被破坏，且难以恢复。在他看来，民主政体与党派之争之间并非是正相关的关系，问题的关键在于城邦中财富分布的状况及其人数的多寡。民主政体的持续而稳定的运行端赖于城邦中存在着为数较多的中产阶级，如果城邦中大多数的人处于贫穷的状态的话，那么该城邦是无法保持长久的稳定的。法国近代启蒙思想家卢梭同样坚决反对党派的存在，他主张，为了最大限度地实现公意，每个合格的公民都应该拥有理性思考的能力。自然，卢梭也并没有完全陷入抽象的理论当中，他意识到在民主制的条件下很难根除派系，既然派系无法根除，那么为了把派系对政治的影响降到最低，他主张不妨增加派系的数量，这样做可以防止某一派系过于强大。

回到18世纪，美国的建国一代同样反对党派政治。作为现实主义的政治家，詹姆斯·麦迪逊首先从两个方面指出利益冲突和派系纷争是不可避免的。一方面，"自由于党争，如同空气于火，是一种离开它就会立刻窒息的养料。"[①] 自由对于党争来讲是必不可少的，因此，自由主义民主天然地会导致派系纷争。证之以西方古代的历史演变，这一点是没有疑问的。从这个角度讲，党争是植根于自由主义民主的制度之中的。另一面，麦迪逊又认为，党争深植于人性之中。在这一点上，麦迪逊与卢梭区别开来。卢梭虽然也在一定程度上承认党争的难以消除，但是他依然对自足的理性个体保持充分的理论信任，麦迪逊对人性的认识显然没有卢梭那样乐观。不同个体的理智是千差万别的，对理智的自由运用就会产生不同的意见，而当意见和自爱的情感相结合的时候，就容易引发争论和冲突。更重要的是，个体才智和能力之间的不均等还势必会导致财产占有情况的多少不一，从而依照个人财产的占有情况把社会划分为不同的阶层和利益群体。"造成党争的最普遍而持久的原因，是财产分配的不同和不平等。"[②] 有产者和无产者在社会上总会形成不同的利益群体，有产者本身还可以进一步细分出农场主群体、金融从业者群体、商人群体等。当然，商人群体还可以进一步区分出军火商群体、能源商群体、农贸商人群体等。他们在实际的政治运行中会形成不同的利益和意见集团，或相互联合，或不断分化，进而使自由民主制下的政治生活充斥着异议、利益冲突乃至对抗。在没有更强势、更悠久的宪法制度和文化心理背景的约束下，过于激烈的党派纷争会先使公共议题的决策延宕，直至民主制度本身趋于瓦解。

结论是，自由主义民主制度不能消除派系斗争的存在和危害。麦迪逊的观点是代议制的联邦政府可以最大限度地把控党派政治所带来的不良后果。他给出的辩护理由如下：首先，由公众选出的代表参与议政，要比公众们亲

---

[①] 汉密尔顿等：《联邦党人文集》，程逢如等译，北京：商务印书馆，2011年，第53页。
[②] 汉密尔顿等：《联邦党人文集》，程逢如等译，北京：商务印书馆，2011年，第54页。

自提出意见更符合公共利益。麦迪逊相信他们拥有足够的智慧、独到的眼光、爱国心和对社会正义的追求，他们所考虑的将会是更加长远的利益。其次，作为具备现实主义政治眼光的政治家，既然麦迪逊深知党派纷争根植于人性，那么他同样不会百分之一百地相信每一位被选举出的代表。他设想，代表也完全有可能通过贿赂、拉拢等手段取得参政权。但是，在一个人口众多的大共和国里，一方面，代表的数目是有限的，这就有更大的概率从众多的人数之中选出合适的代表。比较一下从20万人口中选出一名代表和从10万人口中选出一名代表，从概率上讲，前者有较大的可能选出合适的代表。另一方面，作为候选人，使用不道德的手段拉拢10万人中的多数选民，比拉拢20万人中的多数选民要容易得多。最后，基于和卢梭同样的理由，人口多、范围广的大共和国可以产生更多的派系和利益集团，种类更多的派系既可以防止一派独大，又可以给图谋私利的成员之间的协调设置更大的障碍。

既然财产占有的不平等是造成党争的普遍原因，那么经济不平等的加剧必定会导致党派竞争的白热化，这是不以个人的意志为转移的。在西方，每一个党派的背后都有支持自己的选民群体。同样地，对应于不同的政治立场，新民粹主义分为两个组成部分——左翼民粹主义和右翼民粹主义。他们的共同特点是都对所谓的"建制派"政治精英表达出强烈的不满，要求改变现状。当社会阶层的分化加剧之时，底层民众的平等主义诉求会愈加强烈，从而极易催生出左翼民粹主义运动。在2008年金融危机之后，"占领华尔街运动"就是一场左翼民粹主义运动，在2016年的美国大选中，作为民主党的参选人之一、佛蒙特州的参议员伯尼·桑德斯代表的就是左翼民粹主义的政治力量，他把抨击的矛头指向了逐步扩大的收入和财富上的不平等。为了减轻年轻人求学期间的债务，桑德斯主张实行公立大学学费全免政策。而在左翼民粹主义兴起之时，还有一批民众认为左翼政党对少数族裔、移民群体的照顾太多了，他们认为政府要照顾这些群体就势必会增加福利支出，最终增加的福利支出还是要从中产阶级的纳税中来，这就导致右翼民粹主义同时崛起。金融危机的爆发加剧了这一矛盾。与左翼民粹主义相比，右翼民粹主义思潮的大范围崛起是困扰当前西方国家的更为突出和棘手的问题，它的政治影响也更大。政党政治的要点之一就是需要回应选民群体的诉求，当选民群体的利益高度不一致的时候，这种尖锐的分歧和冲突势必会通过政党纷争表现出来。

长期观察政党运作机制的美国著名时政记者赫德里克·史密斯提到过一个指标性的事件：1993年，比尔·克林顿就任美国总统，克林顿向国会提交了一份预算案,其中包括一项关键的内容是增加税收来平衡财政赤字,结果,众议院中的所有175名共和党籍议员全数投票反对这一提案。史密斯将这次关于预算案的投票称为美国政治的分水岭,因为"在反对党连一张赞成票都没有的情况下通过一项重大立法,这是自第二次世界大战以来的第一次"①。从此之后,这种情况变得越来越多。到了2012年美国大选之时,据一位对美国政治有近距离观察的中国记者回忆,有位共和党的国会议员曾经这样评价自己国家的政治现状:美国的两党政治达到了几十年来最为极化的程度,"克林顿与小布什政府时期那种白宫—参议院—众议院形成的'三角平衡'权力结构不见了,'中间道路'消失了。"② 最终的结果是,所有的政策辩论都容易逐渐演化为情绪化的人身攻击。这种情况不独美国是这样,西方实行自由主义民主制度的国家概莫能外。曾经担任加拿大自由党党魁的叶礼庭(Michael Ignatieff)对此有过切身的观察体会。他谈到,自己在从政期间没任何来自对立党派的朋友,不同党派的人也从来不会一起吃饭或喝茶,甚至连一句话都不会说。如果有人被人发现正与对立党派的某位人士聊天,刹那间,谣言就会传遍议会,声称他准备要加入其他党派。"党派性既让我们这个已然出现分裂的社会不断走向更深的分裂,也将对手变成敌人。"③ 这证明,不同的党派之间非常难以达成共识乃至妥协,换言之,他们所代表的不同的社会群体之间处于高度分裂的状态中。只有基于这一背景,我们才能理解2016年10月22日特朗普在宾夕法尼亚州葛底斯堡发表演说时提到的一句话:我们的国家已经是四分五裂。正是这种四分五裂的局势映衬出"两个美国"的荒诞现实。

## 2.4 本土主义叙事的张扬

近代以来,西方学者刻画出一幅关于现代世界发展的蓝图,其中的点睛之笔是经济全球化。在当今时代,没有任何一个国家能够完全隔绝于全球化的浪潮之外,经济全球化的趋势把不同地域的国家紧密地联系起来,正所谓"你中有我,我中有你"。就像遍布世界各地的肯德基、麦当劳一样,既然处

---

① 赫德里克·史密斯:《谁偷走了美国梦:从中产到新穷人》,文泽尔译,北京:新星出版社,2018年,第382页。
② 蒲实:《美国!美国!特朗普的社会动员》,《三联生活周刊》,2016年第47期,第38页。
③ 叶礼庭:《火与烬:政治中的成与败》,黄天磊译,北京:中央编译出版社,2017年,第163页。

在不同的地域和文化圈的人们的口味都会因为西式快餐的扩张而趋于接近，那么不少学者设想，无论时间长短，把世界各个国家、各个民族联系起来的科学技术、市场经济、消费文化和科层管理制度等现代性要素最终会打造出一种日益一体化的经济社会形态，最终世界各地都会趋向进入同一种制度结构和基本的价值系统当中，此所谓"历史的终结"。西方学者描绘的这幅发展蓝图也像肯德基、麦当劳式的快餐一样，难以经得起咀嚼。它的不足之处是把物质层面的问题与文化层面的问题纠缠在一起。在物质层面上，只要国与国之间保持开放，而不是人为地隔绝开来，资源就能够在全世界充分涌动，关键的保障在于技术条件允许和交通基础设施健全，这后两点在最近几十年都有迅速的发展。物质与文化的区别就在于，单纯的物质的东西对时间和空间的变化不敏感，鸡肉、红薯、面粉等不管什么年代，也不管放在什么地方，都可以果腹，每个地方也都有人愿意食用；当肯德基把它们打包出售的时候，它们便被打上了美国快餐文化的标签。在生产要素层面也是一样，虽然不同的国家有不同的货币和汇率体系，资本却可以在世界范围内追逐利润。澳洲的铁矿石并不因为它原产自澳洲就不能在中国生产钢铁，中东地区出产的原油出口到美国之后照样可以提炼出高质量的石油制成品。更不必说在科学规律和实验指导下进行的现代技术研发。互联网科技诞生于美国，今天已在全世界普及开来。科学无国界，这句话最典型地说明了科学本身不敏于空间的变化。文化层面的问题则与此不同。任何一个地区的文化都与该地区的历史、环境有着密切的关系，一旦我们将某个地区的文化移植到其他的地区，文化便会发生变异。一方面，文化具有显著的属人的特点，因为属人所以又具有显著的历史性、地域性的特点。罗马城不是一天建成的，文化的形成更是长时间积淀的结果，其中既有经典作品所代表的一个个精神坐标，又有代代相承的传统习俗。随着历史的推进，文化本身也处于不断演变、不断分流、不断融合的过程当中，因此，文化必定是一个历史的概念，敏于时间的变化与时代的变迁。另一方面，文化又是相对固定的，有点类似于古生物学领域的"间断平衡"。一个有特色的文化形态需要羽翼的支撑：长时段延续且共享认同的一个人群、相对固定的生存区域。这两个要素并非要同时具备，但是第一点是必需的。犹太人散落在全世界，但是依然延续着特点明显的犹太文化。吉普赛人同样在世界流浪，但是巴黎市民不难识别出市郊的吉普赛人聚居区。在这种意义上，文化既是群体内共享认同的重要来源，同时也是群体外识别他者的重要标志之一，二者是一体两面。不可否认，代表文化的经典作品可以被其他地区的人们所认知,但是由于历史的、语言的等客观的障碍,要想真正深入理解这些作品的含义,不在产生经典作品的文化圈里沉浸较长的时间是没有可能做到的。英语是今天世界通用的语言,大多数人都可以简单地阅读用现代英语印刷的书籍,中古英语对很多人来讲就不熟悉了,中古手书体英语甚至都很难辨别了。语言只是了解其他文化的障碍之一,深入理解经典作品,还需要了解历史背景、风土人情、宗教信仰等方方面面的知识。所有这些障碍加总在一起决定了理解他者的困难。

自由主义者相信,日益一体化的经济社会形态最终会打造出一种相同的制度框架和价值系统。从根本上讲,西方文明的普世性特征导源于古希腊的形而上学,基督教作为一神教的宗教信仰进一步加深了这种普世化的倾向,自由主义的普遍主义立场在相当的意义上源自于基督教的普世诉求。近代西方形而上学通过树立理性的权威而为普遍主义价值观念奠定了本体论意义上的基础。从根本上讲,理性主义思路诉诸的是一种同质化的证成思路,它所依据的是一种康德式的道德形而上学:人类的崇高本质在于他的理性,包括理性地分析、怀疑、判断和反思,在这一点上,我们找到了人类的共同特性。我们不必考虑具体的人与人之间的差异,每个人无论种族、地域、信仰、肤色,他们都具备理性的自主自决的能力,因而也都应该享有自然权利和个性尊严,都应该被平等地加以尊重。普遍主义的价值诉求必然会压缩特殊的身份角色在人格构成上的决定性意义,从而赋予个体的理性和权利以至高无上的地位。在西方哲学史上,康德为理性主义的道德形而上学做出了最有力的论证。

除了理性主义的同质化证成思路外,还有一种直觉主义的证成思路,以赛亚·伯林是这一证成思路的代表性思想家。坚持多元主义思想的以赛亚·伯林认为,虽然人与人、社会与社会之间存在着很大的差异,但是一般性的价值观念是存在的,这些价值观为不同时空的人们所共同拥有。"普遍存在着某些特定的品性——自由、正义、对幸福的追求、真诚、爱——这些符合整个人类的利益,而不只是符合作为这个或那个民族、宗教、职业、身份的成员的利益。"[①] 对于这些普遍的道德准则来讲,伯林将它们界定为大多数国家、大多数人长期以来都共同遵守的道德,因此,它的普遍性来自于人类普遍的经验事实,而不是什么理性认识的先天形式。但是,如果说不同族群的

---

① 拉明·贾汉贝格鲁:《伯林谈话录》,杨祯欣译,南京:译林出版社,2011年,第36页。

文化和生活方式差异很大，那么，普遍性的原则又是如何可能产生的呢？在此，伯林诉诸了两个重要的概念——"移情"与"共通感"。"当我们认为理解了那些与我们在文化上有很大差别的群体的时候，即意味着某种强大的富于同情心的理解、洞察和 Einfühlen（"共感"，赫尔德发明的一个词）的存在。即便其他文化排斥我们，依靠移情的想象力，我们也可以设想，为什么他们会产生这样的思想和感情，并采取相应的行动达到预定的目标。"① 这些人类普遍的经验事实被伯林归结为人性。在论证自由的合理性的时候，伯林说："如果我们不想'贬抑或否定我们的本性'，我们必须保有最低限度的个人自由的领域。我们不可能处于绝对自由状态，因此必须放弃我们的一些自由以保持另外一些。但是完全的放弃是一种自我挫败。那么这种最小限度应该是什么？一个人不经殊死搏斗便不能放弃的，是他的人性的本质。"② 可见，人性的概念支撑起了伯林对自由的肯定与追求。伯林相信，伦理学、政治学以及其他各种有关规范性的思想都是基于我们对人性的见解。

然而究竟应该如何理解人性？首先，伯林否定存在着从古至今、一以贯之的永恒的人性。伯林赞同维科、赫尔德和马克思等前辈思想家的观点，不同的国家地区、不同的文化内部、不同的时代之间，乃至于不同的人与人之间，人们往往会拥有不同的价值观和习俗，对同样的事务会有不同的看法和理解。如若我们把时间纵向伸展到从古代世界到当代社会，把空间横向伸展到世界各地，远至南太平洋上居住着原始部落的岛屿，我们确实很难找到哪一道德原则或价值观念是为所有时代的所有地区的人民所共有的。在这一点上，伯林明显更倾向于接受历史主义的观点。其次，伯林也否定对人性的本质主义解释。所谓本质主义的人性观，简要地说就是认为每一个人的内部都有一个属于人的本质的核心，这一本质不会随着时空的改变而发生变化，通过探究人的这一本质，我们就会发现可以指导我们的思想和行为的普遍法则。伯林的人性观是反本质主义的。本质主义的人性观的问题在于，当你试图用某一种本质来概括纷繁复杂的人类的时候，你必然会漏掉很多东西，而且也总会有若干反例消解这一本质概括的有效性。不妨引用一种通常的说法，"人是一种理性的动物"，因而理性构成了人之为人的本质。但我们马上会指出，"人是情感的动物"，这句话同样可以用来概括很多个案。以此类推，我们必须把这句话继续拉长下去——"人是既有理性又有情感的、直立行走的、会

---

① 拉明·贾汉贝格鲁：《伯林谈话录》，杨祯欣译，南京：译林出版社，2011年，第34页。
② 以赛亚·伯林：《自由论》（修订版），胡传胜译，南京：译林出版社，2011年，第175页。

说话的、具有精神需要的……动物。"最后，伯林将他所认可的普遍性放置在"直觉的必然性"上，而不是基于理性的洞察。在这里，伯林明显地依据了直觉主义的方法论。约翰·罗尔斯说过，直觉主义有两个主要的特征："首先，它们是由一批最初原则构成的，这些最初原则可能是互相冲突的，在某些特殊情况下给出相反的指示；其次，它们不包括任何可以衡量那些原则的明确方法和更优先的规则，我们只是靠直觉，靠那种在我们看来是最接近正确的东西来决定衡量。"① 一句话，在直觉主义者看来，一旦我们达到某些一般原则之后，则不再有任何更高的建设性标准可以用来衡量这些相互冲突的一般原则。正是在这种意义上，G. A. 柯亨才说，就罗尔斯指出的直觉主义的特征而言，将其称之为彻底的多元主义更为合适，而且罗尔斯给出的第二个特征比第一个特征更能说明直觉主义的多元主义特色。罗尔斯本人是不赞成直觉主义的方法论，而 G. A. 柯亨则认为直觉主义是唯一可行的道路，并指出"这是一种要由我是牛津人（在同一时期具有共同特点的人）而他们（她们）是哈佛人这一事实来综合解释的分歧"②。

  由此可见，自由主义的普世价值诉求所依赖的论据主要有两条：第一条就是欧陆理性主义的启蒙传统，经由理性的强势话语建构出普遍主义的价值观；第二条就是英美经验主义的哲学传统，经由直觉主义的思路来寻求人类普遍接受的经验事实。但是，无论是理性主义的思路还是直觉主义的思路，他们对"同一"的孜孜以求远超过对"差异"的关注，哲学家们一直试图对"人"这个概念界定出一个普遍的特性。这一点实难做到。我们可以自我追问：在所有时代的所有地方，是不是有同一的生活方式？没有。时至今日，住在原始丛林里的部落居民依然过着类似刀耕火种的生活，他们与生活在大城市里享受现代文明的都市居民的生活方式全不相同；古埃及人对生命和死亡的理解与世俗时代的我们对生命和死亡的理解也很不一样；古希腊斯巴达城邦所尊崇的价值与今天西方人所追捧的价值也少有相同之处。但是，在万千不同的对比的背后，又必然隐藏着一些相似的地方，否则我们就没有办法解释这样一种现象：身处同一时代的不同地区的人与人之间能够进行顺畅的交流、合作，而生活在现时代的我们还能够通过解读各种古代文献和考古资

---

① 约翰·罗尔斯：《正义论》（修订版），何怀宏等译，北京：中国社会科学出版社，2009年，第27页。
② 复旦大学哲学学院编：《国外马克思主义研究报告》（2010），北京：人民出版社，2010年，第486页。

料来理解数千年前的古埃及人。所有的沟通、交流、理解、合作都需要某些共同的属性作为基础。伯林罗列了人之为人所共同具有的某些基本需要：食物，住处，安全，归属感，对某种最低程度的自由的需求，对追求幸福和爱情的需求，交流的需求，等等。虽然不同的时代，我们具体吃的食物、住的房屋千差万别，但这只是说明满足我们需求的方式和手段是多变的，在没有产生比萨这种食品之前，我们不会欲求比萨，我们对食物的需要却是普遍的。正如作为个体，每个人都可以把自己的归属感放置在不同类型的对象身上，但我们对归属感的需要是普遍的。人生在世，都会有若干支撑自己生存下去和过得更好的基本需求，也正是这些基本需求使得人与人之间、地区与地区之间的交流沟通成为必要和可能。

与自由派对全球化的赞誉与支持相反，新民粹主义对自由、民主、世界主义、无国界移民等理念嗤之以鼻，他们认为，在世界范围内不计后果地推行这些抽象理念损害了本国居民的利益。因此，新民粹主义表现出强烈地反全球化、反普遍主义的倾向，他们立足于政治共同体的特殊主义来抵制自由派的全球主义。国外学术界一般认为，经济的全球化和金融资本的全球化造成了西方社会结构性的经济不平等，而经济不平等的加剧是左翼与右翼新民粹主义崛起的根本原因。根据前面的分析，今天，麦克卢汉在《理解媒介》一书中预言的"地球村"（global village）现象在今天已经变成现实，不过，全球一体化的进展却导致西方社会内部发生明显的分化：硅谷的高科技精英、好莱坞和NBA的演艺体育明星、华尔街的投资者成为全球化的受益者，而传统制造业中的工人、传统能源产业的工人却成为全球产业转移和新技术进步的受害者。毫无疑问，我们这一代人的家庭财富状况会直接影响到下一代人的机会平等，财富优裕的家庭可以有条件给孩子选择教学质量更好的学校，为孩子的学习提供更多的培训和辅助教育。不平等会在代与代之间传递，代与代之间的财富传递造成了社会阶层上的分化。可见，全球化所带来的发展红利并没有惠及全体人民。大量的全球化时代的"输家"不再相信主流媒体和自由派知识精英所宣扬的全球一体化政策的种种好处，他们同样对鼓吹全球经济和政治一体化的政治精英失去了信任，进而把自己的利益诉求投射到诸多反建制派的政治人物身上。根据皮尤公司的民意调查，"虽然2009年以来多数美国人仍然支持自由贸易，但最近两年反对的比例从30%上升到39%。以往多支持自由贸易的共和党人现在有53%的反对它……特朗普的支持者对自由贸易的反对最为激烈,比例高达67%。"①

从劳动力和资本流转的角度看,在全球化的时代,资本的流通速度是最快捷的,有时候一通电话或敲下几个键盘码,大笔的资金就会完成跨地区甚至是跨国的周转。对于劳动力的流通来讲,情况就不是这样了。虽然在全球化的时代,凭借着交通基础设施的完善,劳动力的跨区域转移更迅速了,但是,劳动力的转移是非对称的。最近几十年,从第三世界等不发达国家转移到发达国家的劳动力人口远远比从发达国家转移到第三世界的人口要多得多,这一非对称性的转移说明资本和劳动力的流通是不同步的。于是,发达国家不得不面对如下的问题:很多企业为了追求更高的利润率而把全部或部分生产环节转移到拉丁美洲、非洲、亚洲等第三世界国家,因为这些国家的劳动力成本、土地使用成本往往比较低,而原先在这些企业中工作的普通员工并没有随着企业和资本的流出而流出,继续留在国内的结果就是要么被辞退失业,要么另寻工作岗位。即便这些员工重新找到了一份工作,工作的薪金常常也不如从前。美国学者研究指出:"经济结构是最根本的问题。太多工作的薪资都无法维持工人生活。大家都知道,很多高收入的制造业岗位都因自动化而撤销,迁至外国,代之以收入更低的服务业岗位。但不是所有人都了解这对上百万美国人的收入有何影响。"②

传统制造业的转移在美国造成了所谓的"铁锈带"(Rust Belt)。密歇根州就置身在"铁锈带"之中。密歇根州的底特律市是美国传统的汽车制造业城市,由于毗邻北美大湖区,条件优越的水路为传统制造业的兴起创造了客观环境。1903年,福特公司在底特律建设了第一家汽车制造厂,1914年,世界上第一条汽车生产流水线投入使用。在鼎盛时期,底特律市是全世界范围内最大的汽车生产基地。汽车工业的繁荣发展曾经给这座城市带来了巨额的财富增长,在20世纪60年代,底特律市的人均收入是全美最高的。在20世纪后半叶,"后工业化"时代来临,底特律的汽车工厂接连倒闭,与工厂倒闭潮相伴随的是,一系列围绕着工厂兴建起来的服务业设施(包括商店、理发店、娱乐中心等)也相继关门,城市人口开始大量迁移。时至今日,底特律市的人口已经相比巅峰时期减少了60%,全市的人均收入不到全美平均数的

---

① 周琪、付随鑫:《美国的反全球化及其对国际秩序的影响》,《太平洋学报》,第25卷第4期,2017年4月,第9页。
② 斯坦利·艾岑等:《美国社会问题》(第12版),郑丽菁、朱毅译,北京:电子工业出版社,2016年,第207页。

一半,而贫困率则是全美国平均数的 3 倍。在今天,底特律旧城呈现出一幅破败不堪的模样。在曾经是富裕阶层的别墅住宅区,院落里杂草丛生,"进去,地毯发霉的味道扑来,昔日华贵的地毯全部拱了起来,墙皮也翻了起来。美国的房子要带装修带家具,那些保留下来的家具要么有被火烧过的痕迹,要么就明显被人翻动过。无法想象,这里曾经是高薪中产阶级的繁荣商住区,倒有一种世界末日地球上空无一人的荒凉"①。离开别墅住宅区,走到城市的中心花园,花园北边有一座共济会的礼堂,礼堂内部有一个音乐厅。"从门洞进去,里面静极了,连钟表都早已停摆,地上与天花板吊灯的灰尘积了厚厚一层,就像被尘封了几十年,甚至上百年。"② 原本人流众多的百货商场早在几十年前就已歇业,高楼大厦也已人去楼空。在 2013 年,底特律市宣布正式申请破产保护。类似的光景遍布北美大湖区的铁锈带,从底特律(密歇根)到芝加哥(伊利诺伊州),从匹兹堡(宾夕法尼亚州)到克利夫兰(俄亥俄州),凡是此前依托传统制造业兴盛起来的城市无不显现出荒凉、废弃的景象,在蓝领中产阶级不断外迁之后,取而代之的是少数族裔聚集的贫民区。

  美国中产阶级的衰落不单单是发生在大城市,在一些人口规模较小的县镇也同样如此。伯尼·桑德斯在竞选的时候去过西弗吉尼亚州的麦克道威县。据他自己的描述,麦克道威县曾经是个富庶和谐的小县。在美国钢铁公司停产之后,大量的工人失去了固定的工作。"现在这里是阿巴拉契亚地区最萧条的地区之一,贫困率、失业率、犯罪率居高不下。如今的麦克道威县已变为幸福指数最低的地区,而且情况仍在持续恶化。由于吸毒、酗酒、自杀、抑郁问题,这里很多年轻人英年早逝。"③ 这种残败的画面广泛存在于美国东部阿巴拉契亚山区的若干县镇上。J. D. 万斯的祖籍是美国肯塔基州东南部的一座小镇杰克逊镇,这里是美国主要的产煤区之一。在生态环境保护的约束下,传统能源行业都面临着转型的压力。现如今,杰克逊镇这座山区小镇的面貌也是一片狼藉。"全镇将近三分之一的人生活在贫困之中,这一数字中还包括大约一半的孩子……处方药物成瘾在镇上泛滥。公立学校不久前被肯塔基州政府接管,可见其糟糕程度。然而,家长们还得把自己的孩子送到这样

---

① 蒲实:《底特律的死与生:城市收缩的样本》,《三联生活周刊》,2013 年第 51 期,第 100—101 页。
② 蒲实:《底特律的死与生:城市收缩的样本》,《三联生活周刊》,2013 年第 51 期,第 101 页。
③ 伯尼·桑德斯:《我们的使命:西方的体制困境和美国的社会危机》,钟舒婷、周紫君译,南京:江苏凤凰文艺出版社,2018 年,第 146 页。

的学校，因为他们没有多余的钱。"① 毒品对小镇的危害极大，毒品的流入与泛滥导致青年人无所事事。

基于资本的逐利性，全球经济一体化时代的来临为企业资金在全球范围内布置产业链提供了可能。在一般情况下，发展中国家拥有更廉价的劳动力、更优惠的原材料价格，而且不可忽视的是，发达国家需要公司支付的工人福利水平和工会本身的组织力量往往都比发展中国家要高，所有这些事项都可以转换为企业的经营成本。依据自利人的基本假设，企业的所有者和管理者势必会将生产线往成本低廉的发展中国家转移。这一趋势很难逆转。传统制造业的转移所导致的区域经济的空心化造就了一大批所谓的"愤怒的选民"。来自俄亥俄州奇利科西市的麦克·休斯原本是美国无线电公司的一家分厂的职工，该厂在2004年关闭，他不得已只能在工作了三十多年后另谋职业。谈到现在生活的困窘，麦克·休斯说道："我有一栋属于自己的房子。我曾经能拿到很不错的养老金——我多少也是在美国梦里真正生活过的……他们就这样轻而易举地把我给抛下了。他们把我的美国梦给切断了。"②

正是在这一背景下，强调要捍卫本国居民利益的本土主义思潮在欧美国家得到大范围的认可。1999年，世界贸易组织第五次贸易部长会议在美国华盛顿州西雅图市召开，美国工会和来自欧洲的一些工会代表第一次发起了反全球化的抗议活动。2008年金融危机爆发以来，西方发达国家内部的反全球化浪潮逐渐演变出新的特点，那就是"政党人士的反全球化和政府行为的逆全球化举措。反全球化发展成为国家行为。"③ 反对自由贸易、设置关税壁垒、实施投资限制，这些举措成为西方政客追逐选票的手段之一。金融危机之后，奥巴马政府推行银行救助法案和7870亿美元的经济刺激法案，这两项举动直接促成了2009年的右翼"茶党"（Tea Party）运动，这一运动的主力是普通的工薪阶层和小企业主，最终茶党的很多候选人在2010年成为国会议员。自2015年宣布竞选以来，特朗普对公民身份和边界问题的持续不断的重视凸显出主权国家的重要地位，在承担国际义务和保卫美国国家利益方面，他毫不犹豫地选择了后者，并且公开地诉诸特殊化的身份认同情绪来为自己的政策

---

① J. D. 万斯：《乡下人的悲歌》，刘晓同、庄逸抒译，南京：江苏凤凰文艺出版社，2017年，第9页。
② 赫德里克·史密斯：《谁偷走了美国梦：从中产到新穷人》，文泽尔译，北京：新星出版社，2018年，第100页。
③ 栾文莲：《对当前西方国家反全球化与逆全球化的分析评判》，《马克思主义研究》，2018年第4期，第90页。

辩护，从而试图扭转被自由主义意识形态包裹下的一系列美国长期执行的内政外交方针。从这个角度看，特朗普的"美国第一"的施政纲领不能简单地视之为沿袭自18世纪华盛顿总统时期的孤立主义外交政策，它的实质是以19世纪以来的民族主义为基调的国家利益优先政策。特朗普本人的执政风格变化多端，捉摸不定，且不乏惊人之语，在很多国际国内议题上有着超出普通人预期的手段和观念，经由他制定和施行的若干政策也充满争议。不少学者认为特朗普的政策缺乏明晰的目标，充满不确定性，但这其实指的是特朗普具体的施政措施。我们不必追溯长时段的观点变迁，仅就参选以来特朗普在诸多场合的公开演讲中所传达出的讯息，他的政策基调从来没有改变过。无论是声称要在美墨边境修建隔离墙，还是退出巴黎气候协定，无论是以关税为工具主动开打贸易战，还是要求北约盟国承担更多的军事开支，特朗普的贸易、外交、移民等政策都无不展示出强烈的本土主义和民族主义倾向，目的是把保护他眼中的美国本土公民的利益放在第一位，而非将承担国际责任和促进不同国家的共同繁荣放在第一位。在移民问题上，特朗普政府认为非法移民侵占了本土居民的社会福利和工作机会；在贸易问题上，特朗普屡次指责美国被全世界的国家占了便宜，抨击自由贸易，2016年6月28日，他在宾夕法尼亚州莫内森的一家垃圾回收厂公开发表了经济政策演讲，其中批评道：我们的政治家们积极推行全球化战略，把我们的工作、我们的财富、我们的工厂转移到墨西哥和海外，全球化让金融精英们变得非常非常非常富有，但却给数以百万计的工人带来了贫困；特朗普甚至耸人听闻地说，这一波的全球化已经消灭了美国的中产阶级；在外交问题上，特朗普主张美国不能不计报酬地照顾盟友的利益，所有盟国都需要承担共同防务的开支。

需要格外注意的是，特朗普的这诸多举措的基调都不是孤立主义的，或者说，孤立主义倾向只是它们的一侧面，我们可以从另一个角度重新审视这些举措：在移民问题上，特朗普声称，非法移民的进入对通过正常途径排队等待获得准入资格的合法移民来讲非常不公平，他主张基于功绩（merit）的移民筛选体系，因此，我们不能笼统地说特朗普政府反对任何移民，他当然非常清楚，大量的拥有良好技能的外国移民对于美国经济发展和科技进步的重要作用。在贸易问题上，特朗普的贸易保护主义倾向确实比较明显，但是他并非主张不与世界上的其他国家进行贸易往来，这是绝对做不到的，他的核心原则是双边贸易关系上的关税对等原则。在2018年1月份召开的达沃斯世界经济论坛上，特朗普表态自己支持"公平且对等"（fair and reciprocal）

的自由贸易。当特朗普打出"美国向商业开放"的口号时，这不完全是一种孤立主义的贸易思路。最后，在外交问题上，特朗普对传统盟友多有怨言，这是事实。不过，这并不表示他要彻底废除二战后美国历届政府所遵循的同盟体系而走向彻底的孤立主义的外交政策。仅从特朗普政府高调介入"巴以和平进程"这一事例来看，这并非孤立主义的外交政策。或许，基于利益考量基础上的战略调整更能准确地刻画出特朗普外交政策的底色。

美国《大西洋月刊》杂志主编杰弗里·戈德伯格（Jeffrey Goldberg）最近发表了一篇文章，他认为，理解特朗普团队的最精确的描述是"我们是美国"（We're America）①。这句话形象地刻画出特朗普政府团队所代表的不加掩饰地推崇美国利益优先的社会力量。在制定经济和外交政策的时候，一切以美国的利益是否受损作为优先的考量因素，即便是面对与自己有同盟关系的国家的时候也不例外。从这一点出发，我们可以理解为什么特朗普屡次三番地向欧盟、加拿大、日本等传统盟友发出责问，甚至是批评他们没有承担起自己应负的责任，占了美国人的便宜。换言之，如果美国能从同盟关系中获得利益，那么美国利益优先原则也并不会百分之百地拒斥国际政治上的同盟体系。为了给自己的政策方针寻求支持和辩护，特朗普诉诸的最重要的意识形态话语就是民族主义的，他竞选时期的纲领性口号就是"让美国再次伟大"（Make America Great Again）。他经常性地把"美国人民"这个词挂在嘴边，声称自己作为总统的第一职责就是保护美国人民的安全、利益和福祉，因此，谁反对他的政策，谁就容易被特朗普的支持者带上"不是美国人"或者"不爱国"的帽子。这就使得特朗普推行的一系列不同于往届美国政府的政策具备了充足的意识形态合法性。我们可以看到，虽然有不少美国的知识精英担心美国的联盟体系会从此而遭到破坏，美国的国力也有可能因为特朗普的率性作为而招致永久性的衰落，但却难以从根本上遏制住这股社会思潮的巨大冲击。当自由派精英所遵奉的全球主义被贴上"非美国""非英国"等类似的标签之后，基于民族主义底色的本土主义话语体系让他们的反驳显得很无力。

不过，全球经济一体化所导致的经济不平等固然是本土主义叙事崛起的重要因素，但是，从某种程度上讲，我们不能简单地把反全球化的人等同于低收入群体。"许多研究表明，特朗普的支持者平均来说并非低收入者，他们

---

① 搜狐网："白宫高官定义特朗普主义"，网址：https://www.sohu.com/a/236201736_100044418。

也没有不成比例地集中在最受到全球化的不利影响的领域内"①。

首先，一般意义上的知识精英、财富精英乃至政治精英都有可能成为反全球化的支持者和引导者。无论是美国还是欧洲，很多秉持本土主义纲领的政党人物，他们本身要么接受过良好的高等教育，头顶博士的头衔，要么拥有自己的公司，家庭财产丰厚。美国总统特朗普本身就是身价几十亿美元的富翁（虽然这一数字有争议），他的家庭背景和成年后的所作所为都是一副上流社会精英的派头，但这并没有妨碍他成为美国草根阶层的代言人。因此，我们可以做出这样的判断：新民粹主义是由一群精英鼓吹和引导一场反建制派精英的社会运动，只要精英属于"真正的人民"群体中的一员，他就不会成为反对的对象。实际上，这一现象并不难索解。假定我们承认如下一组民调数据的准确性，"特朗普在共和党内的支持者一半只有高中或高中以下文凭，38%年收入不到5万美元，只有11%年收入超过10万美元"②，那么从受教育的程度看，支持特朗普的选民中有很多人同样拥有高学历；同时，他的支持者中也有不少中产阶级甚至是上流社会的财富精英。事后表明，为数不少的深蓝州公司的领导层实际上认同特朗普给出的减税政策，但却由于各种各样的原因，在正式投票前并没有公开表态支持特朗普。可见，单纯依靠收入差距这单一的判断标准并不足以全面地解释本土主义的崛起。

其次，假如低收入者只是希望提高自身的福利待遇，或者向富人课征高额累进税，他们完全可以支持左翼的政党，而不必倒向右翼的阵营，因为很显然，左翼政党力推包括高税收、高福利、金融监管和最低工资标准在内的经济政策。问题的复杂之处在于，许多属于低收入的底层民众一方面并不反对社会福利政策，另一方面却反对把福利进行随意的分配。在他们眼中，有两类群体不配得到高福利的照顾：首先是所谓的"不劳而获"的人群，他们认为，如果我们对勤劳工作者和不劳而获者不加区分的话，那么高福利政策将会惯养很多懒人；其次是非法移民，非法移民由于不具备正式的公民资格，因此他们也不应该具有分享福利待遇的资格。在不劳而获的人群与非法移民群体这二者之间，本土主义者更倾向于从公民资格的角度反对宽松的移民政策。当2009年美国右翼"茶党运动"兴起之后，美国哈佛大学教授西达·斯

---

① Jan-Werner Müller, Real Citizens. *Boston Review*, October 26, 2016. 参见：https://bostonreview.net/politics/jan-werner-muller-populism.

② 徐菁菁：《"疯子"特朗普：风口上的逆袭》，参见《三联生活周刊》，2016年第15期，第93页。

考切波等学者就已经指出："我们发现，对移民的关切处于茶党意识形态的核心。"① 大部分的茶党成员认为，民主党政府的政策过度支持非法移民，却忽视了当下美国公民的利益。在福利支出既定的前提下，对非法移民的照顾势必侵蚀到原本应该属于自己的社会资源分配（教育、就业、医疗、福利等），而增加福利支出则需要扩大税收征管的额度。因此，茶党成员非常坚决地反对大赦非法移民。在反全球化的支持者看来，全球化造成了美国中西部地区制造业中心的工作岗位不断流失，成为"锈带"，而移民的大量涌入则侵占了本国居民的社会福利和工作机会。同样的情况发生在后现代的欧洲，《大西洋月刊》资深编辑大卫·弗洛姆撰文指出："在欧洲，民粹主义政党宣扬反对移民以保卫福利国家，谴责议会民主制的腐败和全球资本主义的风险。"② 由此，移民问题逐渐演变为当前欧美世界所面对的一个大问题，经常性地主导各国政府的政治议程。

  扬－维尔纳·米勒、西达·斯考切波等学者的研究成果提示我们，所谓的被全球化浪潮边缘化了的群体未必就是经济上属于低收入水平的群体，反之，单从经济的角度看，移民群体也并非是西方社会的高收入阶层。在很多欧美国家的移民聚居区，几乎都会发现重复的景象：政府管理的工作效率低下，年轻人失业、失学并存。2005年下半年，法国巴黎郊区爆发的骚乱事件震荡整个欧洲，事件的发生地就集中在移民大量聚居的地区，那里的失业率之高为全法国之最，成为滋生犯罪的温床。因此，"边缘化"的另一层重要含义是原本处在社会主流地位的群体的利益诉求得不到政治精英的认真倾听与重视，没有集结成为政治议程的中心议题，从而激发起人们从"中心"到"边缘"的失落感。全球化时代是一个开放性的时代，经济全球化实际上代表着人口流动的全球化，商品周转、市场推广和技术的研发升级都带来了全球范围内的跨国移民。随着移民等外来人口所占比重越来越大，甚至在某些地区超过了本地居民的人口。人口结构的快速变迁加剧了本地居民对自己被边缘化的担忧。同样地，移民正在从整体上改变美国的族裔人口结构，这其中，拉丁裔和亚裔移民人口的增长速度最快，预计到21世纪中叶，欧洲裔美国人将成为人口中的少数。传统的美国白人中间层担心，随着移民的不断涌入，他们将逐渐丧失自身在国家中的主人地位。从"中心"到"边缘"，这一转变

---

① Vanessa Williamson, Theda Skocpol, John Coggin, The Tea Party and the Remaking of Republican Conservatism. *Perspectives on Politics*, March 2011, Vol. 9/No. 1, p33.

② David Frum, The Great Republican Earthquake. *The Atlantic*, January/February 2016, p50.

过程本身不完全意味着这些人群在社会的人口结构上变为少数,也不意味着他们的财富收入一定低于社会平均水平,而是在很大程度上表现为他们的利益有没有"得到代表"的问题。"选民支持民粹运动是因为他们认为:现有精英没有资格充当他们的代表。"① 在西方代议制民主国家中,代表问题自然而然的是政治运作的核心环节,人们普遍关心自己的意见和声音有没有在议会中得到足够的重视,进入立法议程。当前,美国乃至西方主流的社会精英投入大量的精力关注少数族裔、移民、少数性别群体等的权益,却在很大程度上忽视或者说回避了白人中间阶层的关切,造就了一大批所谓的"被遗忘的人"。由此导致的结果是,一大批中间层选民对主流精英充满了反抗与不信任,国会、政府、政党等传统政治运作机构遭遇到全面的信任危机。"夺回我们的国家""回归传统"等本土主义的表达就成为他们最常用到的政治口号。

然而,全球化的趋势势不可挡,在高端科学技术取得日新月异的变化发展的今天,国与国之间的交流日益频繁,与历史上任何时期相比,当前世界各大文化体系之间的接触程度无疑是前所未有的。迈克尔·沃尔泽直接指出"我们生活在一个非常变动不居的社会中"②,并列举了四种变动不居的形式:地理上的流动、社会的流动、婚姻上的流动和政治上的流动,正是这些变动使得绝大多数的国家越来越显示出了民族多样性和文化多元化的倾向。在此情形下,一个矛盾随之加剧了:"一方面是民主立宪国家的普遍主义原则,另一方面是保护已经形成的生活方式之完整性的特殊主义要求。"③ 如何才能较好地解决这一矛盾,是摆在当代西方政治理论家面前的一道难题。然而有一点是极为清楚的,那就是单纯依靠贸易保护主义等手段并不能够解决制造业外流的趋势。根本原因就在于,土地、劳动力、资源等成本不会因为保护主义的贸易手段而迅速下降,对于生产同样的科技附加值不高的商品而言,如果要保证商品的质量一样,发达国家的制作成本一定会比发展中国家要高;而如果商品的制作成本保持一致,那么发达国家就生产不出数量又多质量又好的商品。这个基本的事实是由古典经济学家大卫·李嘉图的比较优势理论为支撑的,比较优势学说奠定了全球自由贸易的理论基石。换句话说,反全

---

① 扬-维尔纳·米勒:《民粹主义里没有"人民"》,《南风窗》,2013年第10期,第93页。
② 迈克尔·沃尔泽:"社群主义对自由主义的批判",引自应奇、刘训练编:《共和的黄昏》,长春:吉林出版集团有限责任公司,2007年,第200页。
③ 哈贝马斯:《在事实与规范之间》,童世骏译,北京:生活·读书·新知三联书店,2011,第653页。

球化的诸多举措并不足以保证降低人力成本这个关键性的生产要素,反之,发达国家的许多商品消费也离不开发展中国家的供给。右翼民粹主义并没有为解决这一问题提供良好的答案。

# 第 3 章

# 文化冲突视野下的西方社会危机

　　自由主义从个人主义的角度出发构想普遍的人性，并据此推进有关自由、平等、权利等宏大的政治议题。在社会契约论的设定下，个人被排除了任何的特殊的身份信息，而只是作为一个个孤立的、原子式的理性主体而存在，这一理性主体关心自己的权利和自由等利益的实现，而政府的存在就是为了保证最大限度地满足个人利益的实现。作为一个国家的公民，我们都拥有平等的法律地位，享有平等的法律权利，在社会生活中受到法律的平等尊重。因此，我们只需要认同一整套的宪法和法律制度就足以维持国家的正常运转。英国法律史学家亨利·梅因如此概括近代自由主义的这一转变："所有进步社会的运动，到此处为止，是一个'从身份到契约'的运动。"① 简言之，在古代，我们每个人都是从属于一个更大的共同体，这个共同体可以是家族、部落或国家，而近现代自由主义则把所有的社会关系都看作是必须经过个人的反思性的同意的结果。"从身份到契约"这一经典的概括确实点出了西方社会变迁的重要脉络，但是，这绝不意味着"身份"的完全消失，事实上，除去公民身份这一法律意义上的身份认同之外，性别、族裔、信仰都是个人身份认同的最重要的组成部分之一，它们都不会轻易消退，因为它们触及到了我们每个人的深层次的归属。

　　目前，西方社会所面临的问题非常复杂，复杂局面的主要表现是几种深层次的身份认同纠缠在一起。宗教信仰、族群认同、性别认同等，这些自我认同都不是可以随意变更的认同。诚然，它们并非恒久不变的，但改变要付

---

① 亨利·梅因：《古代法》，沈景一译，北京：商务印书馆，2011 年，第 112 页。

出巨大的代价①。西方社会的现实情况是：在涉及深层次身份认同的公共议题上，各方都不遑多让，催生出难以调和的纷争，鲜有不引发巨大的乃至撕裂性的社会争论的。处置稍有不当，就会演化为一场公共危机。这种深层次的身份认同代表的不仅仅是一种难以转变的身份，更代表着一种深刻的价值信念。因此，现阶段西方社会的身份认同之争可以在很大程度上被界定为是一场影响深远的"价值观对决"或者"文化冲突"②。

## 3.1 保守派对世俗化的反弹

今天，西方社会在价值观和文化层面上的主要危机之一就是宗教保守派依托传统的宗教信仰和文化资源来对抗日益激进的世俗化的权利革命，由此引发了波及面广泛的诸多社会论战。在生育、性别、移民等平权问题上，很多右翼保守派都基于信仰的理由加以激烈的反对。众所周知，宗教信仰是深层次身份认同的重要表现形式之一。我喜欢吃苹果，你喜欢吃芒果，口味不同，但是我并不因为不爱芒果而不再是我眼中或别人眼中的自己了。然而并非所有问题都如此简单，对于法国人来讲，喜不喜欢吃牛排是一个个人口味的问题，但是，在印度人那里，牛是关乎宗教信仰的大事。信仰认同确立的是个人的根本归属——"我们想要成为的那种个人"。③

西方现代文明在很大程度上是由自然科学的力量塑造的，启蒙运动、工业革命都与自然科学的发展密切相关。自然科学所取得的巨大成就充分展现了人类理性能够企及的新的高度，增强了人类探索和征服外在世界的信心，也改变了人类认知外在世界和宇宙的方式。17世纪的伽利略、牛顿等科学家创立的经典物理学体系对此前的亚里士多德主义宇宙观进行了颠覆，将古希腊的目的论宇宙观改造为因果论的宇宙观，从因果链条的角度来理解整个宇宙秩序。自然科学的进展让理性在与信仰的千年论争当中逐渐占据优势，对

---

① 此处值得一提的是，英国小说家、社会评论家乔治·奥威尔可能不会同意这一观点。奥威尔认为：种族厌恶、宗教憎恨、教育差异、性格、智力甚至道德观的差异都可以跨越，唯有生理上的排斥无法化解。"你可以对杀人犯或鸡奸犯产生好感，但却无法对呼吸有臭味的人——我是说总是臭烘烘的——有好感。"奥威尔把这一见解应用于解释20世纪30年代的英国社会的阶级差异，对于中产阶级和工人阶级之间的裂痕，真正有害的在于中产阶级者从小被教导从而相信工人阶级是肮脏的。奥威尔承认，与流浪汉为伍的经历治愈了自己的毛病，"劳动者的躯体在我眼中不再比百万富翁的更丑陋"。上述引文参见奥威尔：《通往维根码头之路》，郑梵译，武汉：华中科技大学出版社，2016年，第137、140页。
② 周穗明：《西方右翼民粹主义政治思潮述评》，《国外理论动态》，2017年第7期，第63页。
③ 约翰·罗尔斯：《政治自由主义》，万俊人译，南京：译林出版社，2011年，第29页，注释34。

很多事务的传统解释被"祛魅"。理性主义思潮在对既有的宗教信仰形成冲击的同时,推动世俗化浪潮在西方社会的兴起,世俗化构成了分析当代西方社会的重要时代背景。如同本尼迪克特·安德森把共同体视为"想象的"一样,世俗时代也是一种想象。从统计的意义上讲,我们没有调查过每一个人的信仰状况,即使调查,也不能认为每个人的表述就是他的信仰状况的真实写照。更何况,世俗时代的概念是由关心时代精神氛围的思想家提炼出来的,是否能代表每个人的心中所想也是个未知数。不过,既然我们对现实情况做不到百分之百的周知,那不妨把思想家提出的概念看作是切入现代世界的一个具体的、值得认真对待的视角。在当代西方思想家中,查尔斯·泰勒对世俗时代的论述最为集中。他把握世俗时代的特点是:在其中,"信仰上帝被理解为多种选项之一,而且常常还不是最容易接受的那种选择",因此,"信仰(甚至对最坚定的信徒而言)只是诸多人生可能性之一"。[①] 在做出这一论断的时候,泰勒秉持了西方绅士风格的理论谨慎:其一,主要指在西方生活的人们;其二,对于没有信仰的人们而言,他们的生活方式不能被简单地贬斥为堕落的、盲目的或没有价值的。特别是第二点,反映了思想家的哲学特质——自我反思。当然,自我反思并不等同于自我否定,哲学家的任务就是对世界、人类和社会提出种种解释性的或重塑性的框架。如何评判这些框架,不同的人会有不同的答案。现在摆在我们面前的问题是,既然在一个世俗时代当中,信仰上帝都被当作是一种弱势选项,那么为什么民主政治却反而变成了一种强势话语呢?泰勒对世俗时代的解读有一个关键之点,那就是我们对自身的形而上学的理解发生变化:由嵌入整体性的宇宙秩序之中,转变为独立的、原子式的主体。泰勒所概括的这一转变,不同的思想家有不同的表述。在列奥·施特劳斯那里,这一转变更多的表现为义务到权利的转变;在阿拉斯戴尔·麦金太尔那里,这一转变则又体现为从对美德的关注到对道德原则的强调。促成这一转变的社会、思想和文化因素有很多,从哲学的角度来讲,近代主体哲学的崛起无疑极大地推动了这一转变的完成。当康德宣称,我们要面对理性法庭的审判的时候,服从上帝的召唤再也不是不证自明的行动指南。理性与信仰持续千年的相竟相争,最终在强大的近代自然科学力量的冲击下,神圣性逐渐褪去了笼罩在身上的神秘光环。在这一背景下,人们对社会、对自身的理解不可避免地会发生变化。更进一步,西方世俗化的过程与个人主

---

[①] 查尔斯·泰勒:《重新思考世俗性》,引自《马克思主义与现实》,2013年第5期,第84页。

义的兴起之间也构成了相辅相成的关系。从近代西方思想演进的经验来看，今人追溯西方个人主义的起源，往往愿意谈到新教改革的巨大影响，个人主义崛起的前提就是由服从上帝转变为相信自我。如果把在下的个人与在上的上帝对立起来看，除去神权必然会彰显个人的地位。

  在这样的时代变迁之下，宗教的神圣形象在西方世界迅速衰退。教士的社会形象变得迂腐、贪婪、荒淫，甚至是残暴，文学、哲学书籍中充斥着对教士的嘲讽和谩骂。在资产阶级革命的时代，所有国家的宗教机构和教职人员都受到了不同程度的攻击。换句话说，西方现代化的进程同时伴随着两大社会阶层的衰落——贵族阶层和教士阶层。启蒙运动时期的法国，伏尔泰、卢梭、狄德罗等人撰写的文章中，对教士阶层的挞伐是常见的写作主题。我们不妨看一段"百科全书派"的成员霍尔巴赫写过的文字："神甫们虚构出自己的教义只是为了通过纷争和内讧来奴役和掠夺各族民众。……如果存在着危险的信念和致命的理论，那么这正是利用宗教来分裂人们，激起他们的情欲并驱使他们为了自己的虚荣、贪欲、复仇和凶狠而牺牲社会、国王及其臣民的利益的那些幻想家的理论。"[①] 类似的观点在18世纪法国"百科全书派"成员的著述中俯拾即是，即便作者本人出生于有着宗教信仰氛围的家庭中。到了18世纪后期的法国大革命时代，教士阶层被明确列为革命的对象。革命爆发后不久，国民制宪议会首先废除了传统的什一税，此后，天主教教会的财产被没收，并且为出售教会的财产而发行国库债券，教会中的僧侣也被要求世俗化。到了1793年雅各宾派专政时期，法国内部的激进势力掀起的反教会运动达到顶峰，许多教堂在这一时期被毁，一大批教士被送上断头台。无独有偶，西方各国在现代化转型的过程中都发生过或大或小的革命派与宗教团体之间的冲突，英国、俄国、匈牙利、葡萄牙、墨西哥等国家都不例外。1936年西班牙内战爆发之前，天主教传统深厚的西班牙国内就出现了大量的焚烧教堂的行为，在西班牙内战期间，总计有六千多名天主教神职人员被杀，而普通的天主教徒和新教徒并未受到太大的冲击。美国艺术与科学学院院士斯坦利·佩恩教授在解释这一现象时指出："西班牙左翼对天主教的憎恨与1792年及其后若干年间法国革命者和反教会激进分子的心理源出同宗：他们深信教会在文化和精神层面上捍卫着传统秩序，神职人员、教会建筑及其的支持者既是象征意义的也是实际的旧秩序代言人，其能量比保守的政客和财

---

① 霍尔巴赫：《给欧仁妮的十二封信》，王荫庭译，北京：商务印书馆，2012年，第205页。

团更甚。"① 现代化意味着新技术、新制度、新观念的出现，它们与传统制度、观念之间的冲突和对峙在所难免。加西亚·马尔克斯在《百年孤独》中就曾以文学家特有的敏感笔触描写过拉丁美洲的新旧之间的冲突景象：在学校里，自由派的激情传播开来，他们谈论着枪毙神甫，将教堂改成学校，实现自由恋爱。

在美国，清教等教派面临的处境也有相似之处。不过，与欧洲大陆相比，宗教在美国的影响更大。1831年到1832年，法国思想家托克维尔在美国考察期间就注意到了这种区别："我一到美国，首先引起我注意的，就是宗教在这个国家发生的作用。我在美国逗留的时间越长，越感到这个使我感到新鲜的现象的政治影响强大。"② 托克维尔的这一观察是精准的，即便到了21世纪的今天，宗教团体依然在美国的政治生活和社会生活中发挥着不可低估的影响力。罗伯特·贝拉就明确指出，宗教是美国人参与社区活动的最重要的方式之一，因而仍然在公共领域中发挥着广泛的影响。"大多数美国社区都有不同的教会存在，社区越大，教会的种类也就越多。在较小的乡镇和古老的市郊，教堂建筑令公众十分瞩目。它们鳞次栉比地环绕着市镇广场，或令人印象深刻地点缀着主要街道。当地居民清楚地知道谁属于哪一座教堂：爱尔兰人和意大利人上天主教堂；小商人上卫理公会教堂；地方贤达则属于长老会，更多的则是圣公会。"③ 相对而言，欧洲的世俗化程度比美国要高得多，美国著名宗教社会学家彼得·伯格认为，西欧和中欧是世界地图上世俗化程度最高的地带，世俗化已然成为欧洲文化的一个突出组成部分④。即便如此，清教徒在美国的形象依然受到争议。这其中，19世纪的著名作家纳撒尼尔·霍桑在小说《红字》（1850年出版）中对清教思想的反思和批判流播甚广，在后来很多普通人的想象中，清教徒总是与《红字》中所描绘的身穿黑色长袍的人联系在一起，他们狂热、冷酷、缺乏人道主义关怀，而小说女主人公被判处"通奸罪"的罪名，矛头所指正是清教思想中的禁欲主义维度。这一禁欲主义维度对现实社会的深刻影响一直持续到20世纪的禁酒令时期。时至今日，美国社会的道德伦理依然总体上倾向于保守。

---

① 斯坦利·佩恩：《西班牙内战》，胡萌琦译，北京：中信出版社，2016年，第133—134页。
② 托克维尔：《论美国的民主》（上卷），董果良译，北京：商务印书馆，2011年，第342页。
③ 罗伯特·N.贝拉等著：《心灵的习性：美国人生活中的个人主义和公共责任》，周穗明等译，北京：中国社会科学出版社，2011年，第299页。
④ 彼得·伯格等：《宗教美国，世俗欧洲？主题与变奏》，曹义昆译，北京：商务印书馆，2016年，第15页。

然而，无论是理性主义在哲学领域的主导地位，还是世俗化浪潮的逐步扩展，都不意味着宗教在西方公共生活中的彻底退出。查尔斯·泰勒认为，将现代社会简单地等同于"政治神学"的被迫退场是一种误解。从古代到现代，不存在一个"大分离"（the Great Separation）的时刻，也不存在许多学者所设想的从"彼岸"到"此岸"的跨越一条河流的意象。泰勒引用了罗尔斯的"重叠共识"的理念：人们处于多种不同的深层次理由——自由主义、平等主义、保守主义等——来支持相同的政治原则。事实上，西方文明包含有各种互不兼容的整全性观点，它们之间存在着不容易跨越的观念鸿沟，让一个基督教徒去理解一个无神论者是困难的。"'政治神学'从未完全缺席，而且经常是突出显著的。除非我们选择忘记英国和美国的废奴主义者、民权运动，以及第二次世界大战中所有关于'捍卫基督教文明'的修辞，等等。在不同时期和不同氛围中，它的显著程度或增或减，但它总是在场的。"① 其实，宗教虽然成为现代社会的诸多个人筹划中的一种选择，但是，它从来都没有在西方的政治活动中缺席。首先，很多西方社会的公共议题与宗教信仰的关系密切。诸如堕胎问题、性别问题等重大公共议题，宗教保守派都会影响具体政策的制定。其次，与中世纪的基督教传教士一样，在现代西方民主政治下，大批的宗教活动家参与到具体的政治运动中去。宗教信仰可以提供强大的动员力量，用来增强信众之间的团结和忠诚。迈克尔·沃尔泽指出，在民主社会中，我们根本无法设想将宗教信仰者排斥在政治舞台之外。更何况，与世俗主义的政治活动家比起来，宗教活动家具有更多的热情，他们在时间和精力上的投入往往也更深入，而且无论是从动机上还是从效果上来讲，宗教活动家并不比世俗主义活动家更缺乏正义感。"考虑一下废奴主义者，他们中的许多人都是受宗教信仰激励的。"② 沃尔泽还提到了20世纪60年代的民权运动家，他们扎根于美国南部的黑人教堂，受浸礼宗牧师的领导，投身于民主政治的实践当中，最终取得了很大的胜利。彼得·伯格在《世界的非世俗化》一文中认为："假设我们现在活在一个世俗化的世界中是错误的。"③

---

① 参见泰勒："两本书，别扭地捆在一起"一文，该文是对马克·里拉《夭折的上帝：宗教、政治与现代西方》一书的评论。引自马克·里拉：《夭折的上帝：宗教、政治与现代西方》，萧易译，北京：新星出版社，2010年，第301页。

② Michael Walzer, Drawing the Line: Religion and Politics, *Thinking Politically: Essays in Political Theory*, New Haven: Yale University Press, 2007, p147.

③ 彼得·伯格等：《世界的非世俗化：复兴的宗教及全球政治》，李骏康译，上海：上海古籍出版社，2005年，第2页。

今天世界的宗教狂热一如既往，有些地方犹有过之。世俗化理论主张，现代化必然导致宗教衰退。不过，伯格指出，现代化虽然带来了一些世俗化的影响，但是它同样也导致了反世俗化的强烈运动，况且，宗教复兴未必与现代化相冲突。在很多国家中，为了阅读《圣经》，福音派信徒会重视识字和教育；为了能够加入讨论有关聚会内部的事务，教会需要有一定的决策程序和管理技巧。所有这些都有助于培养现代性的一些价值。总之，宗教信仰对公共政治的介入并不全是负面的。基督教信仰在西方世界历史悠久，世俗派希望短时间内能够取消宗教信仰对公共政治生活的影响，这一诉求显然是不现实的。

当西方自由派精英欢呼堕胎合法化等社会进步的时候，世俗化的深度发展开始引发宗教保守派的反弹。保守派与世俗派之间的裂痕难以避免地扩大。在美国，"共和党内最保守的福音派基督徒，对于他们来说，最重要的议题是堕胎。"① 2018年5月，美国爱荷华州州议会通过了一项与反堕胎有关的法案，该法案要求怀孕女性在堕胎之前应该采取超声波检查，如果检查发现胎儿已经拥有心跳，女性则不允许进行堕胎。因此，该法案被称为"心跳法案"。受该法案的影响下，怀孕六周以上的大部分堕胎行为都将被禁止。媒体报道指出，这是当下美国境内通过的最严格的反堕胎法案。得到大量基督教保守派支持的共和党议员们支持该法案的实施。美国因为妇女堕胎问题而明显地分裂为拥护不同的价值观念的两大对立的群体，这两大对立的群体各自视对方为败坏美国的价值基础的邪恶的象征。需要特别说明的是，并非是所有的基督教保守派都绝对反对堕胎。早在1979年，盖洛普的一份民意调查就发现，仅有31%的福音派基督徒认为堕胎在任何情况下都是不可接受的，而超过一半以上（63%）的福音派基督徒能够接受某些特定情况下的堕胎②。这里所说的特定情况通常指的是违背妇女的意愿（比如被强暴）而受孕，或者怀孕会威胁到妇女的身体健康等情况。可见，即便对于保守的基督教徒来讲，不同的人在事关道德和信仰问题上的见解也不尽相同。这一点同样适用于自由派精英。因此，我们对自由派和保守派的论述着重看的是一般化的趋势。同样是福音派基督徒，他们既有可能投票给这个党派的候选人，也有可能投票给另一个党派的候选人。从家庭生活的纯洁性以及宗教信仰的虔诚性来衡

---

① 龚小夏：《帝国的后门：美国观察札记》，上海：上海三联书店，2017年，第197页。
② 西摩·马丁·李普塞特：《共识与冲突》，张华青等译，竺乾威校，上海：上海人民出版社，2011年，第293页。

量，特朗普都不能被认为是一位具备严肃的道德操守的领导人，他的一些言行也不符合基督教保守派的道德要求，很多福音派教徒并不支持他的竞选。但是，也有不少的福音派基督教徒都把票投给了特朗普。在投票给谁的问题上，福音派内部存在明显的分歧。美国有名的新教领袖詹姆斯·道布森说出了许多基督教保守派的担心："希拉里这个选项恐怖至极。但是，如果基督徒们因为唐纳德也不太好就待在家中不投票的话，那么希拉里就可能会掌权八年，来影响这个世界。一想到这里，我即日夜辗转反侧难以成眠。"[①] 道布森的这段话至少给我们提示出两条重要的讯息：其一，在很多基督教保守派的眼中，选择特朗普并不表示选择道德高尚的人，而是选择一个看起来更不坏的结果；其二，自由派与保守派之间的竞争已达白热化的程度，深度介入其中的人几近全身心的投入，这样的价值分化局面短时间内根本无法消除和弥合。

如果说在现代西方的话语体系中，个人权利的优先性被视为是普世价值的话，那么宗教信仰自由同样被视为不可或缺的重要价值。这就容易导致对世俗化的个人权利的追求与信仰的虔诚性之间发生冲撞。2012 年，美国科罗拉多州还不允许同性婚姻，所以一对男同性婚姻者去马萨诸塞州的波士顿结婚，然后回到科罗拉多州庆祝他们举行的婚礼。他们去一家名为"杰作蛋糕店"的店面订制婚庆蛋糕，该店的店主杰克·菲利普斯告诉他们可以购买店里面的生日蛋糕等其他烤制食品，但是，因为自己的基督教信仰而拒绝为他们设计制作一个特别的同性婚姻蛋糕。结果，店主被起诉，理由是商家不能歧视同性婚姻者。2014 年，科罗拉多州人权委员会宣布店主杰克·菲利普斯触犯了该州的反歧视法。2017 年 6 月，美国最高法院同意接受店主的申诉，并于 12 月召开听证会。2018 年 6 月，美国最高法院裁定科罗拉多州人权委员会的行为损害了店主杰克·菲利普斯的宗教信仰自由，其决定必须被撤销。这场长达 6 年的纠纷被画上句号。人权委员会给出的核心论辩理由是身份认同上的非歧视原则，但是，蛋糕店店主则是基于信仰自由的不可侵犯来为自己辩解。宗教信仰自由是由美国宪法第一修正案加以保护的公民权利，而非歧视原则则是 20 世纪后半叶民权运动的重要遗产。保守派信徒毫无疑问更加珍视宗教信仰自由的不可侵犯，而自由派更加强调权利的平等和非歧视。这两项原则都可以得到历史的和现实的理由的充分证成，它们之间的矛盾不可

---

① 周杰、张敏编著：《美利坚的裂与变》，北京：中国法制出版社，2018 年，第 271 页。

通约。正如马克斯·韦伯指出的那样，世界上不同的价值体系处于不可调和的相互冲突之中，韦伯称之为"诸神之争"："只要生命始终是内在的，并且只要按其本身的性质来看，它所知道的就只有诸神之间无休止的斗争。直截了当地说，这意味着对待生活的各种可能的终极态度是不可调和的，因此，它们之间的斗争也是不会有结论的。"①

从逻辑上讲，自由主义者也很难凭借"保守、狭隘"等理由来批判基督教保守派甚至是原教旨主义信徒。这里边的悖论在于：当自由主义者要求宗教保守派放弃基于信仰理由的狭隘、偏见的时候，那么倡导多元、包容的自由主义为何不能包容被他们认定是狭隘的、带有偏见的观点呢？换一种角度，这一悖论依然存在：当自由主义者基于权利平等的理由来要求自身的利益的时候，为什么宗教保守派不能反过来基于同样的理由来维护自身的利益呢？本质上，倡导包容就必然意味着要包容不同于自己的价值观念，如果人与人之间秉持的是相同的或差不多的价值理念，根本不需要谈论包容的价值。再换一种角度，如果自由主义诉诸帝国时代的进步主义叙事，声称自己拥护的价值信念代表着人类文明的"进步"，而保守派的信念则代表着"封闭""落后"，那么这一进步主义的叙事本身就是自我解构的，原因是一个强调多元、平等、包容、非歧视的思想流派不可能与划分出"文明——落后"这样截然对立的二元性的意识形态完美地结合在一起。即便勉强地放在一起，其理论基础也是不成立的。所以，准确地说，问题的关键在于，自由主义无法实施强迫性的价值输出，否则它就会转变为自己的反面——"自由帝国主义"。

在基督教保守派眼中，自己捍卫的是西方的传统价值，自由派在追求多元文化主义、世界主义等价值观念时恰恰把本属于自身的、更值得珍视的传统价值给丢弃了。自由派积极主张一个更加多元化的社会文化图景，这一幅图景是保守派绝不愿意接受的，他们更希望自己生活在一个基督教的国度中，他们不能接受一个没有上帝的世界（世俗主义的），或者上帝只是众神之一的世界（多元主义的）。对他们而言，世俗主义的或多元主义的文化图景预示着西方传统文明的真正终结。易言之，基督教保守派倾向于认同一个一元化的文化图景。当然，任何的宗教信仰都不是铁板一块的，教派林立是常见现象，即便神学家之间也会在若干问题上存在着激烈的争论。"正像世俗的观念形态

---

① 马克斯·韦伯：《马克斯·韦伯社会学文集》，阎克文译，人民出版社，2010年，第148页。

一样，宗教是一个混装的包裹。"①

众所周知，为了保证不同教派之间或者说同一教派内部的宗教宽容，防止大规模迫害的政治行为的发生，现代西方国家的一条根本性的组织原则就是政教分离原则。政教分离原则坚持在宗教与国家政治权力之间划出界线。在美国，1954年提出的《约翰逊修正案》（Johnson Amendment）规定：教会在政治运动中公开支持（或反对）竞选公职的任何候选人，为其提供政治竞选经费，或者参与党派利益游说，都将会丧失掉免税团体的地位。国会通过这一修正案的目的就是为了限制宗教团体对政治活动的干预。在法国，2004年，国民议会通过一份法案，法案禁止任何宗教信徒在公共场所佩戴明显的宗教标识，包括基督教的十字架、犹太教小帽等。法案还对公立中小学有特别的规定：严禁公立中小学学生在学校中佩戴明显的宗教标识，任何学生不得以宗教为由，反对学习官方规定的课程内容。这种积极的世俗化政策要求的是政府机构、学校等公共空间必须保持世俗化的中立性原则，不允许任何宗教团体公开介入公共空间的秩序形成。2003年，法国总统希拉克在关于政教分离的讲话中说道："我们必须大力重申公共服务的中立性和政教分离，即每一个公务人员的中立性，他们服务于所有人，服务于公众利益，必须禁止他们表露自己的信仰或意见。"②

政教分离原则严格区分私人领域与公共领域。在私人领域，个人可以作为一个虔诚的信徒来筹划自己生活中的一切，而在公共领域，任何单一的信仰形态都不能构成政治权力的基础和合法性来源，这样做的目的是确保不同的宗教信仰群体能够彼此共存。个人在公共领域中的身份标志是"公民"，而非某一教派的"信徒"。宗教信徒依然可以作为公民参与公共领域的事务，但是他不能期待自己的教派信念成为一切公共事务的裁决标准。作为信徒，你可以主张社会应该拥有一个类似"上帝之城"的绝对的存在形式，而其他群体的民众也完全可以主张自己心目中的美好生活形式。国家权力必须能确保男人们和女人们都可以拥有属于自己的善观念，无论这些善观念是宗教的还是世俗的，他们的倡导者都有着相同的权利去参与竞争。

从总体上讲，除了少数的极端保守派之外，现代西方社会的保守主义者

---

① Michael Walzer, Drawing the Line: Religion and Politics, *Thinking Politically: Essays in Political Theory*, New Haven: Yale University Press, 2007, p151.
② 若瑟兰·麦克卢尔、查尔斯·泰勒：《政教分离与良心自由》，程无一译，南京：江苏人民出版社，2018年，第42页。

都不会攻击政教分离的原则。但是，他们认为，政教分离原则在抽离掉公共领域的单一的信仰基础之后，就只能恪守中立性的原则，允许关于良好社会的多元化的想象，进而成功地将对良善生活的追问排除在了公共政治议程之外。保守派认定，任何的非统一的、多元化的意识形态想象都不足以创造出个体之间的强烈的共同纽带，因为它很难提供一种对于某一特定目标的共享的意义表达。正是因为宗教信仰具备提供目的和意义支持的这个特点，大规模的政治运动才常常会表现出明显的宗教特征：比如17世纪英国的清教徒革命、18世纪的法国大革命，以及20世纪美国的民权运动。宏大而统一的价值观念与积极的政治运动相伴相生，无论这种运动的价值承诺是宗教的，抑或是其他的世俗化版本——平等主义的、民族主义的等。保守派批评多元文化带来的只能是一个松散的、缺乏凝聚力的社会结构，这种充满罅隙的社会结构存在着解体的风险。我们不能否认，保守派的这种担心不是完全没有道理的。设若一个社会是由秉持着多种多样的、甚至是相互对立的价值观念的人群构成的，那么我们完全不能指望从文化传统、价值认同的角度让不同的人群获得相同的身份归属。在这个时候，能够将所有人整合在一起的力量只有主权国家的强有力的法律规范，也即统一的公民政治身份。如果主权国家的法律规范式微，那么爆发族群冲突的可能性将大大增加。

反之，正因为基督教保守派怀有强烈的一神教宗教热情，所以，世俗主义者充满对宗教干涉公共政治的担忧，他们认为，宗教介入政治领域后，就会运用国家权力为有着特定宗教信仰的人服务，导致政教分离原则受到挑战。历史上，宗教团体对个人自由的压制成为宗教保守派无法回避的"历史的负担"，作为摆脱宗教束缚的产物，在现代化的横向坐标中，世俗主义似乎天然具有更高的合理性。对于很多接受了现代自然科学教育的大学生来讲，让他们接受上帝存在和一神教的信仰会更加困难。在现代化浪潮的冲击下，宗教保守派处于被动防守的位置上，新民粹主义的兴起代表着宗教保守派对世俗主义的一次反弹，在应对各种与宗教有关的公共议题上，新民粹主义的支持者中包括一大批宗教保守派。2017年2月，美国总统特朗普在该年度的国家祈祷早餐会上声称要保护宗教自由权并彻底取消《约翰逊修正案》。2017年5月，特朗普在白宫玫瑰园签署了"宗教自由行政令"，允许国税局可以行使最大限度的执法裁量权，削弱联邦税制法案对宗教团体的限制。我们可以推测，他的这一举动无疑回应的是福音派基督徒的多年诉求。

## 3.2　多元文化主义的发展悖论

20世纪后半叶,多元文化主义思潮首先出现在加拿大、美国等西方移民国家中,它产生的主要背景是"第二次世界大战"后各种权利革命在西方发达国家的深入开展,这其中就包括各殖民地的解放运动(以及与之相伴而生的后殖民主义思潮)、女权运动、少数族裔的平权运动,等等。多元文化主义拒斥文化上的同化主义思路,希望不同的文化之间能够和谐共处,主流文化与少数群体的文化都能够相互理解、相互包容,从而维系多样性的繁荣与发展,正像是"沙拉拼盘"(salad bowl)——每种社会成分都保留了自身的特点,而不是"熔炉"(a melting pot)——从不同的原料中提炼出新的成分[1]。现在,赞扬多样性的优点已经成为西方国家主流意识形态中的不可或缺的一部分。2016年11月8日,纽约市市长白思豪在曼哈顿西的雅各布·贾维茨会议中心发表支持民主党候选人希拉里·克林顿的演讲,其中有一句话就是:"当希拉里当选为我们的总统时,她将向全世界发出清楚的讯号:我们向'仇恨'说不!向分裂和不宽容说不!我们向团结说是!向包容说是!向爱与尊重说是!向多元说是!"[2] 多元、包容是西方自由派群体最乐意挂在嘴边的价值理念,对多元化的支持与否是界定自由主义与保守主义的重要标志之一。大多数西方自由主义学者不但从学理上支持多元文化主义,而且反对熔炉模式,他们认为,文化熔炉熔掉的往往是少数群体的文化,而为了维持多元文化的存在,就必须将一系列政策向保护少数群体的文化倾斜。

但是,多元文化主义的社会心理基础目前正面临着被逐步消减的局面,造成这一局面的诱因就是西方发达国家普遍需要应对的移民问题(欧洲难民问题也可以在广义上归入移民问题的大范畴之内),该问题已经全面主导了西方国家的主要政治议程。从理论上讲,移民问题的存在与主权国家的边界认定有直接的关系,因为有边界的存在,才会涉及移民的准入与否。在世界主义的理论体系中,移民根本构不成严肃的问题,主权国家的存在是产生移民问题的必备前提。对于一个正常的国家而言,"入境移民与出境移民在道德上

---

[1] 孔元、彭飞主编:《西方的危机与美国的重建》,北京:中国政法大学出版社,2017年,第127页。
[2] 蒲实:《纽约:投票日,尖锐的迷惘》,《三联生活周刊》,2016年第47期,第51页。

是不对称的"①。主权国家一般都会管制外来人口的进入,却并不一定禁止本国居民的退出。现实地看,移民问题在今天西方社会的大规模爆发其实是现代化和全球化带来的直接产物。现代化的成就之一就是交通条件的极大便利,打破了地域之间的物理性间隔,这为大规模移民的产生奠定了必要的物理条件基础,公路运输、铁路运输、远洋航运、空运等交通手段使得国与国之间的往来更加快速便捷。在古代,从非洲到达美洲要乘船横渡大西洋,耗时长且风险很大;在今天,乘坐飞机可以迅速地横跨两个大陆,而轮船的安全性也比百年前高出太多。客观条件的改善大大增加了人口流动的便捷性。经济全球化实际上代表着人口流动的全球化,商品周转、市场推广和技术的研发升级都带来了全球范围内的跨国移民。虽然移民的流动方向是双向的,但是,双向的流动又是非对称的。因为西方国家整体上更加富裕,社会福利水平高,而很多第三世界的国家则政局动荡,民生疲敝,所以才会有大量的第三世界国家的移民涌入欧美,反之,从欧美国家移民到第三世界国家的人数则要少得多。作为个人来讲,为自己和家人追求更加美好的生活,这本身无可厚非。

除了全球化这一重要的推动因素之外,西方国家的移民问题还是一个长期的历史累积的过程。在较早的时候,鼓励接纳移民是西方国家的普遍做法。"第二次世界大战"结束之后,由于战争和伤病导致的减员,来自第三世界的移民部分解决了欧洲经济复苏过程中的劳动力短缺问题。那个时候,法国、荷兰、德国、英国等国家都从其他国家引进了大量外籍劳工。以德国为例,从20世纪50年代开始,德国政府就从土耳其、突尼斯、前南斯拉夫等地区引进了1 000多万外籍劳工,他们中的大部分在合同期满后回到了母国,但是也有几百万人留在了德国,并在德国繁衍生息。到今天为止,土耳其人成为德国最大的移民群体之一,而移民的第三代、第四代都已经在德国出生。所以说,移民问题之所以会成为问题,这本身就说明移民的到来肯定不是一无是处的。对于一些生育率维持在较低水平的发达国家而言,年轻的外来劳动力的涌入成为社会经济发展的必要补充,很多低端的加工业、服务业的劳动力供给都是由移民来完成的。在西方发达国家当中,美国是唯一一个人口持续增长的国家,因而美国的人口老龄化压力并不大。即便如此,还是有不少美国人担心,如果不引进年轻的外国移民的话,等到退休的时候自己会拿不到法定的社会保险金。再看一下美国年轻人的就业趋向。最近几年,美国的

---

① 迈克尔·沃尔泽:《正义诸领域:为多元主义与平等一辩》,褚松燕译,南京:译林出版社,2009年,第43页。

基础建设行业发展势头较好。2017年，美国全国房屋建筑协会（National Association of Home Builders）发布了一份调查报告。报告中指出，在18至25岁的年轻人中，只有3%的年轻人表示愿意从事与建筑行业有关的工作，而有16%的年轻人表示愿意从事与医疗有关的工作，这在所有的行业门类中占比最高。这份调查从一个侧面告诉我们，发达国家的年轻人并不愿意从事以体力劳动为主的传统蓝领工人的工作。但是，这些工作必然要有人去做，移民（尤其是非法移民）群体就在很大程度上承担了这些工作。此外，在影响每一个国家的城市化进程的住房问题上，移民群体也有效益上的贡献。众所周知，洛杉矶以移民群体的多样化闻名于世，大量的华人、印度人、伊朗人、越南人聚集在这里，并且都买下了众多的产业。20世纪90年代，美国《大西洋月刊》的资深记者罗伯特·卡普兰在自己的著作中引述过一位墨西哥裔美国作家的观察："中南区不再是一个被毁掉的市中心，这部分要归功于拉美裔移民……因为拉美裔从底层进入，所以当向上层移动的黑人需要卖出地产，逃离中南和瓦茨区、前往种族混合的中产阶级区域时，就存在着一个买房者后备池。"① 因此，移民的存在对西方社会的发展有着正面的积极的作用，更不必说大量的外国留学生的加入和财富阶层的移民给他们带去了许许多多的财富和高科技工作者。

　　移民在创造物质财富的同时，还带来了最为自由派所津津乐道的丰富而多元的生活景观，饮食、语言、穿着打扮、风俗习惯等都展现出与众不同的多样性。历史学家托尼·朱特对此有过很好的描述，他笔下的纽约市呈现出的就是一幅多元化的城市交流格局："酒吧老板来自佛罗伦萨，鄙视信用卡，做得一手全纽约第一的托斯卡纳菜。倘若时间紧，我就再走一个街区，去以色列人那儿买一个油炸鹰嘴豆泥饼；更可以从街角的阿拉伯人那里买滋滋作响的烤羊肉。……所有这一切都发生在我家周边的两个街区内——还不算锡克教徒的报摊、匈牙利人的面包房和一家希腊餐馆……再往东过三条马路，又有个小小的哈布斯堡王朝：乌克兰餐馆、东仪天主教教堂、波兰杂货铺。"② 托尼·朱特的这番细致入微的刻画，让纽约市区的多元化格局跃然纸上。类似的多元格局，我们也可以在洛杉矶、旧金山、芝加哥、伦敦、巴黎等都会区看到。对于诠释多样性的重要意义，没有人比约翰·密尔给出的论证更

---

① 罗伯特·卡普兰：《荒野帝国：走入美国未来的旅行》，何泳杉译，北京：中央编译出版社，2018年，第105页。
② 托尼·朱特：《记忆小屋》，何静芝译，北京：中信出版集团，2018年，第183—184页。

有说服力。密尔的核心论点是多样性的存在为人类的进步提供了选择的可能性,而只有当存在多种可选项的时候,诸选项之间的自由竞争才能告诉我们何者最适合和最能促进社会的发展,而一元化的格局显然不具备这些可能性。"欧洲各兄弟民族何以成为人类的进取之群,而不为静止之邦?不是由于他们之中有着更为优秀的卓越品质,这种品质即便有,也是结果而不是原因;而是由于他们的性格与教养异常歧异多元。个人、阶级和民族,彼此之间都极为不同:他们开拓出大量各种各样的道路,每一条之通向都有其可贵之处……欧洲之所以能有其进步与多方面的发展,完全归功于多种多样的路径。"① 非常明显,密尔的论证思路是以功利主义为根本指导的,因为它把选择的可能性与社会发展的状况之好坏直接联系在一起。今天西方的自由派团体同样将这种多元化的格局鼓吹为人类社会进步的标志,并极力地加以推销。与密尔相比,他们并不完全依赖功利主义的考量,而是把核心理由放置在道德主义的制高点上——非歧视。基于普遍主义的立场,自由主义者强调要从共性出发尊重每一位理性个体的自主选择,无论他的肤色、信仰、族裔、出身究竟是什么。

上述对移民的正面评价主要考虑的是现实利益(包括财富积累、经济增长等理由),然而,现实还有不那么美妙的另外一面。多元化固然可以提供更多的选择,但也完全有可能会带来冲突与对抗。支持移民的人常常会有意无意地忽视或漠视文化和价值观因素对社会群体所能发生的重大影响。语言、文化、信仰、习俗、价值观念从根本上塑造了一个人的身份认同,当这些构成性的要素不一致的时候,人们会自动地在人群中识别出"我们"和"他们",然后各自组成自己的生活圈子。因此,我们在移民比较多的国家看到的是这样一幅景象:不同族裔的人群聚居在一起,形成城市中的一个个的"飞地",就像一个个镶嵌在城市中的"马赛克"② 一样。移民可以自由选择自己的居所,但这种选择是有条件约束的。移民聚居区的形成既受制于移民本身的经济实力和政府的相关住房政策,又受制于移民的身份认同。具体来讲,第一,不同社区、不同地段的房价(买卖与租赁)有高有低,有限的经济收入就限制了人们的住房选择。很多低收入的移民只能选择住在居住条件比较差的社区。第二,有些国家的公共政策硬性规定不同族群要按照一定的比例

---

① 约翰·密尔:《论自由》,孟凡礼译,桂林:广西师范大学出版社,2015年,第85页。
② 在西方许多国家存在的这种因为不同的族裔群体聚居在一起而形成的社会景观,被一些文化学者称之为"文化马赛克"模式(cultural mosaic)。

进行空间上的混居。比如，新加坡自1989年颁布居民种族比例政策，确保组屋区有不同族群的人共住，用于促进种族融合。2010年，新加坡又在组屋区推行永久居民配额制度，规定同一个邻里或同座组屋的永久居民不超过5%或8%。但是，类似的公共政策的施行端赖于一个强有力的世俗政府通过强大的行政能力才能贯彻执行下去，对于欧美的许多国家来讲并不具备实施的可能性。第三，从身份认同上讲，高端的社区意味着更好的生活便利设施（超市、交通等）、更好的休闲娱乐场所（公园、健身房等）、更严密的安全防护措施（保安、监控等），但是，离开自己原本聚居的社区则意味着放弃自己建构起的社交网络，同分享不同文化习俗的陌生人住在一起，平时会少了一些社交聚会的欢娱，少了一些相互之间的帮衬与安慰。人类内心感到幸福与满足并不完全是依赖于物质条件上的优越与富裕，同情、团结、关怀等人与人之间的情感交流同样重要。

　　身份认知上的差异导致了若干现实问题的发生。从移民在西方发达国家的成长的情况看，外来移民和本地居民间的矛盾不易消除。以2001年"9·11"事件的爆发为标志，西方国家内部面临着新的安全挑战形式，即伴随着移民群体的涌入而不断发生的"独狼式"的恐怖袭击。相关的研究表明，恐怖袭击的发动者大部分都是在欧洲出生的第二代或第三代的年轻移民，这让很多西方学者感到困惑。旁观者清，这里面的道理在于，作为第一代移民，从落后的或动乱的母国移民到西方发达国家，所见所闻都是现代经济、政治文明的优越之处，他们对母国与所在国之间的现实生活差距有着直观的感受，对于西方国家能够接纳他们往往也心存感激，因此，他们在移民之后往往会努力工作，把精力用于改善自己的生存条件，希望尽快融入西方主流社会。二代、三代移民则与一代移民的社会心理状态有所不同，他们一出生就被现代文明所包围，对母国的情况没有切身的体会，而与他们形成竞合关系的是更加熟悉自己国家的习俗、历史和社会氛围的本土青少年。更何况，在强调多元主义的大氛围中，新移民以及移民后代也没有理由抛却旧有的认同来迎合本来就不易被认可的主流文化，排斥的存在使得他们更有可能坚定地持守旧有的认同。在现实生活的压力下，二代、三代的移民后裔往往游离于主流社会之外，家庭背景很难给他们提供优质的教育资源，更由于语言和文化背景等客观条件上的差异，他们的就业前景也很暗淡。当他们碰壁的次数和人数多了之后，会逐渐形成一种因身份差异而被主流社会所排斥的强烈感觉。在难以获得进入所在国家的主流社会的门票之后，他们会重构自身的社交网络，重构的资源就是与自己有着类似境遇的人——他们自然而然地会与身边的人凑合在一起，因为他们的成长经历相似，社会地位相似，文化信仰也相似。他们组成自己的小圈子，在这个圈子里，他们分享自己的情感与利益，一起做礼拜，一起去旅行，甚至租住在同一个房间，共用同一张信用卡，称兄道弟，构成了事实上的"拟亲属"关系，就像血缘意义上的亲属关系的扩展版。这种拟亲属关系为参与其中的人提供了现实的帮助和内心的归属感。在很多欧美国家的移民聚居区，几乎都会发现重复的景象：政府管理的工作效率低下，年轻人失业、失学并存，吸毒、酗酒，无所事事。为了达到不劳而获的目的，又失去强有力的自我约束和法律约束，基于拟亲属关系的朋友圈子容易发展成寻衅滋事、打架斗殴的暴力犯罪团体，破坏正常的社会秩序。2005年下半年，法国巴黎郊区爆发的骚乱事件震荡整个欧洲，事件的发生地就集中在移民大量聚居的地区，那里的失业率之高为全法国之最，成为滋生犯罪的温床。社会资源分配上的竞争、文化认同上的分歧、社会心理上的相互偏见，所有因素叠加在一起，造成了移民群体和本土社会群体之间的程度不同的彼此隔阂。双方处在一种彼此质疑、不信任甚至是对抗的状态。

所以，社会排斥会逆向强化差异化的身份认同，以至于引发对主流社会秩序和社会文化的不满。旧的故土已经回不去了或者说不愿意回去，为了缓解群体意识所受到的伤害，人们会基于共同的信仰、种族、历史、爱好或者经历而创造出一种新的认同形式。这种新的认同形式可以有诸多不同的展现：宗教性的、亚文化的、民族主义的。它为受到伤害的或被主流社会抛到一边的群体提供了一个自我认同的新中心，取代了主流社会的意识形态。今天西方国家的移民群体已经很少有人把融入主流文化作为自己的首要目标，他们把自己接受的包容、福利、权利等视为理所当然的。罗伯特·卡普兰这样描述境内的拉美裔："拉美裔常常异族通婚，并且乐于成为美国公民。不过，他们强烈地相信应该保留一定程度的双语能力，而不是融入美国。"[①] 提倡多元、宽容的社会环境，未必一定会催生出相互融合的结果，其间的悖论是——融合之后，多元又身在何处呢？如果我们承认罗尔斯政治自由主义的前提设定——理性多元是一种永久性的事实——的话，那么融合就不是每时每刻都在发生。

更加糟糕的是，无论是基于生存上的竞争，还是基于文化上的冲突，不

---

① 罗伯特·卡普兰：《荒野帝国：走入美国未来的旅行》，何泳杉译，北京：中央编译出版社，2018年，第104页。

同的社会群体之间的矛盾已经发展到经常性地诉诸暴力来解决问题的阶段，许多普通的基层民众已经没有耐心来倾听多元文化主义描绘出的美好图景。恐怖袭击的发生直接挑战了西方社会的治理模式。恐怖袭击的真正恐怖之处在于，不同于传统的军事作战，袭击的发动者并不是摆在明面上的，而是有可能潜藏在每个人的身边，他们在任何的时间任何的地点都有可能突然发动袭击，而且袭击的目标是无差别的——我袭击某些人，并不是因为这些人与我有现实利益上的纠葛。正因为袭击是无差别的，所以它所造成的社会恐怖氛围就更加严重。从历史上看，在第二次世界大战之后的国际新秩序中，西方社会面临恐怖主义袭击不是始自今天。因为北爱尔兰问题的发酵，20 世纪 60 年代到 90 年代，英国一直被国内的安全局势所困扰，"爱尔兰共和军"不断制造各种形式的暴力恐袭和暗杀活动，甚至把袭击的矛头瞄准了英国首相官邸。法国也发生过类似的情况。因为原殖民地阿尔及利亚爆发民族解放运动，激发了法国本土和海外的极端殖民主义者的躁动，他们成立了专门的组织，在阿尔及利亚和法国本土从事各种暗杀袭击，袭击的目标甚至包括法国总统戴高乐在内。从战后英国、法国的历史来看，恐怖主义确实并不是欧洲的新问题。不过，当前西方国家所面对的恐怖袭击很不一样，大部分的袭击制造者的身份特征比较明显——不同于主流白人社会的移民或者是移民的后代①，因而诉诸暴力的恐袭进一步撕裂了移民群体与本地居民间原本就脆弱的信任关系。

当社会的大环境趋于复杂化的时候，本土居民的抵触情绪与外来移民的偏激行为之间实际上处在一种恶性共生的结构之中。这样的社会心理结构一旦被锁定，他们彼此种下的心结便不易被打开。很多西方学者认为，实施恐怖主义的人毕竟是少数，在批判恐怖主义的同时切不可夸大潜在的策动者的数量。西方学者用心良苦，他们不想给本已脆弱的社会神经再增添压力砝码。恐怖主义之所以被称为恐怖主义，原因就是少数人的行为恰恰可以制造出影响大多数人的效果，让生活在某一区域中的人们普遍感受到安全上的威胁。恐怖主义袭击往往都是有组织（哪怕只有少数几个人）、有预谋的行为，袭击

---

① 此处必须强调的一点是，当前欧洲的恐怖袭击并不是全部来自移民群体，本土居民同样有发动独狼式袭击的成员。2011 年 7 月，挪威右翼分子布雷维克制造了震惊世界的于特岛惨案，造成几十人死亡。凶手布雷维克就是土生土长的挪威人，并非移民。他在制造爆炸和枪击案时的动机是反对多元文化主义，而多元文化主义强调对移民及其文化认同的接纳与包容。因此，我们在分析欧美世界的恐怖主义问题的时候需要辩证的、审慎的态度。无论是本土居民还是外来移民，或者是移民的后代，都有可能成为恐袭的制造者和受害者。

的对象往往是不加区分的无辜者,袭击的时间和地点也不确定。实施行为的偶然性、不确定性和攻击对象的无差异性都极大地加强了公共空间的不安全感。由于"潜在的袭击者是谁"同样充满不确定性,无法精确辨别出来,因此,人们倾向于把所有与其身份相近的人员视作潜在的袭击者。当恐怖袭击发生的时候,无论袭击的实施者是不是某一群体中的极少数人,这一群体的所有成员都会被怀疑。袭击的频率爆发得越多,被怀疑的可能性越大。在不确定性的前提下,个体的行为被无限放大,群体的形象被变形扭曲,高阶身份认同的普遍存在足以让极少数人的言行撬动绝大多数人的敏感心理。恐怖主义绝不因为是极少数人的行为而丧失效果,毋宁说,大多数人的行为意识被这极少数人所绑架:既对自身群体的其他和平成员造成名誉上的伤害或报复性的还击,又给其他社会群体的成员带来短期内难以消除的不安全感。

  面对严峻的反恐形势,很多人愿意接受的一种解释是由美国著名学者塞缪尔·亨廷顿概括的"文明冲突"的理论,特别是东西方之间的冲突,主要表现为有着千年恩怨的基督教文明与伊斯兰文明之间的冲突。在经历过"9·11"事件、阿富汗战争和伊拉克战争之后,文明冲突理论被更多的西方普通民众所认可。亨廷顿在解释自己的理论的时候列举过一个让人印象深刻的案例。1994年10月16日,洛杉矶市爆发了一场有7万人参加的大规模游行示威活动,抗议187号公民提案,该提案否定了国家给予非法移民及其子女的多项福利。令人深思的是,在游行现场,很多人打出了墨西哥的国旗。这一举动遭到了观察家的批评:"举着墨西哥国旗游行,同时又要求这个国家给予他们免费教育?他们应当挥舞美国国旗。"[①] 两个星期以后,抗议者确实举着美国的国旗上街了,但国旗却是倒过来举着的。换言之,亨廷顿早已注意到了移民群体的族裔身份认同依然会对他们的行为选择产生巨大的影响,这并不因加入或未加入所在国的公民身份而彻底改变。亨廷顿把类似的身份认同危机都纳入了文明冲突的范畴之中。当然,并非所有人都同意亨廷顿的理论,德国思想家哈贝马斯就提出过反对意见。他认为,原教旨主义是一种现代现象,在那些自杀式恐怖袭击者那里,其动机与手段之间的时代差距,恰恰反映了他们自己国家中的文化与社会之间的时代差距。哈贝马斯的解释延续的依然是现代性的视角,然而,该视角无法应用于西方社会内部的移民二代、三代的问题。因为在他们那里,自己出生的国家就是现代发达国家,所以在

---

[①] 塞缪尔·亨廷顿:《文明的冲突》,周琪等译,北京:新华出版社,2017年,第4页。

他们身上并没有哈贝马斯说的"他们自己国家中的文化与社会之间的时代差距"。一个从小到大生活在当下西方发达国家中的青年,他可能一边手上拿着最新版的苹果手机玩脸书,一边心里面念叨着回归传统的宗教原教旨主义信条,这两者就这样令人费解地集中在同一个人的身上。如果说欧洲的移民和移民后代的文化信仰遭遇到了现代性进程的挑战,以至于他们不知怎样重新安置自身的信仰与认同的话,那么,在现代性的进程面前,又有哪种文化传统没有遭遇到挑战呢?即便是基督教,尼采早已喊出"上帝死了",它遭遇到的挑战也是空前的。因此,面对强势的现代技术文明的冲击,所有的文化传统都要做出调整与转变,不管这种转变是"向前看"还是"向后看"。既然原教旨主义是一种现代现象,那么我们就不能要求文化传统为这种现代现象承担完全责任,毕竟古代先贤不能为现代人的行为负责。更重要的是,犯罪与恐袭的制造者究竟对自身的信仰和文化传统了解多少,这些都是未知数。如果我们认可部分西方学者所说的他们没有机会接受良好的教育这一前提的话,那么我们就不难得出他们对精神层面的文化与信仰不可能有深入的把握这一结论。所以,我们不能把原教旨主义的产生单纯归因到文化传统上,在这个问题上,文化传统既不是充分条件,也不是必要条件。我们在隶属于不同文化传统的很多国家的非常时期中都可以看到极端的个人行为,文化因素必须与其他因素相结合才能产生具有直接冲击力的现实效果。复杂的社会现象背后必然有更为复杂的产生原因,在分析恐怖主义的起源的时候,单纯依靠经济的、文化的或政治的因素都很难解释得全面。

出于对自身安全现状的担忧,欧美国家的排外情绪乃至仇外情绪普遍增强,他们越来越倾向于支持对国家边境的严格管控和外来人员的审查。今天,当外国游客去时尚之都巴黎旅游的时候,当地的安全形势依然会让很多人感到担忧,盗窃、抢劫、恐袭正在侵蚀人们对巴黎的美好期待。巴黎北郊的塞纳—圣德尼省的犯罪率高居全法国的首位,而这里同样是移民大量聚居的地区,乃至于当地以经商为主的华人社群成为抢劫盗窃的主要对象之一。再以比利时的首都布鲁塞尔为例,莫伦贝克是布鲁塞尔市19个区中的一个,这里曾经也是老工业区,后来逐渐成为外来移民的聚居地。2016年3月以来,巴黎恐袭案的主要嫌疑人和多名涉恐的嫌疑人相继在莫伦贝克被抓,莫伦贝克甚至被冠以恐怖分子的老巢的恶名。正是这些因素推动了欧洲若干国家中的右翼甚至是极右翼民粹势力的抬头,法国的"国民阵线"、英国的"独立党"、德国的"选择党",这一系列右翼政党的产生和壮大都证明了这一点。欧洲难民危机的爆发无疑进一步加重了这一趋势。虽然大多数难民都是为了生命、自由和追求幸福的权利冒死抵达欧洲，但欧洲人也担心其中掺杂着极端分子，有可能在欧洲制造混乱。由于无法对每个人的来历、思想状况进行精准鉴别，因此无论你的立场站在哪一方，对方都有足够的理由反驳你立论上的薄弱环节，我们再一次触碰到了公共空间中的理性多元的事实，一旦引爆话题，合理的预期就是争论将是持久的，短期内无法达成共识。政策的制定是现实妥协的结果。

于是，越来越多的西方学者担心，多元文化主义要求主流社会接纳并包容移民群体的文化习俗和价值理念，而他们的文化习俗和价值理念则可能与西方主流社会所标榜的自由、民主不一致。强调多元文化的包容性就很难再要求移民群体抛弃原有的文化习俗，一句"支持各个群体保留自己的文化认同"就会屏蔽掉所有外在批判的正当性基础。当多元文化主义政策实施后，不同群体间的聚居就形成了社会景观中的"飞地"或"马赛克"，清晰的边界使得我们游走在一个城市当中正如同穿越了若干国度。西方民众担心，如果马赛克式的文化图景进一步失范，最终容易导致社会秩序的"巴尔干化"，正是这一担心为右翼民粹主义运动的兴起提供了厚实的社会土壤。

## 3.3 价值虚无主义的流行

多元文化主义的思路在用于保护各种少数文化群体的独特的文化传统和价值理念的同时，否定的是单一主义的文化图景，它否认存在着单一的标准、原则和价值观，不同的个人或群体都可以拥有自己认可的习俗、标准和良善观念。应该讲，在这一点上，多元文化主义比单一主义的文化解释更有说服力，它的描述更符合人类社会的实际情况。不过，任何的理论学说不加节制都容易走向自身的反面。一些西方学者比温和的多元文化主义者走得更远、更激进，他们提出了文化相对主义的学说，试图取消任何客观的价值评判标准的存在，"对"与"错"、"好"与"坏"变得毫无意义。文化相对主义的观点在专注于田野调查的文化人类学领域最为流行，英国文化人类学家艾伦·麦克法兰就认为："人类学研究的准则之一就是不去做评判（not to judge），不去说一个文明好于另一个文明。"① 承认不同的道德、价值和文化之间的不可公度性是相对主义的一个典型特征。"我们有关对错的判断并不是无条件的与绝对的,而是相对于我们的社会、文化或者某个特定群体的。"② 由此,相对主义否定了西方形而上学视野下的普遍主义追求,包括现代理性主义的哲学传统。相对主义认肯特殊性的首要地位,但与马克思主义对特殊性的规定不同的是,相对主义者并不认为特殊性是普遍性在某一具体的时刻和地点的涌现,而是认为我们所有的观念都是受制于特定的时空环境的,因此,它们相互之间处于不可比的状态当中,不存在公认的评价标准。

激进的文化相对主义理论极易导致价值虚无主义思潮的产生,因为既然所有的标准都是"我"(或"我们")的标准,那么价值的合理性最终将会取决于个人的选择,而不同的选择间又是不可公度的,结果就是,对于整个社会来说,统一的、共识性的价值认同将不复存在。当所有的价值理念都具有无差别的合理性的时候,那也就代表着没有什么价值理念是具有不可更改的重要意义的。价值的任意性必然导致许多人会认为诸价值的存在是可有可无的,一切皆有赖于个人的好恶,价值虚无主义将不可避免地发生。艾伦·布卢姆在《美国精神的封闭》一书中这样描述大学里的学生:"大学教授绝对有把握的一件事是:几乎每一个进入大学的学生都相信,或自称他们相信,真理是相对的。"③ 大学生们认为相对主义意味着观念上的开放,代表着进步主义的道德要求,与之相反,客观主义或绝对主义会导致不宽容和迫害。这一番推论看似无懈可击,不过,布卢姆却明确点出了它背后所隐藏的价值虚无主义的滥觞:当问学生们"如果你是驻印度的英国行政长官,你会让受自己管辖的当地人在亡夫的葬礼上烧死遗孀吗④"这样一个问题的时候,学生们要么一声不吭,要么王顾左右而言他。换言之,对相对主义观念的接受让学生们失去了或故意遮蔽了最基本的道德批判立场,陷入了价值虚空的状态当中。在丢弃了道德批判的立场之后,留给他们的只是一些个人权利话语的碎

---

① 苗千:《不存在判断文明优劣的标准——专访剑桥大学人类学家艾伦·麦克法兰》,《三联生活周刊》,2018年第25期,第114页。
② 斯蒂芬·卢克斯:《道德相对主义》,陈锐译,北京:中国法制出版社,2013年,第26页。
③ 艾伦·布卢姆:《美国精神的封闭》"导言",战旭英译,冯克利校,南京:译林出版社,2011年,第1页。
④ 布卢姆在此处提到的是古印度的一种被称为"萨蒂"(寡妇焚身殉葬)的习俗。这一习俗标榜自己是为了保持妇女的贞洁,避免她们落入轮回转世的苦难之中。萨蒂曾经在印度各地广泛流行。1829年,印度政府颁布法令,宣布萨蒂为非法,强迫妇女或者劝诱妇女实行萨蒂者,等同于犯下杀害罪。此后,该习俗在印度被慢慢消除。

屑，诸如"没人有权利对此说三道四"，等等。

从根本上讲，当代西方价值虚无主义思潮的流行与现代自我观念密不可分。在西方，从文艺复兴开始，人本主义思潮慢慢兴起，思想史家通常将这一时期称为"人的发现"。人文主义的兴起使得人们日常生活的诸多方面（包括饮食、情欲、田园等）逐渐地得到欧洲人的重新理解与肯定，西方社会由此开启了延续至今的世俗化进程。中世纪所称颂的教会组织和神权思想受到了多方面的冲击。1517年开始的宗教改革运动通过排除教会权威而将神圣恩典与个人信仰直接联系起来，其间接的结果就是在精神信仰的层面上彰显了个体的存在。不过，真正意义上的现代自我观念产生于17世纪。法国哲学家笛卡尔开启了哲学史上被称为"认识论转向"的革命，这场认识论革命同时也是一场现代自我观念的革命。因为说到底，认识只能是来自"我"（也就是笛卡尔所说的"我思"），所以，认识论的转向又可以视之为主体哲学的革命。主体性原则在德国古典哲学那里得到进一步发展，康德的意志主体、费希特的绝对自我概念都体现了这一点。现代主体观念和之前观念的根本区别就在于："现代主体是自我规定的，而按照以前的观点，主体是在同宇宙秩序的关系中得到规定的。"① 基于此，康德主张，道德法则是理性主体的自律意志的产物。

到了19世纪，德国思想家施蒂纳把近代主体哲学推到了极致，提出了"唯一者"的概念。施蒂纳强调自我，近代西方自由主义也强调独立的、无拘无束的自我，施蒂纳推崇真正的利己主义者，自由主义预设利己的个人为政治社会存在的基本前提。不仔细区分的话，施蒂纳的唯一者与自由主义的自我似乎非常相近，实际上，二者差别很大。自由主义试图把共同的人性或理性作为理论的基础，进而推出普遍化的政治和道德结论，但是，针对费尔巴哈等德国哲学家提出的"人是人的最高本质"这一人本主义思想，施蒂纳却说："对我来说，我是高于一切的！"② 从这一点出发，施蒂纳否定了费尔巴哈的"人的本质"的概念。如果说费尔巴哈是用"人"反对"神"的话，那么"施蒂纳是运用'我'反对'人'。"③ 施蒂纳认为，自由派把我看作是人类中的一分子，而并不关心我个人的独特性，这是不对的。从本质上讲，我是独一无二的，是"唯一的"："我的肉体并非是他们的肉体，我的心灵并非是他

---

① 查尔斯·泰勒：《黑格尔》，张国清、朱进东译，南京：译林出版社，2009年，第7页。
② 麦克斯·施蒂纳：《唯一者及其所有物》，金海民译，北京：商务印书馆，1989年，第5页。
③ 姜海波：《论施蒂纳是马克思建构唯物史观的最后契机》，《教学与研究》，2012年第7期，第36页。

们的心灵"。① 施蒂纳甚至连费希特对"绝对自我"的设定都感到不满,因为这个绝对自我同样也是在我之外的同一本质——每个人都可以是自我。我不是在其他自我之外的一个自我,而是唯一、独一无二的自我。我的需要、行动、思想都是独一无二的。

为了保证我的最高的唯一性,任何的道德、准则、法律、信仰对我来讲都不是我所依靠的东西。"我的事业不是神的事,不是人的事,也不是真、善、正义和自由等等,而仅仅只是我自己的事,我的事业并非是普通的,而是唯一的,就如同我是唯一的那样。"② 即以真理为例,施蒂纳认为,真理就自身来说是没有价值的,只有对我而言才会拥有价值。真理对于我来说,只是我从事思维的头脑的食粮,就如同土豆之于我的胃。从唯我的角度出发,施蒂纳拒斥诸如人的本质、真理、善、自由等众多哲学范畴,简言之,"施蒂纳主要是反对一切现实的个人之外的形形色色的'类'和'总体'的压迫。"③施蒂纳无意于彻底否定事物的客观性,他所做的主要工作是从自我的视角出发重新调整了自我与其他诸事物之间的关系。一切事物都应该从我出发来加以理解,一切都附属于我,不管是何种意义上的附属与联系。它们是我的"所有物"。独具特性的、有血有肉的、不受任何外在的道德规范羁绊的这个唯一的自我藐视任何的真、善、正义、自由。施蒂纳不但否定了宗教意义上的上帝概念,而且还否定了费尔巴哈意义上的人的本质的概念,剩下的就是施蒂纳推崇的不受任何外在的价值和规范羁绊的唯一的自我。自我是绝对的,任何外在的事物只有与我发生联系之后才能对我有意义,真、善、正义、自由等价值也要受到自我的审核。最终的结果是,彻底的唯我主义必然会走向彻底的虚无主义。施蒂纳也毫不否认这一点,他公开宣称:"我把无当作自己事业的基础。"④ 从哲学本体论的角度看,施蒂纳之所以把虚无主义作为自己的哲学学说的基础,他的目的无非是为了论证作为"唯一者"的我是不受任何侵犯和束缚的,这其中既包括外在的政治权威和思想观念对我的束缚,又包括内在的欲望与激情对我的束缚。因此,摆脱了所有外在的和内在的规定和束缚的"我"也只能是无。本体论意义上的虚无主义很自然地会导致价值

---

① 戴维·麦克莱伦:《青年黑格尔派与马克思》,夏威仪等译,陈启伟校,北京:商务印书馆,1982年,第132页。
② 麦克斯·施蒂纳:《唯一者及其所有物》,金海民译,北京:商务印书馆,1989年,第5页。
③ 张一兵:《"类哲学"人本逻辑的彻底颠覆》,《开放时代》,1998年第6期,第117页。
④ 麦克斯·施蒂纳:《唯一者及其所有物》,金海民译,北京:商务印书馆,1989年,第3页。

理念层面的虚无主义。这不但从作为本体的自我的角度看是如此（所有的价值对我皆无，真、善、正义等），而且从人与人之间的关系的角度看亦是如此（我们之间各有各的创造性的唯一者）。施蒂纳可以把"自我"视为唯一者这一绝对的存在，而施蒂纳之外的其他个体同样可以把自我视为唯一者，提出符合自我的利益和世界的理念和价值诉求。从哲学角度讲，没有客观的实践标准可以用来衡量此"唯一者"与彼"唯一者"，所以，绝对的唯一者必然在客观上走向相对主义，而价值领域的相对主义就会导致价值虚无主义，除我之外，一切皆非。

施蒂纳的唯一者的哲学浸透着相对主义和虚无主义的底色，但是，相对主义和虚无主义的产生却有着深刻的历史和思想背景。有学者比较过19世纪稍后的德国思想家尼采和施蒂纳之间的思想异同①，尼采同样是虚无主义哲学的倡导者。无论尼采和施蒂纳之间有无可资证明的思想传承关系，虚无主义的产生都是有着深厚的时代土壤的。其中最主要的一点就是基督教神学传统在近代西方思想界的渐次式微。自文艺复兴以来，西方世界经历了一场深刻的世俗化转变。首先，西方世界重新"发现了人"；几乎是与此同时，基督教世界再次经历了一场变革——新教改革，传统的教会权威遭遇到了前所未有的打击。德国哲学家E.卡西尔这样评价道："宗教改革运动与文艺复兴运动的共同点在于，它也认可尘世生活，并赋予尘世生活以新的价值。"② 经过一系列的近代思想运动，西方人确实在很大程度上摆脱了各种习俗的和宗教的权威，进入了世俗时代。尼采所说的"上帝死了"只有放置在这一思想背景下才能得到理解。但是，宗教权威的没落不等于权威的不复存在，正如汉娜·阿伦特所说的那样："世俗化，就是世俗领域从宗教的监护中解放出来，它不可避免地提出了如何建立和建构一个新权威的问题，没有这个新权威的话，世俗领域根本就无法获得一种属于自己的新的尊严。"③ 对应于世俗时代的新的权威就是理性的权威，而且也正是在传统的宗教权威被祛魅的情况下，理性的讨论才能够真正地确立起来。康德为此还创设了"理性的法庭"这样一个概念，其含义就在于用人类自己的理性重新审视一切。理性的权威被树立起来，发展下去，却又形成了哈耶克所讲的"理性的自负"。17、18世纪的西方启蒙思想家都诚挚地追求终极的普遍性，他们期望依靠理性确立起对

---

① 林钊：《虚无主义：尼采与施蒂纳》，《现代哲学》，2010年第5期，第15—17页。
② 恩斯特·卡西尔：《启蒙哲学》，顾伟铭等译，济南：山东人民出版社，2007年，第128页。
③ 汉娜·阿伦特：《论革命》，陈周旺译，南京：译林出版社，2007年，第144页。

道德和社会问题的超越时空的永久性的解决。结果却是，不管是普通的大众还是知识精英，虽然我们都可以具备理性选择和理性推理的能力，但是我们却从来没有对道德与社会的起源、内涵、特征、适用范围等问题达成一致的共识。这一点被约翰·罗尔斯概括地称之为"理性多元论事实"："现代民主社会不仅具有一种完备性宗教学说、哲学学说和道德学说之多元化特征，而且具有一种互不相容然而却又合乎理性的诸完备性学说之多元化特征。这些学说中的任何一种都不能得到公民的普遍认肯。任何人也不应期待在可预见的将来，它们中的某一种学说，或某些其他合乎理性的学说，将会得到全体公民或几乎所有公民的认肯。"① 最终，我们不得不在几乎所有的道德、价值、社会等问题上面对一种善的多元性的局面，承认各种善的互竞式的甚至是不可通约式的存在。在多元主义的映衬下，普遍主义很容易被缩编为多元中的"一元"，阿拉斯戴尔·麦金太尔如是说："休谟所谓的普遍的人性观实际上却是汉诺威统治精英的偏见。休谟的道德哲学和亚里士多德的一样，以效忠于一种特定的社会结构为前提，不过是一种高度意识形态化的效忠。"② 普遍主义成为多元中的一元，其实有其必然性，因为道德理论家无法简单地通过指责那些不同意自己的理论观点的人为"非理性"而完成对普遍主义的救赎。在上帝缺位的思想背景下，你无法树立一条标准来论断哪些人是理性的，哪些是非理性的。结合西方近代主体性哲学的基本设定，理性主体的自我确证是理性多元论事实的形成基础。为了避免冲突乃至对抗的发生，西方自由主义者强调对多元论的包容，价值中立原则顺势提出③。

其实，由多元主义的前提未必就会得出相对主义的结论，相对主义无非是多元主义的一种极端化的变体。思想家在面对多元化的存在的时候并非一定要接受相对主义的伦理立场。约翰·密尔针对当时有些学者提出的用一支"文明军"代替十字军来扫除那些落后文明社群的建议，反驳道："我看不出任何群体有权利强使另一群体文明化。"④ 显然，密尔并没有对所有的伦理信念和生活方式同等看待，对于各地区不同的文明形态，他认为它们确实有"先进"和"落后"、"文明"与"野蛮"之分。但是，在一种层级式的伦理信

---

① 罗尔斯：《政治自由主义》"导论"，万俊人译，南京：译林出版社，2011年，第4页。
② 阿拉斯戴尔·麦金太尔：《追寻美德》，宋继杰译，南京：译林出版社，2008年，第262页。
③ 从学术史的演变来讲，价值中立原则是由马克斯·韦伯在社会学研究领域首先提出来的，其原来的含义是用来指称科学研究中的一种不偏不倚、依据客观事实的研究态度。
④ 约翰·密尔：《论自由》，孟凡礼译，桂林：广西师范大学出版社，2015年，第110页。

念的排序下,密尔依然主张限制处于高位的伦理信念的普适性,而保障处于低位的伦理信念的容身之处。我们可以把密尔的这种观点暂定为"双重性的反应模式",即在实质性的道德观念上是区分出高低不同的层级的,而在真实的伦理反应上是收敛的、限制性的,并在自我与他者之间,划出分明的权利界线。不过,密尔的这一伦理立场很难做到一以贯之。因为当你通过既定的标准区分出"先进"和"落后"、"文明"与"野蛮"的时候,一个自然而然的结论就是落后的要向先进的看齐。美国政治学者珍妮弗·皮茨研究指出,19世纪欧洲最为著名的自由主义政治思想家——托克维尔和密尔——都在不同的程度上支持欧洲的殖民扩张和对殖民地的统治,他们的思想重点并不是质疑帝国政治的正义性。在19世纪30年代,对欧洲殖民扩张的批判态度被"帝国自由主义"所取代。珍妮弗·皮茨注意到,密尔的政治理论具有显著的两面性的特点:"尽管密尔对于国内政治持有激进主义态度,但是他坚信,殖民地政府是一个善意且合法的专制政府,是为了改进其属民的生活水平而设置的。"① 密尔并没有深度质疑19世纪英国殖民统治的合法性,原因就在于他认为近现代欧洲文明是先进的、优越的,而殖民地地区的人民(比如印度)是未开化的、落后的,他们缺乏自我治理和求得文明进步的能力和动力,因此英国对落后社会的殖民治理就是合法的。

在当代西方学界,英国哲学家伯纳德·威廉斯对相对主义的思路明确地加以拒斥。相对主义的观点"要求你对无论是谁的伦理信念都一视同仁"②,威廉斯批评这种想法是错误的,原因在于如此构想的相对主义导致的却是普遍宽容这一非相对主义的道德。实际上,要做到对不同于我们的伦理信念一视同仁、表里如一,这一点其实并不容易。我们每个人都是从自身所处的周围环境中开始进行道德实践和习得相关的理念的,从而这些实践和理念同时在构成性的意义上成为我自身的生活和生命历程的一部分。构成性的道德实践和理念对于个人来讲就不是冷冰冰的规范法则。我们对自己所持有的信念势必会投入自己的或强或弱的情感,这绝不仅是纯粹的理性论辩的问题。威廉斯强调,当价值冲突发生的时候,你不可能完全关闭自己的伦理反应,而是会积极地捍卫自己的信念并希望能够说服他人。麦金太尔困惑于当代西方社会中为数众多的道德分歧与冲突,并认为情感主义的哲学理论把无休无止

---

① 珍妮弗·皮茨:《转向帝国:英法帝国自由主义的兴起》,金毅、许鸿艳译,南京:江苏人民出版社,2012年,第237—238页。
② 伯纳德·威廉斯:《伦理学与哲学的限度》,陈嘉映译,北京:商务印书馆,2017年,第192页。

的分歧与争论合理化了。事实上，麦金太尔的困惑可以从另一个层面加以诠释，那就是分歧与争论之所以会长期存在，恰恰说明争论的各方完全没有采纳相对主义的伦理立场，而是在诉诸最后的或终极的真理。正如前文所述，保守派与世俗派之间的对抗逐渐呈现出两极化的趋势，没有任何一方愿意轻易放弃自己持有的伦理理念。我们能够期待保守的福音派教徒会轻易改变对堕胎问题的反对态度吗？大概不会。我们能够期待秉持世俗化立场的自由派轻易放弃对女性堕胎权的追求吗？不大可能。因此，从一种非效果论的角度看，相对主义者在道德上一定要严格自律和自守，否则就不会是普遍宽容的结局。需要注意的是，我们的伦理立场一般不会囿于个人或某一群体的内部，它势必会超越自身的界限而倾向于扩展到他者乃至整个世界上。在这种情况下，越是极端的伦理反应——无论是极端保守的还是极端激进的，往往越是希冀一幅单一的、至善论意义上的伦理图景。在此情况下，相较于某一区域当中不同群体的人数上的多寡，处于多数的一方，其伦理反应往往具有进攻性的特点；处于少数的一方，其伦理反应则往往是自守性的——自我辩护和申诉是常见的行为。而无论是哪一方，作为群体中的成员，他们都不会完完全全地封闭在自己的狭小圈子之内，而会随着形势的变化不断寻求更广阔范围内的伦理和价值认同。无论如何，这种反应——羞耻的、排斥的、冲突的等——都构成了我们日常生活的重要组成部分。在源源不断的接触和碰撞中，我们原先所持有的伦理信念或者被进一步加强了，或者被某种程度上削弱了，完全的转变也是可能的，但通常不会在一夕之间发生。潜移默化的影响是不可忽视的。

更有可论者，主张回归古典自然权利理论的保守主义思想家列奥·施特劳斯，把虚无主义的根源与历史主义联系了起来，"历史主义的顶峰就是虚无主义"。① 在施特劳斯看来，历史主义既然把所有的哲学化都看作是属于某一世界、文化或世界观，那么其矛头所指乃是贬斥一切的超验性的普遍原则，从而确立起适合于特定时代或特定地区的具体的、特殊的原则。在施特劳斯看来，失去了超验的普遍原则的观照会使我们失去判断外在事物的客观标准。各自从自身的特殊原则出发，各说各话，各有各理，站在特殊性的角度，不会有统一的衡量各方优劣长短的客观标准，最终走向相对主义境地。如何评价施特劳斯的此番论断？施特劳斯依托纯粹的逻辑推理，滑向极致，放大了

---

① 列奥·施特劳斯：《自然权利与历史》，彭刚译，北京：生活·读书·新知三联书店，2011年，第19页。

历史主义所可能带来的理论结果。理论放大的过程势必忽略掉很多细节，也势必会使观察的对象发生变形。在哲学思想发展的长河中，我们很难给某位思想家贴上单一的标签。持有部分或全部的历史主义观点的思想家未必会同时持有相对主义甚至是虚无主义的价值观。马克思主义的主要贡献之一就是历史唯物主义，历史唯物主义认为文化、价值、道德是一种历史发展的现象，不同的时代会产生不同的文化与道德。施特劳斯把历史主义等同于对局部的特殊性的认定和区隔上，而忽视了不同的特殊性之间的联系与继承。历史唯物主义主张，评判局部的、特殊的文化和道德观念的客观标准就是生产力的标准。唯物史观强调历史的动态发展，而且相信这一发展在总体上的趋势是不断进步的。这一进步的根本动力来自于"生产力是历史进步的最后决定力量（或称根本动力）"①的思想。马克思和恩格斯特别看重科学技术的进步对生产力发展的促进作用，生产力的发展又必然会带来社会结构和文化观念上的广泛变革。因此，某时某地的文化观念确实是特殊的，但是我们完全可以根据符合不符合生产力发展的要求来判定它们的进步与否。古希腊罗马时代的奴隶制确实是特殊历史时期的产物，但是我们并不会因其是特定历史时期的产物而彻底放弃对它进行批判的标准。

回到西方现代自我观念。自我作为个体同样是处在历史发展的长河之中的，任何自我都不可能置身于人类历史的发展进程之外。更重要的是，自我本身非但出于历史进程当中，而且还是历史发展的结果。自我的意识、观念和物质生存条件都继承自前人的劳动实践。没有西方近代主体哲学这一大的思想背景，根本就不会产生施蒂纳这样的"唯一者"；而没有18、19世纪德国哲学思想本身的演变，也不会突然就产生施蒂纳笔下的哲学学说。施蒂纳的唯一者为了保证存在的绝对性而抽离掉了历史和时代的大背景，也正是这一抽离让唯一者的来源成了问题。这个唯一、独一无二的自我是从哪里冒出来的？它凭什么要求所有的道德、准则、法律、信仰等都附属于我自身？最终我会发现，施蒂纳笔下的唯一者不过是"赋予小资产者的最庸俗的念头以思想上夸张的说法"②。历史唯物主义通过把唯一者具体化和社会化之后，使得唯一者不再单纯是一个抽象的哲学概念；通过引入生产力发展和历史进步的标准，使得身处不同的社会群体或阶级中的个人所认肯的道德和价值观念

---

① 梁树发：《历史进步论的新认识与新发展——从历史进步的客观性、实质和动力问题谈起》，《湖北社会科学》，2016年第5期，第9页。
② 《马克思恩格斯全集》（第3卷），北京：人民出版社，1960年，第286—287页。

不再是相对的、不可评价的,从而克服了价值虚无主义。在克服虚无主义的同时,马克思和恩格斯确立起共产主义的价值诉求。马克思和恩格斯在《共产党宣言》中是如此设想共产主义社会的前景的:"代替那存在着阶级和阶级对立的资产阶级旧社会的,将是这样一个联合体,在那里,每个人的自由发展是一切人的自由发展的条件。"① 人的自由而全面的发展是共产主义社会的本质性特征,也是共产主义社会比资本主义社会进步的地方。在资本主义私有制的生产关系下,工人在自己的劳动中不是按照自己的意愿自由地发挥自己的体力和智力,而生产出来的劳动产品也不属于自己拥有。异化劳动把工人的自主、自由的活动贬低为一种维持肉体生存的手段了。在这种情况下,根本谈不上人的自由而全面的发展。马克思和恩格斯所设想的人的自由而全面的发展并不是一种乌托邦式的哲学理想,它的实现恰恰是生产力继续发展的必然结果,因而是有着坚实的理论和实践基础的。依据历史唯物主义的基本原理,生产力的发展决定了生产关系必然发生相应的变化,社会化大生产的高度发展决定了全部生产资料需要集中在联合起来的个人手里才会避免经济危机的爆发,这就要求我们实现对生产资料私有制的超越。正是在这种意义上,马克思主义完成了历史规律与价值追求的统一,使共产主义理论由空想转变为科学。

## 3.4 传统道德话语的回归

现代西方自由主义民主排斥传统的美德话语,他们相信单纯的制度已经足够完备,完全可以保证政治秩序的正常运转。这种思路一般被学术界称为"制度主义"的思路。制度主义的最经典的表达是由德国古典哲学家康德给出来的。康德说:"建立国家这个问题不管听起来是多么艰难,即使是一个魔鬼的民族也能解决的。"② 许多信奉权力至上的自由主义者都认为,通过适当的制度设计就足以建立起稳定的自由民主体制。但是,仅仅依靠制度上的一致性并不能完全保证国家内部的团结统一。法国启蒙思想家孟德斯鸠很早就发现:"既然人们不过是由于一种特殊的法律上的规定才成为罗马公民的,人们便不再有同样的高级官吏、同样的城墙、同样的神、同样的庙宇、同样的坟

---

① 《马克思恩格斯文集》(第2卷),北京:人民出版社,2009年,第53页。
② 康德:《历史理性批判文集》,何兆武译,北京:商务印书馆,2009年,第129页。

墓，因此人们就不再用和先前相同的眼光看待罗马，人们也不再像以前那样地爱自己的祖国，对罗马的依恋之情也不复存在了。"① 正是那种将所有民族都统合在一种相同的公民权之下的做法导致了罗马共和国本身的覆灭。这种康德式的制度主义的思路在现实当中却遭遇到了严峻的挑战。制度主义思路容易与思想史上的另一股潮流暗合，这就是由意大利文艺复兴时期的思想家马基雅维里提出的目的与手段的关系问题，简称马基雅维里主义。无须多言，马基雅维里主义开启的思想潮流是主张在政治实践的过程中剔除掉道德的因素，人们的政治行为不必受到道德因素的约束，一切以目标的达成与否为证成行为的合理性标准。行为的有效性赋予了行为本身以正当性的辩护。可见，无论是制度主义，还是马基雅维里主义，它们的共同特点都是切断了政治与道德之间的相关性。正是在这种意义上，列奥·施特劳斯认为西方现代性的第一次浪潮始于马基雅维里②。不过，严格地说，上述两种思想潮流都无法从根本上隔离政治与道德，下面我们会分别论证这一点。

首先，已经有很多西方学者（托马斯·内格尔、威廉·盖尔斯顿等）用"道德困境"（moral dilemma）来描述马基雅维里主义的实质。既然是道德困境，那就意味着马基雅维里主义关乎的是两种不同的道德原则或价值之间的取舍，这两种道德原则或价值都可以证成自身的正当性，无论我们选择哪一种，都不会达致完满的结果，都会受到另一条道德原则施加的道德负担。典型的道德困境可以表述如下：选择行为 A 的"合道德 x"和选择行为非 A 的"合道德 y"之间的冲突。

为了避免抽象讨论的晦涩性，我们不妨援引迈克尔·桑德尔教授多次使用过的一个案例来说明问题。桑德尔引用过美国奇幻小说作家厄休拉·勒奎恩笔下的一则故事：有一个叫欧麦拉的理想化城市，美丽、富饶，政治清明，没有犯罪。生活于其中的居民幸福、快乐，人与人之间充满友谊之情，孩子们健康活泼。但是，在所有这一切繁荣的背后隐藏着一个秘密：在城市的一个不见天日的地窖里关着一个孩子，他在极度的污秽和痛苦中勉强生存着。城市里的所有居民都知道这个秘密，可是如果人们把这个孩子从地窖中释放出来，那么欧麦拉的美丽和富饶在释放的那一刻就将衰退和毁灭③。我们不妨设想欧麦拉的人口规模是十万，现在的问题来了，假定你是新任的欧麦拉

---

① 孟德斯鸠：《罗马盛衰原因论》，婉玲译，北京：商务印书馆，2009 年，第 56—57 页。
② 刘小枫编：《苏格拉底问题与现代性》，北京：华夏出版社，2008 年，第 34—39 页。
③ 迈克尔·桑德尔：《公正：该如何做是好？》，朱慧玲译，北京：中信出版社，2011 年，第 45 页。

的管理者（勒奎恩在小说中特别写道欧麦拉没有国王），手中全权握有禁闭地窖的钥匙。马基雅维里主义在此便转换为这一命题：为了欧麦拉全体居民的快乐与幸福，管理者不会选择打开地窖的门。

主张功利主义道德原则的思想家（比如理查德·布兰特）会认为，基于效果论的反向证成，选择不用钥匙去开门的行为 A 符合功利主义的道德原则，即为了最大多数人的最大幸福。不过，主张康德式的义务论道德原则的思想家会认为，这一行为不符合个人自由优先性的道德原则，因为它剥夺了无辜孩子的个人自由，而牺牲无辜者的自由是不道德的。我们可以进一步推想，行为 A 甚至都可以是合法的，当且仅当欧麦拉的居民投票通过永远禁闭无辜孩子的法律的时候，这就是民主制下的多数人的暴政。于是，在这一假想的思想实验中，问题就转换为在两种道德原则间进行选择的两难：｛"合道德 x"，x＝功利主义｝或｛"合道德 y"，y＝每个人享有同等的基本自由的权利[①]｝。抽象地谈论两种道德原则的比较是没有太大的启发的。我们可以运用"情境代入"的方法来合理地做一番现实推演：假定你是欧麦拉城中的一名普通居民，你可能会选择同意并赞赏行为 A，因为他保证了你和自己家人的幸福生活。固然，在公共场合，我们需要公共理由，你不能拿出"因为行为 A 符合我个人的利益"这样的私人理由来论证公共事务。因此，你完全可以依据功利主义原则来论证行为 A 的道德性。但是由此我们也可以看出，功利主义原则隐藏着的理论罅隙：你赞成行为 A 可能并不真是因为行为 A 符合功利主义的原则，而只是因为行为 A 照顾了你个人的利益。为了防止这种情况的发生，我们必须像前文已经论证过的那样引用罗尔斯提出的相互性标准。换言之，现在设想你恰好是地窖中的那个孩子，在此条件下，你会选择同意并赞赏行为 A 的施行吗？如果你不同意，那么这就证明功利主义原则不是无条件的。作为事件的当事人，个人并不会纠结于功利主义原则到底适不适用，他会直接判定针对自己的行为 A 的非道德性。无法通过相互性标准的检验的功利主义原则是不完备的。所有的规范要求都必须同时适用于既定的生活圈中的所有人，没有人享有豁免权。一种只适用于别人而不适用于自己的规范要求是不具有正当性的，豁免的存在只能减损该规范要求的严肃性和正当性。正是在这种意义上，义无反顾的烈士和舍己为人的英雄更能赢得我们的尊重，这也说明了为什么无惧牺牲、带领士兵冲在第一线的将军更能赢得士兵们的

---

[①] 此处借用罗尔斯关于正义的两个原则中的第一个原则的相关表述。

爱戴，因为他们以牺牲自己的可能性为代价来换取功利主义原则的彻底实现。在我们人类社会中，个人牺牲自己拯救他人总是受到赞誉的道德行为①。正如康德说的那样："德行之所以具有这么多的价值，仍然只是由于它付出了这么多，而不是由于它带来了什么。"②

在道德困境中，不同的道德原则之所以难以取舍，是因为与道德原则 x ｛x＝每个人享有同等的基本自由的权利｝相比，道德原则 y ｛y＝功利主义｝也并非更高一级的原则，义务论与后果论之间并没有高低之分，而仅有取舍之异。不难发现，同一种行为被两种并不相同的道德原则来加以规范与评价，是因为我们选择了不同的评价视角——"前置的评价"和"后置的评价"。所谓前置的评价，是指我们仅就当下发生的行为进行评价，评判其道德理由的充足与否；所谓后置的评价，是指我们结合行为的后果、代价或影响对其进行评价。前置的评价更加直接，更加依赖于我们自身的道德直觉，而道德直觉则有可能来自家庭、社会和自我学习的潜移默化的培育。后置的评价涉及的因素更加复杂，我们不是仅就行为本身符不符合道德直觉进行评价，而是立足于行为的可预见的或不可预见的后果、实施该行为所要付出的成本，乃至行为所可能造成的社会影响，进而反过来对行为本身进行评价。如果说前置的评价是二维视角的评价，那么后置的评价就是三维或多维视角的评价。《摩西十诫》的第六条"不可杀人"，这一犹太教的律法和准则并没有附加更多的附属性条件。从前置评价的角度讲，如果你杀了人，那么准则和直觉就会告诉你，杀人总归是不道德的。但若从后置评价的角度讲，情况便发生了变化。从杀人者的主观动机来看，行为的发生可能是故意的，也可能是失手和完全无意的，比如在一辆公交车上，由于司机的紧急制动，我的身体不自觉地晃了一下，恰巧碰倒了身边的人，导致该名乘客突发脑溢血而死亡。从杀人者的后果来看，行为的发生既可能是图财图利，也可能是被逼无奈，还

---

① 在极为特殊的情况下，个人牺牲自己拯救他人被认为是不明智的。比如一个女子突然跳入河中，另一个人为了救她而献出生命。但是，这个女子跳河的目的并不是被逼无奈下的轻生，而只是为了测验身边的男友的忠诚度，她自己实际上也会潜泳。在这种情境下，牺牲者的救人行为会被认为是不明智的、不值得的，但是不明智并不对救人行为的道德性造成实质性的冲击。

② 康德：《实践理性批判》，邓晓芒译，杨祖陶校，北京：人民出版社，2003年，第212页。桑德尔还提到了另外一种有代表性的挑战功利主义原则的情况：对恐怖分子的嫌疑人施加严刑逼供。比较桑德尔提到的这两种情况：在欧麦拉的例子中，被牺牲掉的个体是无辜的；在严刑逼供的例子中，道德直觉告诉人们，恐怖分子是坏人。在西方，即便是对坏人，严刑逼供也不会被认为是道德的，它只能被同情地加以理解和原谅。不过，在这种情形下，行为者的道德负担大大减轻了。道德感虽然很难量化处理，但是道德与不道德之间似乎可以相互抵消和平衡。

可能是为了自己所关爱的人不被伤害。对于最后一种情形，行为不但会被认为是正确的，而且是正当的。面对入侵家国的敌人而拿起武器奋起反击，用以保护自己的家人和同胞，即便是最严苛的道德哲学家也不会轻易判定杀伤敌人的行为是不正当的、不道德的，除非杀伤的行为超出了必要的范围或者杀伤行为本身的太过残酷。由此可见，前置评价虽然更符合道德直觉，但是后置评价却往往更为复杂，更需要理智的权衡。很多后置评价都会表现出非常明显的延时性特征。例如当我们看重行为的后果并依赖功利主义的道德原则的时候，行为的后果在行为发生的时候往往是不可预见的。在欧麦拉城的例子中，打开地窖的大门的后果可以及时预见，像这种情况并不多见，毕竟厄休拉·勒奎恩的这部短篇小说是科幻类的题材。在大多数情况下，特定的举措或行为是很难预见到清晰的后果的，后果的最终呈现需要一定的时间跨度作为保障，在行为发生的当下，执行者常常是无法通过尚未实现的结果来运用功利主义原则的。仅仅有实现某一目标的意愿并不能保证目标的实现，目标实现的不可预见性决定了基于效果论的远期道德理由的脆弱性。不过，后置评价的存在也有其重要的意义，它让我们充分认识到社会问题的复杂性，让我们在评价政治行为的时候不要太过单薄。仅靠行为自身的呈现方式来判定行为的道德状况，有时候并非无可挑剔。

无论如何，当西方学者们用道德困境来解释马基雅维里主义的时候，他们已经把对道德的权衡带入其中了，行为的道德单一性给政治家施加了另一重的道德负担。因此，试图运用马基雅维里主义来切断政治与道德之间的联系，这条路径走不通。

其次，制度主义的思路同样试图隔离道德与政治之间的关系，但是这一思路同样走不通，而且遭到了越来越多的挑战。我们容易发现一个现象，当文化保守主义思潮回归的时候，诸如"好"与"坏"、"善"与"恶"、"勇敢"与"懦弱"、"忠诚"与"背叛"等道德色彩浓厚的词汇重新回到了公共舆论的视野当中。自由主义的支持者从理论上尽量避免使用道德语汇，他们想切断道德与公共政治的联系，把道德、信仰等打包后放置在单纯的私人空间当中；他们致力于在互竞的善观念之间保持中立性的立场，并试图仅仅依靠程序来解决问题。美国哈佛大学教授迈克尔·桑德尔直指自由主义的这一要害：自由主义"政治话语的视野过于贫乏，从而无法包容民主生活的道德力量。

它制造了一种道德真空，为不宽容和其他误导的道德说教开辟了道路。"① 在桑德尔看来，由于自由主义民主在进行公共治理的时候缺乏实质性的道德话语，所以日常的政治话语就逐渐转移到了官员们的私人行为上。诽谤、流言等丑闻充斥在社交媒体、街头小报以及主流媒体的脱口秀等节目上，公共政治本身被极大地"娱乐化"和"虚无化"了。在激进的自由派的支持下，似乎除了谈论个人权利之外，任何其他的道德目的都无须提及。在这一点上，主张共和主义民主模式的思想家和倾向保守主义的学者显然是不满意的，自然也会引发他们的反感。保守派认为，国家和政府必须在培养合格的公民和塑造优秀的公共精神方面展示出清晰的立场。在所有的道德信念中，保守派最为重视的就是宗教信仰的虔诚和爱国主义。

与桑德尔的批评类似，古希腊哲学家柏拉图早就指出，不顾一切地过分追求自由，恰恰会破坏民主社会的基础。这时候，公民会变得非常敏感，只要有谁建议要对他们的行为稍加约束，他们就会觉得受不了，就要大发雷霆；到最后，公民们真的不需要任何人管了，连法律也不放在心上。这种无政府主义进一步扩散开来，就会渗透到私人生活当中去，甚至还会渗透到动物身上去（比如驴、马会十分自由地在大街上走动，到处撞人）。柏拉图认为，这样一种政治状态极易导致极权政治，"不管是从个人的角度还是从国家的角度，过度的自由只能变成过度的奴役"②。他的推理过程是这样的：既然公民渴望自由，不愿受到约束，那么当比较正派的领导人起来干预他们的放纵的行为的时候，人们就会起来指控这些正派的领导人，把他们称为寡头分子，因此，结果很可能就是一些坏分子当上了领导人，而当这些坏分子当上领导人之后，整个社会的风气会变得更加败坏。又因为在民主政体中，没有多少财产的平民在社会中占大多数，因此在他们掌权之后，极易被少数的强悍者（坏分子）煽动去抢夺富人们的财产，由此带来的结果就是平民与富人之间的斗争。在斗争的过程中，平民必然推出一个带头人来，做他们的"保护人"，而这个保护人就是"人民领袖"。因此，在柏拉图看来，民主政治发展的结果必然是僭主政治，这是民主政治的宿命。

在柏拉图的论证当中，有一个关键的环节需要我们特别加以注意，那就

---

① 迈克尔·桑德尔：《民主的不满》，曾纪茂译，刘训练校，南京：江苏人民出版社，2012年，第377页。

② Plato, *Republic*, translated by Robin Waterfield, Beijing: China Social Sciences Publishing House, 1999, p305.

是为什么公民在民主政体下必然会滑向极端自由的境地。柏拉图说，民主政治不加区别地把平等给予一切人，而不管他们到底是不是平等者，这样做的结果就是每个人都随心所欲地做事，如果你不愿意服从命令，你完全可以不服从，没有人会勉强你，因为假如公民被勉强去服从命令的话，那么这就证明在社会中还存在着统治与被统治的关系，而这是不符合平等的要求的。更进一步，假如有人自觉听从当局的指挥的话，他也决不会得到尊重，而只会被说成是心甘情愿做奴隶，只会受到辱骂，这样一来，就没有人愿意服从命令了。因此，在民主政体中，自由走向极端就是必然的了①。不难看出，柏拉图对民主政治的批判实际上集中在了这样一个点上：民主政体的目的不是美德，而是自由，因此，民主政体不会在乎公民的教养如何，品行如何，每个人都可以追求他自己喜欢的生活方式，这就很容易使得人们屈服于不必要的欲望，导致整个社会的道德败坏。

从公共美德的类型来看，忠诚、正直、勇敢、练达等都是值得颂扬的道德品质。但是，在所有的道德品质中，爱国主义（patriotism）被认为是首要的公民美德②。孟德斯鸠指出，热爱祖国的美德是共和政体的原则。1799年1月26日，杰弗逊在给埃尔布里奇格里的信中说："我心中至高无上的目标是我自己的国家。我的家庭、我的财产和我自己的生命都寄托在它里面。国家之外，我没有一丝一毫利益，没有一丝一毫感情，没有偏袒一个国家而反对另一个国家的动机……"③ 相比较其他的公民美德来讲，爱国主义的核心地位更容易彰显出来。"爱国主义涉及忠于一个具体的历史性社群，忠于一种特别的生活方式。"④ 对我的国家、我所属的共同体的忠诚体现的就是爱国主义的实质；勇敢地捍卫国家的主权与利益正是爱国主义的必然要求；坚定地履行国家赋予自己的任务与使命通常也是爱国主义的表现。当今世界，每个国

---

① 施特劳斯认为，柏拉图对民主政治的攻击存在着有意夸张的地方。即如雅典城邦中的公民大会召开一事，法定的最低人数是6 000人，如果参加某次公民大会的人数太少，那么，警察就会把人抓去开会，而不是像柏拉图说的那样，人民愿意参加就参加，不愿意参加就不参加。因此，问题的关键就在于柏拉图为什么要夸大自己对民主政治的指责？施特劳斯的解释是：第一，柏拉图要遵循由寡头政体到民主政体、由民主政体到僭主政体这一逻辑推演次序；第二，这种夸张的批评使我们比以往的任何时候都更为强烈地意识到了哲学与人民之间的不和谐。参见施特劳斯等主编：《政治哲学史》，李洪润等译，北京：法律出版社，2009年，第55—56页。
② 万俊人：《爱国主义是首要的公民美德》，参见《道德与文明》，2009年第5期，第4页。
③ 托马斯·杰弗逊：《杰斐逊选集》，朱曾汶译，北京：商务印书馆，2017年，第534页。
④ 贝淡宁（或译丹尼尔·贝尔）：《社群主义及其批评者》，李琨译，宋冰校，北京：生活·读书·新知三联书店，2002年，第129页。

家的人民随时随地都会援引和表达爱国主义的精神和词句,"我爱法兰西""我爱美利坚"等话语充满了各个国家自身的公共领域。

玛丽·戴茨在研究爱国主义的概念演变史的文章中指出,"爱国主义"的语言学历史很短,它是一个源自 18 世纪的较新的词语。"而它的同源词'爱国者'是个较古的词,它们在词源学上的词根 patria 是个更古的词。在希腊语罗马语中,古代的 patria 一词主要涉及城邦。"① 追溯这一概念的近代变迁,"爱国者"(patriot)一词出现在早期现代英语中的时间大约是在 16 世纪,借自法语中的"同胞"(patriote)一词。在 1688 年英国光荣革命和之后的辉格党人的政治修辞中,"爱国者"才成为成熟的政治话语的一部分。概念史的梳理提醒我们,关于爱国主义问题的研究不应该仅仅是采取分析的方法,而必须始终关注它的历史性的一面。单就概念本身而言,爱国主义似乎不难理解,那就是对祖国的爱或者热爱祖国。需要注意的是,与"国家"(state 或 nation)这一政治建制性色彩突出的词汇相比,"祖国"(motherland 或 homeland)一词所具有的历史的和乡土的气息更加浓厚。在界定爱国主义的性质这一问题上,西方思想家首先把爱国主义视为一种情感的表达。孟德斯鸠说:"共和国的美德很简单,那就是爱共和国。这是一种情感,而不是认知的结果。"② 而托克维尔给出的叙述更为详细:"有一种爱国心,主要来自那种把人心同其出生地联系起来的直觉的、无私的和难以界说的情感。这种本能的爱国心混杂着很多成分,其中既有对古老习惯的爱好,又有对祖先的尊敬和对过去的留恋。怀有这种情感的人,珍爱自己的国土就象心爱祖传的房产。"③

问题是,这种复杂而强烈的道德情感的生成基础是什么,究竟是何种因素让不同时代、不同地点的不同个人意识到"我们,人民"是一体的。托克维尔提及了爱国情感的三个构成因素,其中包含有对"出生地"的依恋、对"古老习惯"的爱好、对"过去"的留恋。拓展开来,当我们提起祖国这个概念的时候,我们有可能会联想到一个祖祖辈辈继承下来的地理空间,或者是一种人们共同实践、共同分享的文化传统,又或者是一个代代相传的历史性社群,并通过这三者中的一个或多个来构造心目中的祖国的形象。而无论是哪一种构成要素,都呈现出十分明显的历史性的维度,而且是逆着时间轴前

---

① 玛丽·戴茨:《爱国主义》,参见特伦斯·鲍尔等编:《政治创新与概念变革》,朱进东译,南京:译林出版社,2013 年,第 191 页。
② 孟德斯鸠:《论法的精神》(上卷),许明龙译,北京:商务印书馆,2012 年,第 55 页。
③ 托克维尔:《论美国的民主》(上卷),董果良译,北京:商务印书馆,2011 年,第 268 页。

进的方向向后回溯。弗里德里希·尼采就把这种祖国情怀和乡土情怀形容为是"返祖式"的。[①]比如历史，所有国家的历史都是一个不断演变、不断发生的过程。文化本身更是如此，在漫长的历史进程中，文化传统会不断地发生碰撞、融合与演化。即使是在同一个时期、同一种文化传统内部，也都会有不同流派、不同观念之间的差异与论争。虽然爱国情感的组成都是动态的概念，但是这并不会妨碍我们想象自己身处于从古至今的历史和文化传统之中，共享一种共同的历史与文化认同。它是"我们的"历史、"我们的"文化。我们每个人都是作为国家的一分子而出现的，拥有共同的身份认同。无论彼此的社会地位是高是低，个人财富是多是少，当个人直接面对国家的时候，附着于每个人身上的诸多社会印记会剥离出去。我们意识到彼此都是归属于同一个祖国，自己与同胞之间是休戚与共的命运共同体。我们在这样一个命运共同体当中繁衍生息，筹划自己的人生，它塑造着我们的认知，成就着我们的价值信仰，赋予我们每位国民以有别于他国公民的精神风貌，从而在一个日趋多元化的世界当中奠定我们的文化与价值认同。

其实，无论是在中国还是在西方，爱国主义都有两个层面上的含义：政治制度层面和文化层面。明末清初思想家顾炎武在《日知录·正始》中提出了著名的"亡国"与"亡天下"的区分。"易姓改号，谓之亡国；仁义充塞，而至于率兽食人，人将相食，谓之亡天下。"换言之，亡天下直接关联的是伦常秩序的观念，属于文化和价值层面上的东西。无独有偶，明末清初的另一位重量级思想家王夫之也提出了极为相似的论点："汉唐之亡，皆自亡也。宋亡，则举黄帝、尧、舜以来道法相传之天下而亡之也。"（《宋论》卷十五）顾炎武所说的亡国与亡天下之辨讲的就是国家与文化之间的区别。总而言之，爱国主义的双重含义可以形象地比喻为"两张皮"：一张是制度，另一张是文化与价值。值得注意的是，这两张皮在许多时候并不是严格地融合在一起的。仅从顾炎武和王夫之的论述中便可以看出，文化是他们更为看重的要素。在中国悠久的儒家传统的笼罩下，夷夏之辨重在文化，正如韩愈所说的"孔子之作《春秋》也，诸侯用夷礼则夷之，进于中国则中国之"（《原道》）。因此，判定夷夏之分的标准是承载者价值诉求的礼教而非血统意义上的种族或地理意义上的疆界，当然后两者也绝非无关紧要。20世纪五六十年代，美国著名的汉学家约瑟夫·列文森在经典著作《儒教中国及其现代命运》一书中指出，

---

[①]《尼采著作全集（第五卷）：善恶的彼岸 论道德的谱系》，赵千帆译，孙周兴校，北京：商务印书馆，2016年，第227页。

"近代中国思想史的大部分时期,是一个使'天下'成为'国家'的过程。"① 可以说,正是西方帝国主义的全面入侵与渗透,逐渐削弱了中国文化人心目当中的天下观念。坚船利炮上的失败被逐层、逐次地追溯到技术、制度直至文化上的落后,与这一过程相伴随的是,近代中国的知识分子由"天下"观念逐步退回到"国家"的层面,也即现实政治经济的层面,其结果就是倒逼出了一个式微文化与落后国家合二为一的惨淡图景。于是,一切文化上的发展与变革都是为了国家的富强,其本身已不再具有完整性与独立自存性了,晚清重臣张之洞在《劝学篇》当中对"保国"的强调充分说明了这一点。在这样的一种背景下,爱国主义更多的是从土地与人民、政治与经济的角度加以界定的,文化层面已经处于附属的地位了。季羡林先生就明确指出,文化必然依托国家,然后才有表现,因此文化与国家成了同义词。所以,我们必须把制度和文化这两个层面积极地融合在一起,没有政治共同体,特定的忠诚对象将不复存在,爱国主义也必然会落空。

作为一种公民美德,爱国主义又不能被单纯地理解为只是一种天然的情感表达。正如美国耶鲁大学教授史蒂芬·斯密什所说的那样:"对国家的适当的爱,并非某种我们可以继承下来的东西,而是必须经人教授给我们。"② 不管是哪个国家的公民,他们要了解自己祖国的历史和文化、习俗与制度,都需要通过教育来完成。即使不是正规的学校教育,也可以从代代口口相传的故事和身体力行的社会生活实践中获得。而且后者往往更加重要,麦金太尔就认为:"讲述故事是道德教育的主要手段。"③"岳母刺字""戚继光抗倭"等故事不断被后人以各种形式加以演绎,成为我们中国人进行爱国主义教育的重要题材。所以说,爱国主义美德也是一种理智美德(intellectual virtue),理智和情感在这一问题上是可以结合在一起的。当然,它们彼此之间很难说是一种一一对应的关系,受教育程度越高的人并不等价于他所具有的情感表达会越强烈、越丰富。即使是成长背景类似、所受的学历教育程度一样的人之间,他们的外在表现也是不同的,有些人可能矢志不渝,有些人则可能漠不关心。但是,一无所知的人是不可能明白什么是爱国主义的,因而也就不会有相应的情感表达。一个对自己国家的历史毫无所知的人,是不会被流传

---

① 约瑟夫·列文森:《儒教中国及其现代命运》,郑大华、任菁译,桂林:广西师范大学出版社,2009年,第84页。
② 史蒂芬·斯密什:《政治哲学》,贺晴川译,北京:北京联合出版公司,2015年,第294页。
③ 麦金太尔:《追寻美德》,宋继杰译,南京:译林出版社,2008年,第135页。

下来的爱国故事所感动的,这是再明显不过的事情了,否则前提与结果就会自相矛盾。

西方自由主义学者对爱国主义多持以批判的态度,他们的根本原因在于:爱国主义要求我们忠诚于一个政治共同体,而这会反过来限制个人权利与自由的优先性原则。因此,自由主义者反对从哲学本体论的角度出发将个人与共同体之间的关系界定为构成性的:"一个人的国籍可以被描述为是道德上任意的,这是因为在大多数情况下,这个人将不能为她的国民资格担负道德上的责任——人们仅仅是生在那个国家,并且毫无选择随着自己的成长而获得那个国民资格带来的好处和坏处。"① 不难发现,这一论点的核心理念是理性意志主导下的自由选择——无选择即无所谓自由、权利、责任、义务等。既然我的出生是非自愿的选择的结果,因而在道德上是任意的,那么爱国主义就不能作为义务和责任而加在个体的身上。自由主义者强调的选择本身并不是任意的、随随便便的,而是理性的、深思熟虑的,否则就无所谓选择与否。所有的价值观念、道德伦理都需要重新经过理性的筛选与检讨,否则对个体而言都不具有必然性。从本体论的层面上看,自由主义所认可的自我是独立的、理性的意志主体,犹如一个个的原子。基于这种自我观念,西方自由主义者特别强调个人自主选择的优先性,这一自我观念经过 20 世纪存在主义哲学和后现代主义哲学的洗礼,思想家给予其更多的哲学上的内涵:自我无时无刻不处于一种选择的状态之中。既有的完备性的价值体系被打破之后,最终呈现出来的是一个"碎片化"的世界观,它与"中心""整体""统一"等宏大概念都格格不入。面对这样一幅支离破碎的世界图景,自我的认知、价值也处在不断重塑的过程当中,我们无法期待一种统一的、一成不变的行为模式和价值体系,一切都取决于个人的偏好与选择。

但是,这种摆脱了一切未经选择的传统、习俗和道德纽带的约束的"无负荷的自我"是不存在的,它至多是哲学的虚构。"无负荷的自我"呈现出的是扁平化的个体形象,完全失去了个体本身所具有的伦理深度。自由主义的支持者往往会忽视这一点。不同于无负荷的自我的虚构,我们把自己"理解为某一家庭、共同体、国家或民族之一员;理解为某一历史的承担者;理解为某一场革命的儿女;理解为某一共和国的公民"②。这一共同体奠定了我们的身份认同,我们感觉到自己是该共同体不可分离的一部分,并据此界定了

---

① 徐向东编:《全球正义》,杭州:浙江大学出版社,2011 年,第 220 页。
② 迈克尔·桑德尔:《自由主义与正义的局限》,万俊人等译,南京:译林出版社,2011 年,第 202 页。

我在世界中的位置——"我之所是"。没有它,我甚至无法想象自己能够成为一个完整的、丰满的个人。个人出生、成长并生活于共同体当中,我认同于我的家庭、社区、工作单位,我自己视为它们的成员之一,我就需要忠诚于这些群体,并且承担对这些群体中的成员的责任。同样的道理,我认同于我的国家,我就要忠诚于这一国家,并且承担国家赋予我们的相应的义务。忠诚于自己的共同体(国家或民族)与自我认同是分不开的。失去了祖国这一共同体的观照,我们无法确认自己的身份,也无法想象自己是某一历史和文化传统的继承者。如果一个国家的公民都把个人与国家之间的关系看作是一种只受利益支配的工具性的关系,那么这个国家也就不再是一个传统意义上的国家了。

退一步讲,仅仅着眼于保护个人利益的功能主义维度,爱国主义仍然是必不可少的。加拿大学者叶礼庭自称"世界主义者",但是他无奈地意识到,"后帝国主义时代的全球主义只让那些有幸生活在富裕西方的世界主义者享有后民族主义的感觉。众多小民族太过弱小,无法建立可以保护自己的国家,全球主义带来的是混乱和暴力"[①]。纽约、伦敦、巴黎、布鲁塞尔这样的大城市所带来的世界主义图景严重依赖于它们各自归属的主权国家的领导力和政策执行力。没有外在的强有力的法律约束,没有谁能够保证这些地方不会发生侵害个人权利的事情。叶礼庭得出结论:"一个世界主义的、后民族主义的精神最终将总是依赖于民族国家为其公民提供安全和教化的能力。"[②]

---

[①] 叶礼庭:《血缘与归属:探寻新民族主义之旅》,成起宏译,北京:中央编译出版社,2017年,第13页。
[②] 叶礼庭:《血缘与归属:探寻新民族主义之旅》,成起宏译,北京:中央编译出版社,2017年,第13页。

# 第 4 章

# 西方民族主义社会思潮的兴起

19世纪英国政治思想家约翰·斯图亚特·密尔有一个著名的论断:"在一个缺乏共同感情,特别是语言不同的人民中,不可能存在实行代议制政府所必要的统一的舆论。……一般说来,自由制度的一个必要条件是,政府的范围应大致和民族的范围一致。"[①] 密尔的结论就是在多民族的国家中,民主自由体制几乎不可能建立起来。加拿大政治哲学家威尔·金里卡将密尔的论述总结为:"民主社会的成员必须分享某种政治忠诚,而共同的民族性则是这种忠诚的一个前提条件。"[②] 换句话说,一个自由民主的国家必须是一个民族国家,因为民主本身即意味着"由人民(people)进行统治"。很多西方学者在探讨社会问题时都把目光落在了国家的界限之内。约翰·罗尔斯在写作《正义论》的时候就假定,公平正义体系的边界是由一个民族共同体的观念所确定的。可见,对于正义原则的适用范围,罗尔斯是有着理论上的自觉的。

当前,西方国家内部的民族主义社会思潮(更为具体的诉求是"白人民族主义"(White Nationalism))强势兴起。这一思潮在国际外交层面上表现为本土主义话语的兴起,在经济政策层面上表现为反全球化和贸易保护主义思想的抬头,在国家利益层面上表现为爱国主义情绪的张扬,在社会发展层面上表现为对强调多元化的移民政策的强烈反对。白人民族主义者以捍卫本国公民的利益为号召致力于对抗外来移民的大量涌入,以及资本、企业的外流,倡导爱国、勇敢、责任等传统的政治美德来对抗日益激进的自由主义话语体系。如果用一句话概括的话,他们试图以传统的、恒定的价值观念和民族叙事来取代越来越陌生的、快速变化的社会现实。

---

① 约翰·斯图亚特·密尔:《代议制政府》,汪瑄译,北京:商务印书馆,1982年,第223、225页。
② 李义天主编:《共同体与政治团结》,北京:社会科学文献出版社,2011年,第312页。

## 4.1 身份政治的凸显

为了说明身份认同的不可避免,我们先看一个最近的心理学研究①。研究小组选取的研究对象是4~6岁的儿童,他们相互之间并不认识,从而排除掉生活经历的因素对实验结果的干扰。研究人员把他们随机分配为两组:红色组和蓝色组。红色组的身上穿着红色的T恤,蓝色组的身上穿着蓝色的T恤。然后,研究人员会给他们看其他儿童的照片,其中一半穿着红色的T恤,另一半穿着蓝色的T恤。实验结果显示,儿童们喜欢那些和自己同属一个颜色组的孩子,并且愿意为他们分配更多的资源。另外,当研究人员向被试者介绍照片中的儿童的故事的时候,被试者更倾向于记住同一颜色组中的儿童的正面消息和另一颜色组中的儿童的负面消息。这个实验提醒我们,在没有其他社会信息的背景下,仅仅是因为穿着上的颜色差异就导致个体的选择发生了系统性的偏向——儿童们把与自己穿着一致的孩子看作是"自己人"。在现实世界,能够用于区分人们彼此之间的不同身份的范畴非常多,爱好、籍贯、出身、职业、语言、信仰、性别,它们都可以作为区分你我的标志。追根溯源,人是社会性的存在,我们每个人都有归属感上的需要,我们需要和别人结合在一起来完成一些事情。基于共同的兴趣爱好,人们可以组织起各种俱乐部、社团和小组;基于相同的职业选择,人们可以组织起各行各业的工会团体,协调一致,争取自己的利益;基于共同的信仰,人们可以组成团契,在一起祷告,一起做礼拜,一起交流心得。在所有的身份认同当中,民族认同同样可以深刻而全面地影响个人的观念和行为。加拿大政治学家叶礼庭曾经在伊拉克山地地区采访过库尔德游击队中的一位名叫米兰的年轻女兵。她原本出生于澳大利亚墨尔本市的郊区,17岁之前,她都并不知道自己是库尔德人。后来她问自己的父母,为什么给自己取名叫"米兰",父母告诉她,这是来源于库尔德语。但是,父母并不愿意告诉她那是什么意思。直到有一天,遇到了库尔德人在墨尔本设立的党支部的联络人。几个月之后,她就将墨尔本的家庭抛诸脑后,到了黎巴嫩的贝卡谷地,接受军事训练,成为一名库尔德游击士兵。叶礼庭感到好奇的是:"一个澳大利亚少女,生活在

---

① 此处引用的心理学研究项目整理自下面这篇文章:Amy Chua. Tribal World: Group Identity Is All. *Foreign Affairs*, July/August 2018, pp25-26.

一个无根的、无过去的文化中,她突然发现自己拥有那种最为痛苦的民族归属,属于一个没有自己国家的民族。"① 仅仅意识到自己原本的民族归属,就足以促使一位生活在舒适环境中的库尔德少女前往万里之外的伊拉克山区参加游击战争。由此可见,民族身份认同的超越时空的力量。无独有偶,英国历史学家托尼·朱特也回忆过发生在自己身上的一件往事。朱特本人出生于伦敦的一个犹太人的家庭,祖父是波兰的犹太人,父亲是一名立陶宛的犹太拉比。1987年,朱特去了纽约。到了纽约市不久,他为了改一件衣服走进一家裁缝店。裁缝店老板用东欧口音问他衣服是在哪里洗的,他回答是在道路转角的一家华人开的洗衣店里洗的。裁缝店老板质问他为什么把衣服拿给华人洗,"于是,如今我有衣服便交给这个裁缝约瑟夫去洗,顺便与他交换几句意第绪语和(他的)关于犹太人在俄国生活的回忆"②。可以想象,类似的场景有可能随时随地都会在世界的某个角落里发生。大到对民族国家的关注,小到生活中的点点滴滴,身份认同总是会在不经意间发挥出无远弗届的关键性的影响。

在公共政治领域的博弈中,身份问题同样如影随形。正如迈克尔·沃尔泽所指出的那样:"谁被包括在内和谁被排除在外?——这是任何一个政治共同体都必须首先回答的问题。"③ 在一种相类似的意义上,查尔斯·泰勒同样认为:"我们可以对现代国家提出这样一个问题(而在国家的大多数前现代形式中是不可能被提出相应问题的):这个国家是为了谁/什么?它是谁的自由?谁的表达?"④ 当卢梭通过人民主权原则为民主正名的时候,一个直接的问题就会摆在我们的面前:"人民主权"中的政治主体"人民"究竟指的是哪些人?事实上,无论是民主共和制、君主立宪制,还是封建专制,"谁来进行统治"的问题是所有的政治统治机制的首要问题。

今天,不分种族、肤色、性别、教派,在民主选举的过程中,每位合法公民都享有一人一票的选举权利,一人一票的选举机制被认为是当代西方最为重要的价值之一。自由主义的叙事逻辑会认为身份问题不再重要了,一人一票制决定了我们都是国家的合法的一分子。当然,这样的叙事逻辑还是太

---

① 叶礼庭:《血缘与归属:探寻新民族主义之旅》,成起宏译,北京:中央编译出版社,2017年,第259页。
② 托尼·朱特:《记忆小屋》,何静芝译,北京:中信出版集团,2018年,第183页。
③ Michael Walzer, Thinking Politically: Essays in Political Theory, New Haven: Yale University Press, 2007, p81.
④ 李义天主编:《共同体与政治团结》,北京:社会科学文献出版社,2011年,第331页。

过理想化，事实上，身份认同问题在西方国家的政治生活中从来就没有消弭于无形。2008年，贝拉克·奥巴马首次参选美国总统，由于青年时期的家庭背景和成长经历（奥巴马的父亲巴拉克·侯赛因·奥巴马一世是肯尼亚人），他被质疑自己的出生地并不在美国。很多美国的保守派民众相信奥巴马是一位来历不明的人，并非美国公民，因而不具备担任美国总统的资格。到了2011年，共和党人掀起了一场"出生地运动"（birther movement），要求时任总统的奥巴马出具自己的出生证明，证明自己出生在美国。这场运动的主要参与者之一就是唐纳德·特朗普。最终，2011年4月27日，白宫不得不出示奥巴马的完整版的出生证明文件，平息了这场争议。事实上，出生地问题一直困扰着奥巴马的两个总统任期，直到2016年12月，美国亚利桑那州马里科帕县警长乔·阿尔帕约依然怀疑奥巴马公开的出生证明是伪造的。从表面上看，出生地运动的背后隐藏的是美国的种族问题，毕竟奥巴马是美国第一位非欧洲裔的总统。但是，这只是问题的一个方面，如果仅仅局限于从对非洲裔美国人的种族歧视的角度分析这一问题，则不能窥见该运动的全貌。奥巴马早年曾经在印度尼西亚生活过，加之他的名字中有"侯赛因"这一标志明显的字样，因此，很多美国普通老百姓相信他是阿拉伯人。2015年9月的一份民意调查报告显示，在美国，高达66%的特朗普支持者相信奥巴马不是基督徒。容易发现，身份问题毫无疑问是触发出生地运动的直接导火索。在西方，身份政治始终在场，而且大有愈演愈烈之势。自由主义者忽视了身份认同的持久而深刻的影响，我们甚至可以说，他们在故意回避身份认同在现实政治中的实际影响力。在这一点上，崛起中的右翼民粹主义的目标是明确的，他们反对移民所带来的快速变迁的人口结构，担心丧失自身的文化主体性地位，希望重塑国家公民的身份认同，用于抵制日益多元化的社会发展趋势。因此，共同的语言、共同的历史、共同的法律秩序、共同的文化价值、甚至是单一的公民身份等典型的保守主义观念重新得到强调。他们相信，只有在分享相同的身份认同的基础上，我们才能够相互理解和相互信任，才能拥有对于"共同善"的承诺。只有到了这个时候，一种强有力的"聚合性文化"才有可能代替西方社会在后现代主义浪潮冲击下呈现出的支离破碎的文化乱象。

按照塞缪尔·亨廷顿的分析，西方世界的第一波民主化浪潮的起止时间是从19世纪到20世纪初期，导源于美国革命和法国大革命。我们需要追问的是，为什么民主政治的浪潮发端于西方近代资产阶级革命之后？加拿大大学者贝淡宁教授（Daniel A. Bell）认为，这一政治发展现象可能与19世纪开始的民族主义高涨有关，而并不仅仅是与社会等级结构逐渐解体之后所产生的人人平等的观念相关。"民主平等停止在政治社群的边境：社群外的那些人不被平等对待。或许一人一票成了团结民族社群的关键仪式。"① 贝淡宁教授的观点揭示出一条重要的线索，那就是民族主义恰恰在一种较为明确的意义上界定了民主政治的主体。在谈到现代民主与民族国家的起源的时候，哈贝马斯曾论述道："民族国家和民主是作为法国革命的双生子而出现的。"② 诚然，民族国家的理念和实践早在法国大革命爆发之前就已经产生了，而民主理念的起源则更加古老。不过，伴随着法国大革命的爆发和革命思想的输出，西方世界的民主化过程和民族国家这一国家体系形式迅速崛起，并最终主导了其后的西方历史进程。正是在这种意义上，哈贝马斯才说18世纪后期以来的民主化进程就是在这种民族国家的基础上进行的。所以，在19世纪民族主义浪潮兴起之后，民主政治在全世界得到了更为广泛的传播，一个重要的原因就是在特定的地区内，民族解放的主体与人民主权原则的主体恰恰是高度重合的。民族解放本身要求的是民族自治，而民主政治强调的是自下而上的自主治理。"历史地看，民族主义和民主曾形影不离。毕竟，民族主义是一种信条，即一个民族有权治理自己，并且主权只在他们自身。"③ 因此，民族身份就是西方国家的身份政治中所呈现出的首要的、根本性的身份认同。

国内外学界的一般共识是，民族主义思潮是现代性的产物，作为意识形态的民族主义的起源可以追溯到18世纪晚期。然而，19世纪的大多数思想家都没有预见到民族主义思潮在20世纪风起云涌的发展，民族主义被认为是个趋于消失的东西。以赛亚·伯林认为，唯一的例外可能是摩西·赫斯，1862年，他在《罗马和耶路撒冷》一书中断言，犹太人肩负着把共产主义和民族精神结合在一起的历史使命。很明显，民族主义的产生要以"民族"为基础。英国历史社会学家安东尼·D.史密斯对民族的界定是："一个被命名的人口总体，它的成员共享一块历史性的领土，拥有共同的神话、历史记忆和大众性公共文化，共存于同一个经济体系，共享一套对所有成员都适用的

---

① 贝淡宁：《超越自由民主》"中文版序"，李万全译，上海：上海三联书店，2009年，第3页。
② 哈贝马斯：《在事实与规范之间》，童世骏译，北京：生活·读书·新知三联书店，2011年，第654—655页。
③ 叶礼庭：《血缘与归属：探寻新民族主义之旅》，成起宏译，北京：中央编译出版社，2017年，第31—32页。

一般性法律权利与义务。"① 从史密斯的定义中可以看出，对于民族认同来讲，历史和文化因素的作用是决定性的。从历史文化的角度讲，因为时间太过久远，又缺乏可信的文字记载，民族的起源往往无从查证，留下来的记忆以神话故事居多。在西方，最著名的故事之一就是古罗马的起源，即罗慕洛两兄弟和母狼的传说。因此，西方很多遵奉现代主义的思想家相信，民族本身都是一个纯粹的现代虚构物，在现代社会开始之前，根本就不存在民族这一实体。英国社会人类学家厄内斯特·盖尔纳在自己的代表作《民族与民族主义》中声称："是民族主义造就了民族，而不是相反。"② 盖尔纳认为，在前农业社会和农业社会，都不存在民族主义，直至工业社会来临。现代工业社会的跨区域的生产和商贸往来打破了农业社会长期存在的自给自足的封闭状态，在交通工具的改进和市场规模逐步扩展的前提下，不同地区之间的社会流动性大大加强，而标准化的基础教育的普及则让更多的人具备了广泛阅读和交流的能力。所有这些都趋向于塑造出一种同质化的社会结构，而民族主义思潮正是对同质化的社会结构的意识形态反映，民族身份由此表现为一种同质化的身份认同——"我们"共享同一种语言、文化、习俗和历史。与盖尔纳同属现代主义民族理论范畴的本尼迪克特·安德森把近现代的民族国家称为"想象的共同体"。安德森指出，现代民族国家这一想象的共同体是"用语言——而非血缘——构想出来的"③。从广义上讲，承载着一个国家的历史与文化认同的诸多载体——史书、传说、诗歌、小说、绘画等——它们的传承与流播都需要通过一种媒介来完成，那就是语言。语言文字的传承是最为基本的历史文化现象，在最根本的层面上关系到一个国家的凝聚与延续。伴随着每个人从小时候开始对母语的学习与掌握，我们的文化认同也逐步塑造形成，并从精神层面上奠定了我们对自身的身份认知。共同的语言奠定了我们彼此之间相互交流和相互理解的基础。

与安德森相似，尤尔根·哈贝马斯同样认为："民族意识是由知识分子和学者宣扬起来的，并在有教养的城市市民阶层中逐渐普及开来，其核心是一种虚构的共同出身、共同的历史结构以及具有同一语法结构的书面语言

---

① 安东尼·D. 史密斯:《民族认同》，王娟译，南京：译林出版社，2018年，第21页。
② 厄内斯特·盖尔纳:《民族与民族主义》，韩红译，北京：中央编译出版社，2002年，第73页。
③ 本尼迪克特·安德森:《想象的共同体：民族主义的起源与散布》，吴叡人译，上海：上海世纪出版集团，2012年，第140页。

等。"① 现代主义民族理论家们相信民族是想象的、虚构的产物，但是，他们无法解释一种最常见的社会现象，那就是为什么是"我和你"而不是"我和他"具有同一种民族认同。如果说民族是现代性的虚构产物的话，为什么法兰西人与德意志人不把彼此虚构为同一个民族，建立同一个民族国家呢？由此可以推定，民族的形成不可能是任意的、虚构的产物，而必定是继承了许多既有的共享的内容。约翰·密尔给出了构成一个民族的四个主要因素：同一种族和血统、共同的语言和共同的宗教、地理界限，以及"共同的政治经历；具有民族的历史，以及从而产生的共同的回忆；和过去发生的事件联系着的集体的骄傲和耻辱，快乐和悔恨"②。所有这些因素单独来讲都不是必不可少的，而其中最重要的因素则是共同的政治经历以及由此产生的共同的记忆。对于一个单一的民族国家来讲，共同的民族情感可以奠基于共同的人种、血统、语言和宗教信仰等。不过，这些因素在多民族国家中却很难起作用，比如美国或者瑞士，这些国家的共同感情和民族认同奠基于"人们对特定历史成就（比如，美国共和体制的建立）的自豪感"③。因此，仅仅从文化主义的角度出发绝不足以解释享有主权的民族国家的形成。

在理解民族的形成的时候，除了文化主义的视角之外，我们还必须借助于功能主义的解释视角。民族主义运动的目标最终指向的是政治权力。马克斯·韦伯准确地指出："我们一再看到，'民族'概念总是把我们引向政治权力。因此，如果说这个概念终究要指称一个统一的现象，那么看来它指的就是一种与强大的政治共同体观念联系在一起的特殊情感因素。"④ 无论是过去还是现在，统一的政治共同体对于民族的形成都至关重要。约翰·密尔早已说过，在代议制民主政府能够良好地运行之前，"人民还需要学会文明的第一课，即服从的一课"⑤。换言之，在实行民主制之前，需要一种强有力的中央权力让人们在思想上感受到人们相互之间的凝聚感和共同利益的存在，这才能够为族群的联合奠定基础。君主制为民主制的实行准备了民族心理上的前提，这一点其实也符合西方近代历史的演变轨迹。继承着马克斯·韦伯的思路，安东尼·D. 史密斯认为，在功能主义的要素中，"国家政权建设、军事

---

① 尤尔根·哈贝马斯：《包容他者》，曹卫东译，上海：上海人民出版社，2002年，第152—153页。
② 约翰·密尔：《代议制政府》，汪瑄译，北京：商务印书馆，2012年，第220页。
③ 李义天主编：《共同体与政治团结》，北京：社会科学文献出版社，2011年，第320页。
④ 马克斯·韦伯：《经济与社会》（第一卷），阎克文译，上海：上海人民出版社，2010年，第522页。
⑤ 约翰·密尔：《代议制政府》，汪瑄译，北京：商务印书馆，2012年，第56页。

动员和组织化宗教是最重要的"①。所谓的军事动员指的就是战争，战争的首要前提就是分清"敌""我"。德国政治思想家卡尔·施密特把划分敌友上升到了所有政治活动和政治动机的标准。其实，划分敌我并不是现代世界特有的现象，古希腊历史学家希罗多德在《历史》的开篇就将人类划分为希腊人和蛮族，这一划分一直持续到殖民主义时代。当"他者"在场的时候，个体更容易清楚地意识到"我是谁"。"一个社会或至少是其精神领袖的集体感情受到的伤害，或许是产生民族主义的一个条件。"②面对外敌的入侵，民族认同可以起到别的因素无法取代的统一和整合作用，以便调动民众的应激情绪来共同御敌。如果我们承认语言、文化、习俗和历史在塑造民族认同的过程中的重要性，那么我们不可否认的是，语言的不同、习俗的不同、信仰的不同等诸多的差异可以迅速地让我们识别出"我"和"他"之间的差异。在分歧、冲突甚至是战争的状态下，"敌人之间互相需要对方来提醒他们自己实际是谁。因此，一个克罗地亚人就是一个不是塞尔维亚人的人，一个塞尔维亚人就是一个不是克罗地亚人的人。没有对另一方的仇恨，就不能清晰地界定顶礼膜拜的民族自身"③。20世纪80年代巴尔干半岛兴起的民族主义运动以及随之而来的分裂战争，让叶礼庭敏锐地把握到了身份认同差异有可能会导致的噩梦般的政治后果。叶礼庭感到困惑的是，交战双方的很多人曾经是邻居、朋友，而且塞尔维亚人和克罗地亚人说着同样的语言（只有数百个词汇的差异），保持着相同的乡村生活方式，他们之间的相似性远远大于差异性。不过，在我看来，虽然宗教仪式上并没有太大的区别，然而仅仅是分属于天主教徒和东正教徒这两种信仰认同已经足够让他们彼此之间迅速区分出"我"和"他"。

  关键是，与其他的认同一样，民族认同并不是随时随地都在被每个人明确意识到的。在日常生活的大多数情况下，我们并不需要时刻提醒自己我是属于哪个族群，应该做哪些与身份有关的事情，因而民族意识并不会彰显出来。但是，当我置身于一个陌生人的环境之中或者处于强敌环伺的时候，这

---

① 安东尼·D. 史密斯：《民族认同》，王娟译，南京：译林出版社，2018年，第36页。
② 以赛亚·伯林：《反潮流：观念史论文集》，冯克利译，南京：译林出版社，2011年，第413页。不过，这个条件并不是充分条件。因为很明显，无论是在古代还是中世纪，当波斯人被希腊人打败时、当日耳曼人入侵罗马帝国时，都没有导致民族主义思潮的出现。所以，一个民族的自尊受到伤害固然会激起愤怒和自我肯定，但仅凭这一点却不足以发展出民族主义的思潮。
③ 叶礼庭：《血缘与归属：探寻新民族主义之旅》，成起宏译，北京：中央编译出版社，2017年，第27页。

种意识就会凸显。由此可见,民族意识的彰显往往是与"事件-议题"联系在一起的。"从心灵深处唤醒这些忠诚使之成为完全的意识需要某个特殊事件。"① 当出现特殊意义的事件时,散在各地的人们都被报纸、电视、互联网等中间媒介联系在一起,他们不停地报道、讨论,虽然彼此之间并不一定是"面对面"的交流,但是他们肯定自己的声音能够被其他人所听到,他们也回馈其他人的追问和质疑。在公共领域中,事件会演化为公共议题。不管是主动地还是被动地,参与公共议题的人们都会投射自己的感情。拿中国来说,当中国的体育运动员在奥运会上获得来之不易的冠军的时候,当汶川大地震发生的时候,当纪念抗战胜利70周年阅兵成功举行的时候,在面对这些特殊的事件时,我们潜在的民族意识和民族自豪感会被激发起来,我知道自己正与其他同胞一起共享愉悦,一起分担震惊与苦痛;我们也清楚地意识到这种感情的流露并不是哪一个人所独有的,它是"我们,人民"("We, the people")② 所共有的。

还有一个问题需要解答:为什么有着共同的民族认同的人们之间更容易建立起民主政体呢?为了解释民主与民族之间的关系,西方政治思想家引入了"信任"这一概念,并认为"如果国家要作为民主制有效运作,特别是如果它们受到协商民主理想的指导,国家要求公民彼此信任"③。戴维·米勒指出,之所以特别强调民主的协商因素,主要是因为如果一种民主制没有包含公民之间的协商因素,那么其合法性势必会受到质疑。在全球化时代的今天,每一个民主国家时时刻刻都需要处理很多问题,而这就要求其成员就这些问题共同进行讨论、协商,以便达成共识,形成决定。换句话说,共同协商的前提是公民们之间能够做到相互理解,彼此倾听,也因此,"自由社会需要高度的相互信任"④,而正是这种相互信任才确保了我们不但是在今天,而且在将来也能够彼此之间相互理解、相互倾听,以使民主国家的存续稳定而持久。

---

① 戴维·米勒:《论民族性》,刘曙辉译,南京:译林出版社,2010年,第14页。
② Charles Taylor, Modern Social Imaginaries, Durham and London: Duke University Press, 2004, p156.
③ 戴维·米勒:《论民族性》,刘曙辉译,南京:译林出版社,2010年,第96页。
④ Charles Taylor, Dilemmas and connections, Cambridge, Mass.: The Belknap Press of Harvard University Press, 2011, p130.

## 4.2 政治共同体与边界

作为意识形态的民族主义为什么会在现代社会出现？无论是在古代还是中世纪，当波斯人被希腊人打败时、当日耳曼人入侵罗马帝国时，都没有导致民族主义思潮的出现。所以，一个民族面对外敌固然会同仇敌忾，但仅凭这一点却不足以发展出民族主义的思潮。以赛亚·伯林引用了法国社会学家涂尔干的一个解释：工业进步所产生的集中化和科层制管理下的理性化破坏了人们过去笃信的传统等级制和社会生活秩序，这使大量的人失去了社会和情感上的依托和安全感，导致了异化、精神失落和不断加剧的社会失范等现象。为了代替旧秩序和旧价值，缓解群体意识所受到的伤害，人们需要创造出一种新的认同形式。这种新式的认同形式被许多追随者遵奉为唯一值得追求的或者说最重要的认同形式，因而个体对其承担着不容任何质疑或妥协的忠诚。当然，也有不少西方学者主张，民族认同的坚韧性还是无法与宗教认同相比。"如果谁试图将'我的国家，无论对错'改成'我的宗教，无论对错'，他立即就能明白民族主义和宗教的分野所在。后一种说法是不可思议的矛盾。基督教之于基督徒，或印度教之于印度人，怎么可能是错的呢？"[1] 戴维·米勒赞同本尼迪克特·安德森的观点，认为民族认同首先是"想象的"认同，想象的内容随着时间的改变而改变。因此，"尽管在任何一个时刻都有某种我们称为我们的民族认同的重要东西，而且我们会承认与之相应的风俗和制度，但是没有正当理由认为这在排除批判性评价的意义上具有权威"[2]。但是，无论是强调民族认同的坚韧性的学者还是强调民族认同的可变性的学者，他们都不否认民族认同要归属于一个"共同体"之下。"民族是一个具有亲属关系的共同体，具体地说，是其成员之间由于出生状况相同而形成的密切相关、占据广阔领地、有时间深度的共同体。"[3]

从这个角度讲，基于政治共同体基础上的民族认同势必具备强大的感召力，民族主义的涌现则让这种身份认同由潜在的变成自觉的、由自在的变成自为的。民族认同赋予个人一种强烈的归属感与力量感，这种感觉可以团结

---

[1] 本尼迪克特·安德森：《比较的幽灵：民族主义、东南亚与世界》，甘会斌译，南京：译林出版社，2012年，第459页。

[2] 戴维·米勒：《论民族性》，刘曙辉译，南京：译林出版社，2010年，第127—128页。

[3] 斯蒂芬·格罗斯比：《民族主义》，陈蕾蕾译，南京：译林出版社，2017年，第13页。

和调动起大量的有着相同认同的人联合起来,为实现同一个目标而奋斗,19—20世纪的民族解放浪潮就是在这种背景下兴起的。如果我们承认民族认同的深刻影响,我们就必须接受特殊主义的伦理视角而放弃对普遍主义的承诺,原因很明显,任何一种类型的政治和文化共同体都必定是特殊的,它们可以拥有"共同体"这一相同的概念描述,但是具体的内容和形式却一定是特殊的。我们不妨站在当代共同体主义的立场上来考察这一问题。从广义上说,西方文化起源于两希文明,隶属于西方的所有国家都处在大范畴的两希文明的影响之下,但是,西方各国的历史传统和民族构成又是绝不相似的。德意志人不同于法兰西人,凯尔特人有别于斯拉夫人。甚至在同一个国家当中,这种区别也是显而易见的。比如在西班牙王国境内,东北部的加泰罗尼亚人、北方的巴斯克人和西班牙的主体人口卡斯蒂利亚人之间有着延续了千百年的历史和文化纠葛。从历史主义的角度讲,任何的政治共同体及其所承载的文化、信仰和制度都是发展演变的结果,而非自由选择的产物,它的背后一定蕴藏着长时期的积淀,"最好的政治安排是与将会生活在这种安排中的人们的历史和文化有关的"[①]。

特殊主义的身份认同要求我们对共享同一种身份认同的人承担特殊的责任。特殊主义视角下的道德图景呈现出一种"同心圆"(concentric circles)的结构:我们总是对与自己有着特殊的身份关系的成员负有分内的爱或者责任[②]。处于圆中心位置的是我们的亲缘关系以及对国家的忠诚,然后我们会把这种同胞感和友谊感逐渐延伸至新的群体中去,直至整个人类。沃尔泽承认,伴随着扩展延伸过程的进行,我们的承诺和责任会逐渐地减少,由强转弱,但是这并不足以否认这种推己及人的扩展过程的价值。实际上,沃尔泽的这个观点自有其思想史上的渊源。完成于18世纪晚期的《联邦党人文集》中就明确说过:"人性的情感通常随着对象的距离或散漫情况而减弱。根据这个原则,一个人对家庭的依附胜于对邻居的依附,对邻居的依附胜于对整个社会的依附。"[③] 努斯鲍姆提到的同心圆结构就类似于中国传统儒家所说的"老吾老,以及人之老;幼吾幼,以及人之幼"(《孟子·梁惠王上》)的推己及人的伦理关系模式,孟子称这一道德现象为"推恩"。在民族认同的范畴

---

① Michael Walzer, On Toleration, New Haven and London: Yale University Press, 1997, p5.
② Joshua Cohen and Martha C. Nussbaum (ed.), For Love of Country?, Boston: Beacon Press, 2002, p126.
③ 汉密尔顿、杰伊、麦迪逊:《联邦党人文集》,程逢如等译,北京:商务印书馆,2006年,第83页。

内，这表示我们对自己的民族同胞负有特殊的责任，对自己的祖国怀有强烈的个人情感，由此，责任、忠诚、义务、奉献等政治美德才有了具体的实践对象，民族国家的范围标示出我们心目中的家园之所在。世界主义伦理的错误之处在于"坚持认为我们生活于其中的那些更普遍的共同体必须总是优先于那些更特殊的共同体"①。如果把这种逻辑贯彻到底的话，势必会得出这样一个结论：对待陌生人要像对待自己的亲朋好友一样，甚至还要更好。毫无疑问，这一理论图景与我们在日常生活中的感受大相径庭，根本不符合我们的实际经验。想象一下，你的妻子重病在身，需要金钱进行医治，而与此同时，另外一位你并不认识的陌生人也急需用钱治病。这个时候，你会把手中的为数不多的金钱用在谁的身上呢？你会出于同情或者慷慨给陌生的病人以资助呢，还是会出于对妻子的情感依附而把钱用于给妻子治病呢？不必经历所谓的道德判断的负担，你自然会做出合乎常情的选择。而且，我们在付出金钱的同时会伴随着强烈而持久的焦虑、担心和痛苦，会随着他们病情的变化而或喜或悲，这种情感上的剧烈波动不是用金钱可以衡量的。在此，认真借鉴休谟的道德情感理论对我们是有所裨益的。在现实生活中，伦理关系会产生特殊的情感，而这些特殊的情感上的依恋自然会成为我们的道德行为的动机。戴维·米勒教授的一句话说得非常到位："对于特殊主义者而言，'因为他是我的兄弟'可以当作一个基本理由。"② 因此，在现实生活中，特殊的情感上的依恋总是优先于一种普遍的道德关怀。更重要的是，人们总是从特殊的依恋出发而逐渐学会关怀整个人类的。卢梭认为："我们是按照我们的特殊社会在设想普遍社会的；小共和国的建立使我们梦想着大的；而我们都只不过是在成为公民之后，才真正开始变成人的。由此我们就可以看出应该怎么样来看待这些所谓的世界公民了；他们以自己爱全人类来证明自己爱祖国，他们自诩爱一切人，为的是可以有权不爱任何人。"③ 很难想象，一个连自己的家人都不关心的人会去真诚地关心一个与他毫无关系的陌生人。反之，你对自己的孩子的病痛感同身受，也并不代表你在面对别的孩子的苦痛时会镇静自如，漠不关心。

---

① Michael Walzer. *What It Means to Be an American*, New York: Marsilio, 1996, p343.
② 戴维·米勒:《论民族性》,刘曙辉译,南京:译林出版社,2010年,第51页。
③ 卢梭:《社会契约论》,何兆武译,北京:商务印书馆,2005年,第192页。在另一本著作中,卢梭说过类似的话:"不要相信那些世界主义者了,因为在他们的著作中,他们到遥远的地方去探求他们不屑在他们周围履行的义务。这样的哲学家之所以爱鞑靼人,为的是免得去爱他们的邻居。"参见《爱弥儿》(上卷),李平沤译,北京:商务印书馆,2009年,第11页。

无论基于何种立场，我们都不得不承认，一个个特殊的政治共同体的存在在很大程度上标定了我们每个人的身份，进而塑造了我们的实质性的身份认同。当今世界，每个国家的人民随时随地都会表达如下的词句："我是法国人""我是荷兰人"等。在正式的或非正式的场合，我们在介绍自我或他者的时候，身份介绍永远都是最直接有效的相互认识的途径。"我是××人"这一句式表达的正是一个人最为根本的身份认同。在某一固定的边界之内，人们相互之间拥有共同的国籍归属，拥有共同的交流语言，也可能拥有共同的族裔、信仰、历史记忆。所有这些共享的要素塑造了我们的实质性的身份认同，为生活于其中的人们提供了人类生存所必不可少的归属感，这种归属感是公民团结和国家凝聚力的基本来源，也是公民积极参与政治实践、贡献自己的才智、服务公共事务的重要动力源泉。从共同体主义的角度出发，理性的、无差异的道德主体概念就纯粹是一种哲学虚构。"我是某个人的儿子或女儿，又是另外某个人的表兄或叔叔；我是这个城邦或那个城邦的公民，又是这个或那个行会的成员；我属于这个家族、那个部落、这个民族。"① 这是不以我个人的意志为转移的。沃尔泽指出："自主的个人不受任何限制地选择他们的联系（或者不建立联系）的理想图式是一个坏的乌托邦。"② 对于很多社群团体而言，我们都是"非自愿"加入的，比如家庭、国家、民族、宗教组织等。诚然，一个人可以自由选择退出某一非自愿的社群，但是，这并不意味着他的退出就会得到其他人的认可。自我认同的形成不单单只是由个人自己决定的，它在相当大的程度上还包括他人的承认，此即"承认的政治"的来源。查尔斯·泰勒在法国后殖民主义思想家弗朗茨·法农的影响下认为："如果得不到他人的承认，或者只是得到他人扭曲的承认，也会对我们的认同构成显著的影响。"③ 举例来说，一个人固然可以声称断绝与自己的家庭的关系，但是别人依然会认定他是某个人的儿子、某个人的兄弟。非自愿选择性的社会联系一旦形成，就不容易更改，而且势必会给选择退出的人留下深刻的人生烙印。一个人移民并加入他国国籍，通常会被称之为"××裔"，他的后代也会被称之为"××裔"的二代或三代。更有趣的是，恰恰是因为置身在他国

---

① 阿拉斯戴尔·麦金太尔：《追寻美德》，宋继杰译，南京：译林出版社，2008年，第249页。
② 艾米·古特曼等：《结社：理论与实践》，吴玉章、毕小青等译，北京：生活·读书·新知三联书店，2006年，第131页。
③ 查尔斯·泰勒："承认的政治"，选自汪晖、陈燕谷主编：《文化与公共性》，北京：生活·读书·新知三联书店，2005年，第290页。

的社会环境当中，才会让一个人清晰地意识到自己是"××裔"。事实上，正是各种各样的社会联系有机地组合在一起，构成了个人的立体的、鲜活的存在。

民族主义在19世纪到20世纪的民族解放运动中发挥过积极的、有效的作用，吊诡的是，当前，西方新民粹主义的核心价值诉求就是民族主义。有不少学者已经指出，特朗普话语的核心思想是民族主义，而且是"白人民族主义"（White Nationalism）[①]。这一民族主义思想承接的是德国浪漫主义运动时期提出来的对民族的同质化构想，我们可以把这种构想称之为"单一化的民族理论"，即由共同的语言、文化、历史、信仰构成的民族。需要说明的是，白人民族主义思想并不能简单地等同于单一民族国家理论，也就是说，除了一些极端的民族主义者之外，一般性的白人民族主义思想并不是把建立一个单一民族的主权国家作为自己的主要目标，他们希望维持住白人基督教群体在社会中的主导性地位。容易看出，随着外来移民群体的不断进入，这一主导地位正面临着被慢慢侵蚀的局面。民主政治的决策原则是多数原则，而诉诸族裔身份是驱使选票集中的一个重要政治手段，况且，许多政策的出台本身就与身份政治有着不可分割的关联。现在的情况是，外来人口在西方国家人口总量中所占的比重越来越大，甚至在某些地区已经超过了本地居民的人口。对这一变化趋势的清晰预判令西方国家的很多居民担心自己被彻底地边缘化，成为国家人口结构中的"少数"。以英国首都伦敦为例，伦敦见证了英国工业革命的崛起，又向来是英国移民的主要聚居地，不过，有别于光鲜亮丽、绅士范儿十足的西伦敦，东伦敦留给世人的印象更多的是混乱、涂鸦、光怪陆离，颇有些嬉皮士的风格，嬉皮士本身代表的就是对社会秩序的反叛和不顺从。从20世纪50年代以来，东伦敦的陶尔哈姆莱茨区（Tower Hamlets）涌入了大量的孟加拉国的移民，而原本居住在此的英国人则纷纷搬离陶尔哈姆莱茨区。如今该区的大部分居民为孟加拉裔的居民，被称为"小孟加拉国"。美国的人口结构也正发生着巨大的变化，这其中，拉丁裔和亚裔移民人口的增长速度最快，预计到2055年，欧洲裔美国人将成为人口中的少数[②]。2016年4月，美国昆尼皮亚克大学的一份调查报告显示，"80%的特朗普支持者说，他们觉得'政府在扶持少数族群上走得太远'，85%的支持者则

---

[①] 王希：《特朗普为何当选？——对2016年美国总统大选的历史反思》，《美国研究》，2017年第3期，第26页。

[②] 刘瑜：《民粹与民主：论美国政治中的民粹主义》，《探索与争鸣》，2016年第10期，第72页。

同意'美国已经丧失了自身的认同'"①。

无论从什么角度讲，移民确实带来了差异化的身份认同。移民身上所携有的文化传统、价值观念、生活习性大概率地会被西方社会的本地居民辨认为是不同于己的"他者"，严重的情况下，还会被认为是"异己的存在"。异己的存在反过来强化了我们自身的固有认同。对"异己的存在"的反感并非始自今天，它几乎与人类历史的发展相伴相生。古希腊的思想家看待世界的基本方式之一就是把人类划分为希腊人和野蛮人这两个大类，由此奠定了西方人此后很长一段时间内认知世界的基本框架，那就是西方与东方的对立与交流。近代西方资本主义崛起之后，与殖民主义同步产生的便是关于文明征服的论述，对"文明"与"野蛮"的讨论更是充斥在诸多文学家、哲学家和人类学家的作品当中。作为欧洲殖民的产物，美洲大陆上建立的现代国家是典型的移民国家。问题是，来自不同地区的移民同样会区分出谁是异己的存在。1776年，美国的《独立宣言》中宣称人人生而平等。但是，作为美国建国时期的著名政治家，托马斯·杰斐逊就非常担心移民人数过多会带来的变化："他们会按照他们的人数比例与我们分担立法责任。他们会把他们的目的意图注入立法，歪曲和转移它的方向，使它变成一个乱七八糟的大杂烩。"②杰斐逊认为，移民来到美国，未必会接受美国的独特的原则和价值，而是完全有可能继续坚持他们从小就接受的原则和价值，并把它们传给自己的后代。另外一位建国一代的政治家本杰明·富兰克林则称那些来到宾夕法尼亚州的德国移民为"德国佬"，认为"这里不出几年将变成德国人的殖民地：不是他们学习我们的语言，而是我们必须学习它们的，或者说我们像在外国生活一样"③。到了19世纪，本土美国人运动兴起，"一无所知党""美国人党"等组织把斗争的矛头指向了来自爱尔兰的规模庞大的天主教移民。这股反天主教移民的浪潮一直延续到20世纪，范围波及爱尔兰、东欧、南欧等诸多信奉天主教的移民。与19世纪美国的反移民浪潮类似，当前，欧美各国的民族主义思潮在原来处于社会主流地位的白人群体中显现出来，右翼民粹主义者宣扬的"夺回国家"的口号最清楚不过地说明了这一点。民粹主义者的重要诉求

---

① Francis Fukuyama, American Political Decay or Renewal? . *Foreign Affairs*, July/August 2016, p63.
② 托马斯·杰弗逊：《杰斐逊选集》，朱曾汶译，北京：商务印书馆，2017年，第221页。
③ 罗伯特·贝拉：《背弃圣约：处于考验中的美国公民宗教》，郑莉译，刘军校，北京：商务印书馆，2016年，第109页。

之一就是试图以相同的身份认同为核心原则来处理各种公共事务,此处的身份认同可以是基于宗教信仰,也可以是基于族裔身份。相同的族裔身份是产生民族主义思潮的前提。现阶段,西方民粹主义者高扬的民族主义话语与普遍发酵的反移民情绪紧密地结合在了一起。

  白人民族主义的主要表现之一就是强调国家和政府首先要照顾好本国公民的利益,而不是把主要的行政精力和财政资源放在移民身上。此处,"公民"和"移民"被小心地区分开来。诚然,一部分移民获得了西方国家的公民身份,但是毫无疑问,大量的外籍劳工、难民和非法偷渡者确实不具备合法的公民资格。新民粹主义者指责西方自由派精英过于关注非本国合法公民的人的利益,而没有更多地对自己的同胞公民加以切实保护。美国总统特朗普把"美国第一"(America first)作为自己的主要施政纲领,呼应的正是当代西方世界正在升腾起来的民族主义叙事。据统计,不分合法还是非法,2010 年,美国大约有 4 000 万移民,与 2000 年相比同比增长了 28%[①]。开放的移民政策给迁入国的就业前景带来了负面的影响。按照美国移民研究中心(CIS)的数据,"2000—2014 年,适龄工作人口数量(16~65 岁)增加了 2 570 万(14%)。然而,就业率只增长了 4%。"[②] 劳动力的增长率超过了工作岗位的增长率。在此情况下,移民人口的增长会使就业形势更加严峻、不可否认,移民的到来填补了很多高科技工作岗位的空缺和低端劳动力市场的空缺,然而他们也会造成劳动力市场的竞争加剧,这也是不争的事实。由于很多低技能类型的工作可替代性强,移民会与本国的普通工薪阶层形成竞争性的关系。根据美国移民改革基金会的调查研究,高中辍学生这个群体面临的来自非法移民的就业竞争压力特别大。因此,多份民调结果显示,特朗普的支持者当中,受教育水平低的人占据很大的比例。"特朗普在共和党内的支持者一半只有高中或高中以下文凭,38%年收入不到 5 万美元,只有 11%年收入超过 10 万美元"[③] 特朗普上台之后开始收紧美国的移民政策,并且加大打击非法移民的行政执法力度。在 2015 年 6 月刚刚宣布参选总统之时,特朗普就在演说中直接攻击墨西哥移民:"但墨西哥不把他们最好的人送到美国。他

---

① 马克·莱文:《民主的假面:即将逝去的美国光环》,赖超伟译,北京:中信出版社,2017 年,第 95 页。
② 马克·莱文:《民主的假面:即将逝去的美国光环》,赖超伟译,北京:中信出版社,2017 年,第 101 页。
③ 徐菁菁:《"疯子"特朗普:风口上的逆袭,参见《三联生活周刊》,2016 年第 15 期,第 93 页。

们将有着许多问题的人送到美国,他们给我们带来了很多问题。他们带来了毒品。他们带来了犯罪,他们是强奸者。"① 基于如此的认知,特朗普主张应该在美墨边境修建隔离墙,阻止来自墨西哥等拉丁美洲的非法移民。特朗普以如此富有攻击性的言辞批评非法移民的时候,他已经打破了美国政治公共领域中的政治正确的底线。2018年4月,美国司法部长杰夫·塞申斯宣布实施"零容忍"的移民政策,即对非法入境美国的成年人以"联邦罪犯"的名义进行起诉,而不是移交移民法庭处理,包括寻求政治庇护的移民家庭。但这样做导致的结果就是,当成人进入起诉程序之后,随同入境的儿童将不得不和父母分开。在零容忍政策开始实施后,从4月19日到5月31日,在美墨边境上被单独分开的移民儿童大约有2000名。因为零容忍政策所导致的非法入境儿童与父母的分离在美国引发了轩然大波,民主党成员、自由派主流媒体等猛烈抨击特朗普的严厉的移民政策。他们给出的核心理由是零容忍政策对于儿童来讲是非人道主义的。特朗普在2018年6月23日的推文中集中阐述了支持自己的反移民政策的核心理由:"我们对美国公民负有首要的义务和最高的忠诚。我们不会停止,直至实现边境安全、公民安全和一劳永逸地结束移民危机。"② 从特朗普的推文表述中,我们不难看出他主要诉诸三种证成依据:其一,对公民身份的特殊主义解释;其二,对国家边界线的强调;其三,对公民人身安全的切实保护。从这三条证成依据中可以引申出一个核心概念——主权国家。

以社会契约论为代表的国家建构主义思路的直接目的是保护公民个人的生命财产安全。众所周知,在政治社会学的领域中,对主权国家概念的经典界定是由马克斯·韦伯给出的。韦伯在《以政治为业》的演说中对国家的界定是:"国家是这样一种人类共同体,它在一定领土之内(成功地)宣布了对正当使用物理暴力的垄断权,而'领土'乃是国家的另一个明确特征。现在的特点是,任何其他联合体或个人使用物理暴力,只限于国家允许的范围之内。国家被认为是暴力使用'权'的唯一来源。"③ 全球主义者期待一个没有国界的世界,但颇为讽刺的是,任何一位秉持全球主义理想的思想家都会被

---

① 温宪:《特朗普评传》,北京:世界知识出版社,2017年,第271页。
② 该条推文的英文原文如下:"Our first duty, and our highest loyalty, is to the citizens of the United States. We will not rest until our border is secure, our citizens are safe, and we finally end the immigration crisis once and for all."
③ 马克斯·韦伯:《韦伯政治著作选》,阎克文译,北京:东方出版社,2009年,第248页。

标定为是说着某种语言、享有某国的国籍身份的学者。王朝与王朝、国家与国家、地区与地区、不同政治共同体之间的界线自古以来就广泛存在。处于共同体当中的人们为这些界线的变迁而奋斗，捍卫它的存在，抵御对它的侵蚀。在很多情况下，政治共同体就如同家庭一样，一个无家可归的人是值得怜悯的。家庭的存在意味着一个可以随时封闭的空间的独立存在，完全开放的空间是不可能给人提供安全感的，因而也不构成一个确定的家的存在。政治共同体同样依赖于可以封闭也可以开放的界线的存在。界线的存在固然限制了部分个人自由，但它却也划清了权利和义务的界线。众所周知，韩国因为特殊的历史地理原因实行针对适龄青年的强制兵役制度，但是，离开韩国自身的国境线，它无权要求其他国家的公民也强制服兵役。国家的界线限定了主权行使的界线，也限定了具有不同国籍的公民个人的权利与义务的界线。一位韩国的适龄青年完全可以主张世界主义的泛自由和泛博爱的伦理，但是他绝不会因为自己的观点而拥有免服强制兵役的权利，服兵役对他来讲将是强制性的国家义务。戴维·米勒形象地指出，对边界的需要似乎已经内置于我们的基因构造中了[①]。我们实在是无法想象一个没有任何界线的国家，它不能被称之为国家。在所有的群体界线中，民族国家的边界范围最广，影响最大，因为它的存在是其他界线能够安全存在的前提，它划定和保护着其他的界线。在此基础上，我们才有可能谈论分配正义、民主政治、公民身份、正义战争，等等。十分清楚的是，主权国家本身所支持的互助、团结和信赖为福利国家的建立和社会正义的实现提供了强有力的保障。但是，全球主义的理念由于太过宏大而抽象，因而只能作为一种自斯多葛派以来传承了几千年的政治理想而存在，它缺乏充分实现自身的组织架构依托。

　　主张普遍主义和世界主义的自由主义者倾向于建构出一种适用于全世界的理论，为了使该理论彻底而通透，它可能需要一个完备性的论述，对诸如正义、自由、平等、人权等概念做出全面详尽的分析，并以同等的方式运用到世界上的每一个角落当中去。非如此，普遍主义的理论便很难说服人。但是，特殊主义的伦理思路强调我们对生活在同一个政治共同体中的公民负有特殊的责任。诚然，对特殊责任的强调并不排斥我们对其他人抱有同情心，在饥饿与贫困依然困扰着全世界的今天，没有学者会无视这些问题的存在，

---

[①] David Miller and Sohail H. Hashmi (ed.), Boundaries and Justice: Diverse Ethical Perspectives, Princeton and Oxford: Princeton University Press, 2001, p3.

沃尔泽用"一般性的善意"(a general good will)① 来形容我们对其他人的道德同情。但是，对处境差的人抱有同情心不等同于接受道德普遍主义的义务要求。正如我们会对自己的家人怀有强烈的情感一样，我们也会对自己的祖国充满强烈的依恋情感，而民族国家的存在则让我们的感情投射有了可见的对象。西方新民粹主义者基于民族国家的统一的公民身份而主张维护自己切身的利益。

一个无法回避的问题是，如果我们抛弃自由主义者支持的普遍主义的论证思路，那么主权国家能够对其他处于困境当中的地区或族群做些什么呢？沃尔泽提出了三条替代性的依据：对和我们一样的人的承认，关心他们所遭受的苦难和共享一些被广泛认可的道德原则②。这三条是我们在解决国际问题时应当遵循的最低限度的正义要求。关心他人所遭受的苦难自然包括关心徘徊在低生活水平上的、处于饥饿边缘的穷人，但是对他人的关心要以对"他者"的承认为前提。沃尔泽也给出了自己的解决方案：基于同情原则的人道主义援助和基于补偿原则的政治责任。人道主义互助的义务来自于同情感，因为别人所遭受的苦难，我们同样有可能会遇到，况且现代资讯的先进与发达足以使我们对别人的苦难感同身受。早在古希腊的时候，思想家已经注意到了同情的重要性，苏格拉底认为"人们天性有友爱的性情：他们彼此需要，彼此同情，为共同的利益而通力合作"③。具体实施人道主义救援的机构既可以是非政府组织，也可以是各种国际组织（如国际货币基金组织、世界银行），现存的主权国家则可以发挥最有力、最有效的作用。政治责任所要求的道德原则是基于补偿原则的：对那些你也有份参与造成他们的伤害的人来说，你必须帮助对其进行补正。④ 这项要求回应的是全球性不平等的产生原因，因为很多贫困的产生都是人为的结果。所谓的补偿原则主要是针对从经济全球化和世界金融一体化中获得巨大物质利益——无论通过何种手段——的国

---

① Ronald Dworkin, Mark Lilla and Robert B. Silvers. *The Legacy of Isaiah Berlin*, New York：New York Review Books, 2001, p169.

② Michael Walzer, *Achieving Global and Local Justice*, *Dissent*, Summer 2011, Vol. 58, Iss. 3, p43. 此处所说的"被广泛分享的道德原则"最好被理解为关于谋杀、偷窃、背叛等道德禁令，沃尔泽认为这些禁令组成了一部"普遍的道德法典"，只此一点，似乎沃尔泽也站在了道德普遍主义的立场上。不过与康德式的道德普遍主义不同的是，这些道德禁令并非形而上学的预设或建构，而是经过若干年的发展、经过反复试验和很多错误之后的结果，因此，沃尔泽注重的是道德原则的经验主义维度。参见 Michael Walzer, *Interpretation and Social Criticism*, Cambridge, Massachusetts：Harvard University Press, 1993, p24.

③ 色诺芬：《回忆苏格拉底》，吴永泉译，北京：商务印书馆，2009 年，第 69 页。

④ Michael Walzer, *Achieving Global and Local Justice*, *Dissent*, Summer 2011, Vol. 58, Iss. 3, p45.

家而言的，不管是自觉的还是不自觉的，发达国家的某些经济行为会对发展中国家的发展造成损害，对这种损害进行必要的补偿便是发达国家的一种政治责任。

其实，正像所有主权国家都没有全部消除国内的不平等与贫困一样，一个奉行全球主义的政治机构（先不管它是什么样的吧）也不可能消除全球范围内的不平等，贫困和社会分化依然会存在于这个世界上，关于市场经济与福利政策、自由放任与国家控制的论战仍然会充斥在报纸杂志上。认为只要摧毁了主权国家的界线，全球不平等就会消除，世界大同就会实现，这是完全不切实际的。就目前的情况来看，尽力平衡国家利益与国际责任之间的关系也许比单纯追求停留于纸面上的世界主义观念更具有可操作性。多元文化主义者可能感到自豪，自豪于"我们已经不再生活在一个单一文化的社会，我们学校讲43种语言，每周都会来一个不会讲英文的孩子"[1]。伦敦当然可以向全世界敞开胸怀，但不认同英国文化的大有人在。毕竟伦敦不是联合国，英国也不是联合国——它只是大不列颠及北爱尔兰联合"王国"。不管哪个国家，发达的还是不发达的，移民国家还是非移民国家，都没有足够的资本承担起世界主义大联欢的舞台的这一角色。那种认为主权国家已经过时的观点，既没有太多理论上的支持，在现实世界中也找不到什么依据，反而常常"被实际的政治事件过程弄得措手不及"[2]。

## 4.3　重提民族国家

伴随着西方民主观念在世界范围内的传播，国际秩序似乎也正在经历着从主权国家体系到"世界联合政府"的演变。现在的问题是，在全球化时代的大背景下，主权国家是否已经过时，还是仍然有存在的必要？

不可否认的是，全球化时代的到来对民族国家造成了巨大的外部冲击。全球化时代的一个最重要的特征就是社会处于高度流动的状态当中，没有一个国家或地区能够维持绝对的自我封闭。其实，马克思和恩格斯早在《共产党宣言》中就对世界市场的形成做过出色的预言：资本主义大工业的生产促使一切国家的生产和消费都成为世界性的了，而为了增加产品的销售渠道，

---

[1] 凤凰网：《移民"同化"东伦敦：他们嘲笑我 只因为我是白人》，网址：http://news.ifeng.com/a/20160515/48773938_0.shtml.

[2] 戴维·米勒：《论民族性》，刘曙辉译，南京：译林出版社，2010年，第187页。

资产阶级不得不往返奔走于世界各地,到处建立渠道,这就在客观上加强了各民族国家之间的联系和交流,打破了地方区域的自给自足的闭关状态。各种国际性和区域性的经济合作组织的建立在促进各国经济快速增长的同时,也带来了人员和物资的大规模流动。货币和花样繁多的金融衍生品充斥在世界各地,掌握高新技术的科技人才受到各个国家的追捧,而跨国公司的涌现使得工业生产不再局限于某一个或几个国家。另外,随着电视、互联网和平面媒体的不断普及,各种纷繁复杂的信息和视频图像可以在短时间内被更多的人所分享。经济全球化的趋势日益具有超民族的色彩,各国人民也日益依赖于这种超民族的经济力量。全球一体化让民族国家的主权从外部受到了侵蚀,削弱了民族国家决定自身内部的经济事务的能力。比如,如果某个国家想通过加大对境内的外资企业的税收监管和征收力度来提高财政收入的话,其结果往往会得不偿失,因为劳动力和资本都具有高度的流动性,一旦发现此处的社会大环境不利于经济效益的提高,跨国公司可以很快地把自己的生产线转移到别的国家中去,而高技术的生产人员可以以更快的速度转移自己的服务对象。主权国家因此而不得不小心应对全球经济形势的风云变幻。

经济的全球一体化也带来了许多全球性的问题,气候变化、海洋污染和能源枯竭等一系列亟待解决的环境和资源问题经常会引发国际轰动,但是,政治哲学家所倾力关注的是全球范围内的经济不平等问题,"富国与穷国之间的差距正在扩大"①。这种日益加剧的不平等既体现在一国之内,更体现在发达国家与发展中国家之间。发达国家掌握着金融中心、尖端技术等一系列可以为自身带来巨大收益的工具,并且国际经济运行的游戏规则也主要是由发达国家订立的。与之相反,发展中国家在国际经济舞台上往往扮演着原材料与廉价劳动力的提供者和低端产品的生产者的角色,在国际经济竞争中并不占有优势。很多人会想到用"马太效应"这一社会心理学的现象来解释贫富差距扩大的趋势,不过更多的人会关注如何才能解决这一问题。既然财富上的巨大不平等以及与之相伴的贫穷、饥饿与疾病是以跨越国家边界的货币、劳务和商品的流动为标志的全球经济增长的产物,那么我们所需要的便是一

---

① Martha Nussbaum, *Beyond the Social Contract: Capabilities and Global Justice*, Oxford Development Studies, Vol. 32, No. 1, March 2004, p3. 当然,哈贝马斯、迈克尔·沃尔泽、托马斯·博格、布莱恩·巴里等许多政治哲学家都持有相同的观点。

种适用于全球的批判,"经济的全球化特征显示着对跨国管理形式的需要"①。这一需要势必要以降低民族国家在处理政治经济事务上的权重为先决条件,因为没有哪一个国家享有处理国际事务的决定性权威。

全球经济一体化的强力发展趋向于塑造出一种同质化的社会结构和一致性的评价标准,并在此基础上影响人们的价值观和看待文化的态度。众所周知,"人权高于主权"的观点为很多西方自由主义学者所赞成,人权至上的理念所反映出来的其实就是个人权利和自由的优先性原则。现代西方的人权话语包括行为规范和基础性的正当性依据这两个方面的意思:其一,人权包括一系列为每个人所拥有的权利,这些权利由各种法律所规定、保障和实施;其二,人权规范的背后触及了一种关于个人和社会的哲学,该哲学赋予自主的个人以十分重要的地位,并据此形成了人权话语的基础②。普遍人权观念说的是:人权是普遍的,其适用性并不受制于特殊的、地方性的政治团体,它具有超越于所有现存文化传统之上的合理性与普遍性。从哲学基础的角度来看,现代西方的人权话语依赖于近代以来的自然权利理论③。每个人都是一个权利主体,都可以主张自己的个人权利,然而如果离开政治共同体的话,这些各自的权利主张之间极有可能发生冲突,最终个人权利本身也无法得到保障和实施。一种无法实施的权利很难称得上是权利。很多学者愿意引用美国《独立宣言》(1776年)开篇的一句话来说明"天赋人权":人人生而平等,造物者赋予他们若干不可剥夺的权利。不过在引证这句话的时候,学者们却往往忽视了《独立宣言》中同样重要的另一句话:为了保障这些权利,人们才在他们中间建立政府。假设权利的实现不需要任何的保证的话,那么建构社会契约的目的本身就会让人产生怀疑:我已经拥有权利并且实现了权利,我还要主权权威做什么呢?经由社会契约的路径而把个人置于主权的统

---

① Michael Sandel. *Democracy's Discontent: America in Search of a Public Philosophy*, Cambridge, Massachusetts: The Belknap Press of Harvard University Press, 1996, p339.

② 关于对人权的这两个方面的具体讨论,可参见 Charles Taylor, *Dilemmas and Connections*, Cambridge, Mass.: The Belknap Press of Harvard University Press, 2011, pp106-110.

③ 许多研究人权的学者(如 Charles Beitz, Joshua Cohen 等)均认为,人权的概念和自然权利的概念有着本质上的区别,不过他们又承认,在内容上,人权所要求的和自然权利基本相同。实际上,追根溯源,人权的哲学基础就是自然权利,虽然自然权利的证成可能依赖于不同的宗教观或者道德观,比如托马斯主义的自然法理论、洛克式的自然法理论,或者康德式的自律主体的概念。本文认为,对现代自由主义理论影响最深的是康德式的道德主体概念,因为毕竟在世俗化的大背景下,上帝的概念在很大程度上被消解掉了,而道德主体的概念恰好又最能符合自由主义的个人主义诉求。相关内容可参见 Joshua Cohen,"人权底线论:我们的最大希望何在",万俊人主编:《清华哲学年鉴(2005)》,北京:当代中国出版社,2007年,第10—11页。

治之下，这本身就说明人权的实现需要一个与之相配的实施与保障人权的机构，"权利仅在它们能够得到集体承认的政治共同体中才能得到实施"[①]。换言之，个人权利需要一个承载它、落实它的政治舞台，至少就目前来讲，这一政治舞台依然是主权国家。只是在这一基础之上，以保障和促进人权为目的的福利政策和法律制度才能得到强有力的支持。从伦理特殊主义的角度讲，我们虽然对其他人也负有一些不可推卸的道德义务，但是对于生活在同一个国家中的人民来讲，我们则负有特殊的责任与义务。现在，全世界既没有一种其合法性得到广泛承认的、负责全球范围内的人权事务的政治机构，也没有一种支持促进人权的各项政策的世界认同。世界公民的概念固然具有吸引力，但在现实中，我们每个人仍然会被贴上美国人、德国人、澳大利亚人等诸如此类的标签。所以说，主权国家并没有过时，它依然是我们日常政治生活的最重要的竞技舞台。

一种可能的反驳意见是：我们并不否认人权的真正实现依赖于国家主权，但是要看是一个什么样的国家主权。如果主权不能很好地保卫人权的话，那么主权就失去了存在的正当性基础。应该说，此一论辩方式被很多西方学者所接受，这也是他们主张"人权高于主权"的理论依据。在这一论辩的背后隐含着没有明说的两个要点：其一，只有按照西方式的民主路径所选出来的主权政府才是合法的，其他的任何选择都是不正当的；其二，西方国家对人权的界定与捍卫比其他国家都更好，更为优越。这两个要点都充分展现出了普遍主义和文化中心论的色彩。正是这一论辩支撑起了国际政治中单边主义引导下的所谓的"人道主义干涉"（humanitarian intervention）。

众所周知，第二次世界大战的爆发深刻地影响了当今世界的政治秩序。"第二次世界大战"结束之后，为了改变之前国际社会的近乎无政府状态的局面，1945年6月，来自50个国家的代表在美国旧金山共同签署了《联合国宪章》，宪章规定了联合国的宗旨和机构设置，确立了处理国与国之间的关系、维护世界和平的基本原则。1970年，联合国大会又一致通过了《国际法原则宣言》，宣言规定了七项大的原则，即禁止以武力相威胁或使用武力原则、和平解决国际争端原则、不干涉内政原则、国际合作原则、民族自决原则、国家主权平等原则、善意履行国家义务原则。其中的不干涉内政原则规定"任何国家或国家集团均无权以任何理由直接或间接干涉任何其他国家之内政或

---

[①] Michael Walzer. *Thinking Politically: Essays in Political Theory*, New Haven: Yale University Press, 2007, p232.

外交事务。因此，武装干涉及对国家人格或其政治、经济及文化要素之一切其他形式之干预或试图威胁，均系违反国际法。"宣言还明确提及"每一国均有选择其政治、经济、社会及文化制度之不可移让之权利，不受他国任何形式之干涉。"此外，国家主权平等原则的要素包括：各国法律地位平等；每一国均享有充分主权之固有权利；一国均有义务尊重其他国家之人格；国家之领土完整及政治独立不得侵犯；每一国均有权利自由选择并发展其政治、社会、经济及文化制度；每一国均有责任充分并一秉诚意履行其国际义务，并与其他国家和平相处。在此基础上，国家主权原则得到了国际社会的广泛承认。

几乎与国际法确立国家主权原则的同时，鉴于两次世界大战给各国人民所带来的空前的灾难，尤其是第二次世界大战期间德国法西斯所进行的灭绝人性的种族屠杀，让各国政府和人民都认识到了保障基本人权的重要性。第二次世界大战的爆发导致政府犯罪达到了一个新的阶段，尤其是纳粹德国对犹太人的疯狂大屠杀，令人触目惊心，这"使得古典国际法关于主权国家的无罪推定失去了意义"[①]。为了保障和平，有必要倡导一种前瞻性的国际政治，尽可能地采取一些非暴力的政策对某一个主权国家的内在政治状态施加影响，以便促进该国政治的民主化，更好地维护人权。如此一来，主权权威不可避免地得到削弱。1948年12月10日，联合国大会通过了第217号决议，此即著名的《世界人权宣言》，该文件为此后两份具有强制性的联合国人权公约——《公民权利和政治权利国际公约》和《经济、社会及文化权利国际公约》——打下了基础。《世界人权宣言》秉承了《联合国宪章》中对"基本人权，人格尊严与价值，以及男女与大小各国平等权利之信念"的强调，进一步指出：人人有资格享有本宣言所载的一切权利和自由，不分种族、肤色、性别、语言、宗教、政治或其他见解、国籍或社会出身、财产、出生或其他身份等任何区别。从宣言的行文表述来看，《宣言》与《宪章》的哲学立场并不完全一样，《宣言》强调不分国籍与出身，人人皆享有基本人权；而《宪章》则不同，规定每个国家均有选择其政治、经济、社会及文化制度的权利，易言之，每个国家可以根据自身的特殊的、具体的国情来选择适合自身的政

---

[①] 哈贝马斯：《包容他者》，曹卫东译，上海：上海人民出版社，2002年，第172页。罗伯特·诺齐克在80年代的著作中如此评价二战期间的大屠杀：大屠杀告诉我们人类已经堕落了，所以，"大屠杀是我们必须以某种重要方式作出回应的问题"。参见诺齐克：《经过省察的人生》，北京：商务印书馆，2007年，第219页。

治、经济和社会制度,并没有哪一种制度可以完完全全地适用于任何国家。因此,《宪章》体现了不同的国家主权均在国际法的范围内占有主体地位,而《宣言》则是从无差别的、普遍的人的本性的角度出发来阐述人权的理念的,从根本上讲,二者之间的不同就在于人权的普遍主义与国家的特殊主义之分。可见,"第二次世界大战"之后所通过的这两个重要文件从一开始就蕴含了其后人权与主权相争的诱因。哈贝马斯正确地指出了这一点:"《联合国宪章》当中对禁止干预又加以强调;但是,禁止干预从一开始就和国际人权保护问题产生了冲突。"[①]

到了 20 世纪七八十年代,人权政治对《联合国宪章》中所规定的不干涉原则造成了很大的破坏。在国际政治领域,首次提出人权外交策略的是美国总统卡特。1977 年 1 月,卡特在总统就职演说中提出,美国外交政策的灵魂是捍卫人权。从此,人权成为美国对外政策的基本准则,而人权概念本身也作为一个口号成为美国在国际舞台上角逐博弈的重要政治资源。在美国率先推行人权外交之后,西方的其他许多国家也逐渐将人权问题引入国与国之间的双边关系之中,在很多外交场合打出人权外交的旗帜。随着人权外交在世界范围内的开展,人道主义干涉问题迅速凸显出来,对古典国际法的主权观念构成了极大的挑战。如果我们不试图给出一个严格的定义的话,人道主义干涉的实质就是以人道主义救济的理由越过一国主权的界限来干涉他国的内政。易言之,人道主义干涉的实施实际上是把人权的普遍实现摆在了主权权威之上,此即所谓的"人权高于主权"。从 20 世纪晚期以来,尤其是自 1999 年科索沃战争、2003 年伊拉克战争以来,"维护人权"往往成为西方某些国家发动一场局部战争的主要辩护理由之一,这就使得人权原则与国际法中的不干涉原则形成了直接的冲突。为了解决这一冲突,寻求发动一系列局部战争的正当性,西方学者从普遍主义的角度出发提出了"人权高于主权"的口号。在这句口号的背后,隐藏着对西方传统的自由主义观念的认可、对各个国家的现实利益的考量、对复杂多变的国际局势的权衡。不过,"人权高于主权"固然可以排斥掉国际法中的"不干涉原则",但只要是对其他国家动用了武力,就必然会形成干涉别国内政的现实局面。

在当代西方哲学史上,迈克尔·沃尔泽是最早研究和分析人道主义干涉的政治思想家之一。在《正义与非正义战争》的英文第三版序言(1999 年)

---

[①] 哈贝马斯:《包容他者》,曹卫东译,上海:上海人民出版社,2002 年,第 169 页。

中，沃尔泽罗列了讨论人道主义干涉时所必须回答的五个核心问题：第一，对于生活在特定国家的人们来说，主权和领土完整的价值是什么？第二，一国之内的情势恶化到什么程度才能证明来自境外的武力干涉和战争是正当的？第三，如果一场干涉战争在道德上是正当的，那么谁有权利进行干涉呢？第四，如果一个国家或国家集团决定干涉，干涉行动应该如何实施？参加干涉的军人要做出什么牺牲？第五，在实施干涉时，进行干涉的军队追求的最终结果是什么？是拯救处于险难中的人民呢？还是谋求自身的称霸野心？[1] 沃尔泽提出的这五个问题几乎全部关涉到人道主义干涉的正当性，在确定人道主义干涉的正当性的同时，也为人道主义干涉的实施设定了不能逾越的界限。沃尔泽清醒地意识到，自从西班牙人以阻止阿兹特克人做活人献祭的理由征服墨西哥之后，所谓的人道主义干涉在多数情况下引来的都是冷嘲热讽。因为从动机上讲，现实中缺少纯粹的人道主义干涉，这也是人道主义干涉在学理上遇到的根本困境。沃尔泽区分了两种不同类型的人道主义干涉：纯粹的人道主义干涉和混合动机的人道主义干涉。所谓纯粹的人道主义干涉是指仅仅为了拯救别国人民的生命，而混合动机的人道主义干涉是指人道主义考虑只是武力干涉行为的部分动机，除此之外，还有其他的政治经济方面的利益考量。在现实的军事干涉的例子中，我们极难找到纯粹的人道主义干涉的事例，军事大国在国际政治舞台中发挥着关键的作用，但他们似乎并不愿意仅仅是为了捍卫普遍的人权而派自己的军队到别的国家去。如果没有其他的利益激励，纯粹是基于人道主义的考虑，政治领袖通常也不会如此决策。所以，即便是在发生种族屠杀的情况之下，以武力进入其他国家总是令人担忧的，结论就是，"干涉还是不干涉？这一直是个难题"[2]。

问题是，支持人道主义干涉是不是必然意味着要彻底放弃不干涉别国内政的原则？针对这一问题，西方学者提出了类似于底线主义的理论主张：支持人道主义干涉绝不是要放弃不干涉原则，而只是重视一些特别的"例外情况"，这些"例外情况"正是人道主义干涉原则的适用范围。当代西方政治学者所关注的大规模破坏人权的案例，其形式往往与不同种族之间的血腥冲突有关，比如为人们所熟知的第二次世界大战、波黑战争中的种族灭绝政策。沃尔泽认为，通常情况下，处理国际事务遵照的是不干涉原则；但是，当一

---

[1] 迈克尔·沃尔泽：《正义与非正义战争》"英文第三版序言"，任辉献译，南京：江苏人民出版社，2008年，第20—21页。
[2] 迈克尔·沃尔泽：《论战争》，任辉献、段鸣玉译，南京：江苏人民出版社，2011年，第65页。

国之内发生了震撼人类道德良知的行为且没有任何当地的政治集团有力量结束这种局面的时候，任何有能力阻止这种行为发生的国家都有权利站出来制止，此时的人道主义干涉就是正当的。因此，"原则是不干涉别国内政"①。人道主义干涉从本质上讲是消极的、事后的，它所适用的例外情况就是发生了震撼人类道德良知的行为，这类行为包括种族灭绝、宗教狂热、大屠杀、烧杀抢掠的武装匪徒，等等。当这类行为发生的时候，对于被屠杀的人群而言，除了来自外国的帮助之外不存在任何抵抗的可能，此时《联合国宪章》中规定的禁止干涉别国内政原则暂时失效，国家主权的界限被打破，其他国家的武装力量便可以进入该国，制止大屠杀等暴行的持续。干涉发生的前提是暴力行为打破了一国的和平状态，其恐怖与血腥引起全世界人民的道德愤慨，通过武力恢复到和平状态之中正是人道主义干涉所要做的。当代英国政治哲学家戴维·米勒在讨论人权灾难时就指出，只要国际社会就人权被侵犯的规模是否已经超过人们所能容忍的界限达成广泛的一致，那么不干涉原则就要被放在一边。就目前来讲，"这样的一致存在于种族灭绝的案例中"②。所以，底线主义的理论主张恰恰为人道主义干涉的实施划定出非常高的适用门槛。

另一个重要的问题是，人道主义干涉既然适用的是"例外情况"，那么这些例外情况包不包括"政体改造"呢？不少西方右翼人士认为，为了预防或者避免人道主义灾难的发生，有必要通过军事手段对某些国家进行政体改造，将其改造成符合西方自由主义民主制度标准的国家体制是完全有必要的。在他们看来，人道主义干涉具有滞后性，是消极的、被动的事后应付，为了彻底消除人道主义灾难爆发的可能性，就必须事先对有可能制造人道主义灾难的国家进行政体改造，使其符合西方民主制度的标准。换言之，着眼于改造政体的政治军事行动是否可以挂以"人道主义干涉"的名义，或者成为发动人道主义干涉的理由？哈贝马斯强调，一个国家是否符合民主法治国家的标准并不是干预其内部事务的主要理由，政治制度的民主化程度并不是决定实施干涉与否的前提条件，重要的是主权与人权之间有没有发生激烈的冲突。干涉的目的只能是为了结束暴力。所以，"人道主义干涉的目的不能是在其他国家实行民主、自由企业制、经济正义或结社自由等等我们希望甚至要求的

---

① 迈克尔·沃尔泽：《论战争》，任辉献、段鸣玉译，南京：江苏人民出版社，2011年，第76页。
② David Miller, "The responsibility to protect human rights", Legitimacy, Justice and Public International Law, Lukas H. Meyer (ed.), New York: Cambridge University Press, 2009, p249.

制度或任何其他社会制度。"①

从理论上讲,西方自由主义学者所倡导的人权高于主权的理论演说势必要面临历史主义和多元主义的双重挑战。

从历史主义的角度讲,任何一套政治制度和国家设施都不是由一群人在某一个固定的时刻、固定的地点忽然间自由选择出来的,"制度有其自身的历史,它们是长期斗争的结果"②。即便是西方世界的民主政治也是长时期发展斗争的产物,而绝非一开始就是今天这个样子。19世纪中期的南北战争之前,美国南部各州都合法地进行奴隶交易;即使是南北战争结束之后,黑人和妇女也长期遭受歧视,得不到应有的选举和被选举权。历史还在发展,历史不会终结。马克思主义的一个重要观点就是道德是一种社会历史现象,受制于经济基础的发展状况,因此,马克思主义不可能赞成基于人性论的或基于上帝意志的普遍的道德原则。从历史唯物主义的角度来讲,任何的道德理论都是特定的历史条件和社会环境的产物,"我们拒绝想把任何道德教条当作永恒的、终极的、从此不变的伦理规律强加给我们的一切无理要求,这种要求的借口是,道德世界也有凌驾于历史和民族差别之上的不变的原则"。③

从多元主义的角度讲,每一个国家的制度选择都承载着历史、文化、宗教等诸多因素的积淀,也体现了被该共同体当中的人们所广泛分享的世界观、价值观与生活方式。共同的语言、信仰,或者共同的历史、政治制度为我们塑造了一个共享的公共认同,这种共享的公共认同奠定了我们相互信任和相互团结的基础。在此基础上,人们可以大力追求经济发展、分配正义、文化繁荣和社会统一,为实现幸福美好的生活而拼搏。伦理共同体的思路代表了伦理特殊主义的立场,而伦理特殊主义的立场正好可以切合每个具体国家的具体的、特殊的国情。把伦理特殊主义的立场与多元主义相结合,我们可以得出以下的推论:正是一个个具体的、特殊的国家和文化传统的存在,才构成了政治和多元文化主义存在的基础。自由选择的前提是有可供我们选择的对象摆在那里,文化多样性的存在需要我们付出足够多的时间与精力来保障与维系。因此,多元文化主义绝不可能简单地以打破所有的边界(包括主权国家的边界)为目标,主权国家对于多元文化主义来讲有其独特的重要性。

---

① 迈克尔·沃尔泽:《论战争》,任辉献、段鸣玉译,南京:江苏人民出版社,2011年,第67页。
② Michael Walzer. *Thinking Politically: Essays in Political Theory*, New Haven: Yale University Press, 2007, p231.
③ 《马克思恩格斯文集》(第9卷),北京:人民出版社,2009年,第99页。

如果说尊重差异、尊重多元业已成为西方政治的主流的话，那么在国际关系中尊重不同国家的主权就应该成为一种共识。说到底，在人权问题上试用普遍主义的原则并强行推广，这本身就是一种西方文化中心论和文化帝国主义心态相交连的产物。一个对他国的历史、文化、习俗缺乏足够了解的人，是无法对该国的具体的政治法律制度做出正确评判的。强行推广西方的人权话语体系，这是与多元主义的要求相悖的。对于作为一个哲学范畴的人权观念，不同的国家既可以有不同的实现途径，又可以有不同的证明其合理性的方式。

更重要的是，不管是采取何种形式的人权观念，主权与人权之间并不是非此即彼的二元对立关系，而是相辅相成的辩证关系。从西方近代政治思想的发展历程来看，不管是人权概念还是主权概念，虽然它们各自有不同的思想渊源，但是它们在近代的兴起却都与社会契约论有紧密的关系，主权的存在所要达到的目的就是为了更好地保障每个人的生存、发展和追求幸福的权利的。如果我们把主权与人权完全割离开来的话，那么，社会契约论本身就不复存在了。其实，赋予独立而自由的道德主体以不可剥夺的权利固然是自然权利学说的核心思路，但是，权利的赋予并不代表权利的真正实现。如果说民族国家仍然是保障人权的根本性舞台的话，人权就必须着落在民族国家的范围之内，超出这个范围不但有可能无法捍卫人权，而且有可能对其他国家的人权造成更大的伤害。因此，从理论渊源上讲，人权与主权绝不是相互对立的。离开了主权，人权无法得到根本保障；而主权的存在，正是为了更好地捍卫每个人的人权。当一些西方国家手握重剑，高喊"人权高于主权"的时候，他们往往不愿意正视这样一个事实："在人道主义的战争中，我们为了救助人类而杀人。"①

---

① 科斯塔斯·杜兹纳：《人权与帝国》，"中文版导言：权利是普遍的吗？"，辛亨复译，南京：江苏人民出版社，2010年，第8页。

# 第 5 章

# 当代西方政治运作的困境

从现实层面上看,西方国家面临着许多棘手的社会问题,这其中既包括收入和财富分配的不平等所导致的社会阶层的固化和贫穷的代际传递,又包括移民化浪潮所带来的文化间的紧张状态等。无论是何种问题,它们都必将对西方国家的政治运作产生深远的影响。长期观察西方政治制度运作的学者们已经指出,经济上的不平等和价值观念上的分歧已经在很大程度上撕裂了原有的社会共识,致使政治两极化的倾向越来越明显,而不同政党之间的相互攻击又进一步恶化了这一趋势。《纽约时报》记者的赫德里克·史密斯一针见血地指出:"过去半个世纪以来,美国政治最突出和最深刻的变化,就是共和党发生转型并被激进右派人士所接管这点——这一变化加剧了美国在政治上的分裂。"[①] 围绕着选举和政策制定,大众与精英、自由派与保守派、左翼政党与右翼政党之间的对立情绪空前高涨,在利益和话语权的争夺上坚持不退让,这使得西方的舆论空间充满了火药味。以各种互联网公司为代表的新媒体技术的广泛应用在促进信息快速交流的同时也滋生了极端言论,而候选人为了获取选票又会刻意迎合民众的言论和情绪,这无疑会加剧不同群体间的对立情绪。

西方政治学者普遍愿意谈论民主政治下的协商与妥协的好处,政治极化现象的凸显极大地压缩了不同党派间的妥协余地,妥协甚至被一些极端主义者认为是背叛的标志。由于政策的制定依赖于党派间的共识和合作,因此共识的破裂会加大政策出台的难度,许多政策都会陷入悬而不决的状态当中。这一状态的持续降低了政治运作的成功率,并进而拉低了民众对政府机构的信任度。社会问题的大量存在反映出自由主义民主模式并不像理论家所期许

---

[①] 赫德里克·史密斯:《谁偷走了美国梦:从中产到新穷人》,文泽尔译,北京:新星出版社,2018年,第 373—374 页。

的那样完美无缺，如果没有其他各种条件的辅助，那么西方民主政治很难维持良好的运转。

## 5.1 社会共识的破裂——大众与精英的对立

"苏格拉底的违犯律法在于他不尊敬城邦所尊敬的诸神而且还引进了新的神；他的违法还在于他败坏了青年。"① 色诺芬笔下的这条指控标志出了一个经典的思想史事件，那就是发生于公元前399年的著名的"苏格拉底之死"。千百年来，众多的学者从不同角度对其进行了深入解读。1970年，列奥·施特劳斯在一次谈话中指出，"苏格拉底之死"的哲学意义在于深刻地揭示了哲学与城邦之间的张力："哲学试图以知识取代意见，意见却是城邦的元素，因而哲学带有颠覆性质。"② 施特劳斯进一步解释，哲学就本身而论是要超越政治、道德和宗教的，而城邦是要符合特定的道德和宗教的。我们必须予以关注的是，为什么哲学会与古代宗教在其中扮演重要角色的希腊城邦政治之间发生冲突？古希腊是一个多神的文化时代，虽然它不像基督教那样强调禁欲，人们日常的生活也很丰富，但却绝非是一个世俗化的时代。理性在这一时期虽然已经显示出自己的力量，但并没有获得主导性的地位。对于古希腊的宗教传统，约翰·罗尔斯将其界定为"一种平民的公共社会实践宗教，是平民用以庆祝节日和公共庆典的仪式"。③ 奥林匹斯山上的诸神拥有与人类一样的喜怒哀乐、七情六欲，而且还深度参与人间的事务，影响城邦政治的实际走向，而对人们的得救与永生的主题漠不关心。它明显不同于基督教意义上的救赎宗教，也不属于一神教的范畴。在神的领域，希腊社会呈现出多元化的格局。马克斯·韦伯说过："希腊人时而向阿芙洛狄特献祭，时而又向阿波罗献祭，所有的人又都向其城邦的诸神献祭，今日的情形也如出一辙，只是人的意义中所包含的神秘但实质上真实的可塑性已被除魅和剥光。"④ 结论是，我们对待生活的各种可能的终极态度是不可调和的，因此，彼此之间的斗争也不会有最终的结果。韦伯用多元主义的视角来审视古希腊诸神，他称之为

---

① 色诺芬：《回忆苏格拉底》，吴永泉译，北京：商务印书馆，1986年，第1页。
② 刘小枫主编：《施特劳斯与古典政治哲学》，上海：上海三联书店，2002年，第730页。
③ 约翰·罗尔斯：《政治自由主义》"导论"，万俊人译，南京：译林出版社，2011年，第8页。
④ 马克斯·韦伯：《马克斯·韦伯社会学文集》，阎克文译，北京：人民出版社，2010年，第145页。

"诸神之争"。把韦伯的视角引入对苏格拉底之死的解读,我们可以说,苏格拉底死于"诸神之争"。

需要指出的是,希腊社会的多元与当今时代的多元并非一个概念。当今时代的多元状况是,我们一般不去对不同的生活方式、价值理念和信仰形态进行高低优劣的排序,但古代社会却并非如此,多元的存在是一个等级序列。回到古希腊哲学家们的论题,柏拉图的"洞穴比喻"让我们看到古希腊的哲学家们对自己眼中的"理念"和大众普遍接受的"意见"的评价是不一样的,理念高于意见,因此,理想的统治者是哲学王。美国耶鲁大学教授斯蒂芬·史密斯的论述则更加简单明了,他认为苏格拉底之死可以解读为"一场围绕着'民众'(demos)还是哲人王苏格拉底应被授予最高的政治权威的角逐"[①]。毫无疑问,柏拉图的"哲人王"思想最为典型地体现了精英治国的理念,因为哲人王代表理性,懂得如何节制自身的欲望和激情,拥有治理国家的素质和能力,能够引导普通民众走向正确的道路,而普通民众非常容易被欲望和激情所左右,做出许许多多不明智的举动。因而,哲人王的统治就具有合理性。据此,苏格拉底之死可以概括为少数知识精英与大多数普通民众之间的一场冲突,它常被用来证明雅典民主不能容纳少数派的不同观念的挑战,以赛亚·伯林说:"民主有时会压制少数派和个人。民主不一定是多元的,它可能是一元的,一元的民主使多数人可以为所欲为,不管多么残忍,多么不公平,多么不合理……民主制并非事实上就是多元的。"[②] 伯林对民主与多元之间的复杂关系的这一论述,承载了长时段的西方政治思想史的理论积淀。

近代以来,西方思想界对民主政治有一个重要的批评:民主政治容易导致"多数人的暴政"。密尔就指出"现在一般已把'多数者暴政'看作是社会应该有所戒备的祸患之一了"[③]。此处的多数指向的就是大众,民主压制少数派指的就是大众对少数精英的压制。托克维尔指出,多数对一个国家的影响主要表现在两个方面:拥有"管理国家的实权"和"影响舆论的实力"。[④] 易言之,在托克维尔看来,多数既能左右实体性的政治权力,又能左右公共空间的舆论倾向。所谓政治性的,是指多数可以左右政府的权力部门,如立法机构、行政机构等,其实质是多数人的意志通过正式的权力渠道对少数人施

---

① 史蒂芬·斯密什:《政治哲学》,贺晴川译,北京:北京联合出版公司,2015年,第26页。
② 拉明·贾汉贝格鲁:《伯林谈话录》,杨祯欣译,南京:译林出版社,2011年,第132页。
③ 约翰·密尔:《论自由》,孟凡礼译,桂林:广西师范大学出版社,2015年,第4页。
④ 托克维尔:《论美国的民主》(上卷),董果良译,北京:商务印书馆,2011年,第284页。

加的暴政。各权力部门的组成人员要么被多数所左右，要么本身就构成多数人的一部分。苏格拉底之死非常典型地说明了这一问题。此处之所以要强调是"正式的"权力渠道，因为对少数人施加的直接加害还可以通过"非正式的"方式进行，这就是历史上屡见不鲜的"私刑"现象。所谓私刑，就是指不经过正式的法律途径而对某人或某些人进行直接的加害，这种加害容易发生在一些流动性不高的地方社群当中，而且多呈现出家族式的、群体性的特点。私刑发生的时候，受害者本身得不到周围人的同情，生命也得不到有效的保护，而加害者本身往往没有或者不惧怕来自国家法律的制约，即便做的是违法的事情也没有道德上的负担，间或最后受到了法律的些许制裁，他们也会被周围的人视作敢作敢为的"英雄"，受到多数人的欢呼。这是非常糟糕的一种社会情况，因为当私刑存在的时候，公权力和法律的角色实际上被替换掉了；而当私刑遍地都是的时候，公权力和法律的信誉会被消磨殆尽，没有人会相信它们还发挥着效力。任何一个社会，若是想要维持正常的社会和法律秩序，都必须尽全力避免各种私刑现象的发生。

托克维尔和密尔更加担心的是，多数人的意志可以主导公众舆论，进而影响少数人的思想独立性和个性的充分展露。托克维尔考察美国期间发现，那时的美国没有出现伟大的作家与伟大的思想家，这引起了他的深切的感慨。密尔指出，多数人的暴政真正可怕的是"对思想而非肉体的暴政"[1]。公众（多数人）的意见统治着社会，公众舆论在许多国家中都确立了完全的优势，由此形成了一种浓厚的社会氛围，身处这一氛围中的人们都会感受到无形的舆论压力，都会担心在说了与公众舆论不同的言论之后遭到舆论的攻击。密尔认为，我们这个时代敢于标新立异的人如此之少，标示出了我们时代的主要危险，而这一危险的产生恰恰与民主政治有着极大的关系。他相信，少数的知识精英的分析和解决问题的能力高于一般的普通民众，他们更能够辨别国家的真实利益，更懂得如何实现良好的社会管理。因此，密尔主张对一人一票的选举制度进行改革，实行复数投票制度（即一个人有两票或者两票以上的投票权），以便保证国家决策和治理的准确度。他给出的主要理由是承认并非每个人都精通公共事务，我们每个人的知识水平和道德修养都不一样，"具有较高道德和才智的人的意见和判断，就比道德和才智较低的人的意见和

---

[1] 约翰·密尔：《密尔论民主与社会主义》，胡勇译，长春：吉林出版集团有限责任公司，2008年，第107页。

判断有更多的价值"①，所以，他们的意见应该被赋予更大的权重。至于如何鉴别出"具有较高道德和才智的人"，密尔只是给出了一些大方向的建议，比如通过职业考试的人、接受过高学历教育的人、企业经营成功的人，他们都可以获得复数投票权的资格。显然，复数投票制度的构想是典型的精英治国的思路。但是，这一思路根本没有实行的可能，因为一人一票的选举制度在当代西方社会根深蒂固，它不仅是一种选举的方式，而且成为身份平等的象征，具有了道德上的正当性内涵。

在前现代社会，贵族阶层与平民阶层之间的纷争曲折贯穿希腊罗马政治生活的始终，今天，精英阶层与大众群体之间的矛盾与冲突也从未彻底停止过。在新一波民粹主义崛起的大背景下，"精英"与"草根"被置于空前对立的状态中。从理论上说，无论是何种形式的民粹主义，反对精英主义和强调平民化的政治倾向是民粹主义运动的本质特征②。当我们用大众与精英之间的对立来界定民粹主义的本质特征时，首先需要圈定精英阶层的范围。政治精英显然属于精英的范畴，他们或者直接参与高层的政治权力运作，或者能够对政治权力的运作产生巨大的影响，政治精英更接近于美国社会学家赖特·米尔斯笔下的"权力精英"，也类似于人们常说的所谓"建制派精英统治集团"。此外，教授、医生、记者、金融企业家、律师、作家等高级知识群体显然也属于精英的范畴，为了区别于政治上的建制派精英集团，我们可以把这些人称之为知识精英。至于富有影响的影视娱乐明星、体育界明星、艺术界的领军人物，他们显然也属于上流社会精英的范畴。

一般认为，区分大众与精英的标志是个人的受教育程度。以优质的高等教育为界，受教育程度高的群体会被列为社会精英群体。从行为举止的设定上看，社会精英会被贴上穿着得体、举止文明、谈吐优雅的标签，他们的工作单位环境整洁明亮，咖啡店、健身房、大型购物中心等生活设施一应俱全，家庭、工作、培训和娱乐，他们都安排得井然有序。在社会规范和准则的确立上，他们掌握着最大的话语权。反之，大众的形象则与此不同。他们穿着随便，言谈任性，甚至有些粗俗，受教育程度不高导致他们很难在公开演讲的场合组织起流畅而华丽的说辞。美国的精英愿意把他们眼中的行为强悍、粗鲁的大众称之为"红脖子"或"乡巴佬"，类似于我们中国人口中所说的"头脑简单，四肢发达"。英国作家奈保尔对"红脖子"的形象有过一番描述：

---

① 约翰·密尔：《代议制政府》，汪瑄译，北京：商务印书馆，2012年，第130页。
② 俞可平：《全球化时代的民粹主义》，参见《国际政治研究》2017年第1期，第10页。

"红脖佬是一名下等蓝领建筑工人,他肯定不喜欢黑人,他喜欢喝啤酒,他可能会穿牛仔靴;他不是一定要戴牛仔帽。他打算住在兰金县外面的某个地方的拖车里,他打算一天抽大概两包半香烟,晚上喝大概十罐啤酒,如果他没有吃到一些玉米面包、豌豆、油炸秋葵和一些油炸猪排,他就打算极度疯狂……而且他会迟缴他的拖车钱。"[1] 在科技进步日新月异的时代,受教育程度高通常意味着个人可以谋求薪资更高的工作职位,获得更好的自我发展的机会,反之,受教育程度低的群体往往只能从事一些替代性强的低端加工业和服务业,收入也相对较低。因此,我们可以归纳出以下两个推理链条:"大众＝受教育程度低＝低收入者""精英＝受教育程度高＝高收入者"。在自由派精英看来,受教育程度低的人往往不具备反思和批判性思维的能力,思想偏狭,容易被各种情绪所左右,难以做到全面地评估各项事务的利弊优劣。美国自由主义学者玛莎·努斯鲍姆认为,民主国家的公民至少需要具备三种能力:"批判性的思考的能力;超越地方性的忠诚而用'世界公民'的眼光处理问题的能力;最后,富有同情心地设想他人的困境的能力。"[2] 努斯鲍姆倡导一种苏格拉底式的基于自我反省的人生,自我反省针对的是社会中的传统观念和权威,通过主体的独立思考和判断去重新评估这些观念和权威到底是不是应该被继承下来。自由主义者特别强调个体的批判性思考和自主选择的重要性,意在保证个体表达的是经过深思熟虑的意见。自由主义精英认为,很多大众恰恰在这些前提性的条件上不符合民主政治对公民素质的要求。

精英与大众之间的对立绝不仅仅表现在受教育程度的高低以及收入水平的高低上,而且还表现在思想观念的分歧与对立上。美国政治学家西摩·马丁·李普塞特曾经专门研究过美国知识精英的左派传统,他指出:"在20世纪,绝大多数的学会会员(尤其是社会科学方面的)、有名望的文学家以及一流的政论报刊,都在宗教和政治领域反对保守的思想与行动。"[3] 多数的大学教师、学生都是强烈支持中左翼思想的精英群体之一,因而他们往往成为民主党的支持者;新闻媒体和出版界人士中也拥有大量的民主党的支持者,他们表现出的政治观点倾向于左派;文化艺术界的精英人士则是左派政治路线

---

[1] V. S. 奈保尔:《南方的转折》,陈静译,海口:南海出版公司,2016年,第229—230页。

[2] Martha C. Nussbaum, Not for Profit: why democracy needs the humanities, Princeton, N.J.: Princeton University Press, 2010, p7.

[3] 西摩·马丁·李普塞特:《政治人:政治的社会基础》,郭为桂、林娜译,南京:江苏人民出版社,2013年,第275页。

的另一大支持群体,美国的好莱坞是民主党的重要支持阵营,这是显而易见的事实。这一分析挪移到欧洲之后照样适用,甚至是有过之而无不及(比如在法国)。从思想观念的角度看,这些精英群体大部分都支持自由主义的意识形态,比如强调个人权利与自由的优先性、推崇多元文化、主张对少数群体进行政策性的照顾和非歧视,等等。在最近几十年间,这些意识形态被逐步加固为政治正确,成为推动社会进步的象征。较为保守的思想观念往往被中下层的职员、农民、小商人、普通的信众所接受。于是,在思想观念的层面,社会共识的撕裂出现以下三个方面的表现。

首先,新民粹主义的兴起代表着西方宗教保守派对以知识精英为代表的世俗主义文化的反弹。李普塞特教授对此有一个非常深刻的观察:"作为结构大变动的一种结果,美国社会正在变得世界化、世俗化和都市化,它带来了一些与福音派新教的价值观格格不入的结果。"① 正如前文所述,现代化在很大程度上意味着传统宗教势力的衰退。从西方社会发展的情况来看,最近几十年,宗教保守派的价值观在权利革命的冲击下节节后退,对于持守传统教义的宗教信徒而言,他们很难接受少数性别群体的平权以及妇女堕胎权,而这两者恰恰是20世纪后半期西方权利革命的结果,它们的每一次胜利都被赋予了宏大的进步主义叙事的强烈色彩。既然承认和接受这些权利代表着进步,那么反对的一方就会被扣上落后、狭隘或偏见等帽子,这些帽子被保守派视为对自己信奉的价值观念的冒犯。启蒙时代以来的信仰与世俗之间的纠葛在新的时期有了新的表现,新民粹主义的部分支持者就来自于反对世俗化进程的宗教保守派。在事后评论特朗普胜选的原因时,美国右翼保守派最重要的杂志《国家评论》的资深撰稿人大卫·弗兰奇(David French)指出,如果没有福音派和其他保守主义者的支持,唐纳德·特朗普不会赢得总统大选。众所周知,福音派属于宗教保守派的序列,他们信仰的很多教义(比如末世观)在深受世俗化影响的人们看来根本无法理喻。世俗主义与宗教保守派之间的论战短时间内无法解决。

其次,新民粹主义的兴起还代表着古典资本主义对西方左翼政党的一次反弹。西方左翼政党的经济政策可以分为两个方面:其一,在财富再分配领域,他们强调增加社会福利和医疗保障支出,呼吁公立学校对所有学生实行免费;其二,在生产领域,他们主张实施更加严格的政府监管措施,提高最

---

① 西摩·马丁·李普塞特:《共识与冲突》,张华青等译,竺乾威校,上海:上海人民出版社,2011年,第324页。

低工资标准。因此，西方左翼政党往往被称为主张平等主义的政党。西方左翼政党对平等的强调显然不符合古典资本主义的内在要义。马克斯·韦伯在《新教伦理与资本主义精神》中把基督教新教所倡导的以劳动为基础的天职观念作为资本主义发展的重要精神动力，而勤奋、禁欲等美德则处在新教天职观念的核心位置上。基于此，古典资本主义崇尚勤劳致富、个人奋斗和竞争立国，所谓的美国梦代表的正是古典资本主义的核心特征。左翼政党愿意用"上层"与"底层"、"贫穷"与"富裕"来划分人群，并且重视对底层和边缘群体的保护和照顾，而古典资本主义则更愿意用"勤奋"与"懒惰"、"努力工作"与"不劳而获"来区分不同的人生态度，他们认为过多的社会福利只会供养很多懒人，而社会福利的支出又要通过向劳动者征税来实现，很多白人中产阶级对这一点感到不公平。尤其是当社会福利的支出是与非法移民、少数族裔群体联系在一起时，它所激起的反弹势必更加强烈。

最后，新民粹主义的兴起背后还代表着文化保守主义的回归，爱国、家庭等传统的价值观念再度得到张扬。西方自由主义者致力于宣扬多元文化主义的优点，并将对多元化的倡导与民主政治的发展紧密地结合在一起，主张民主政治就应该是维护多元化的政治。在今天西方国家的语境中，多元化是有着实质性的社会政策内涵的，而不仅仅是指不同的观念之间的多元化状态。多元化的社会政策具体表现为三个大的方面。其一，在移民问题上，强调对非法移民、难民和外籍劳工的关注和照顾，移民本身代表的常常是不同的习俗、语言和信仰，倡导多元化必然意味着对移民群体的包容与照顾。其二，在亚文化问题上，强调对各种亚文化群体的平等对待和保护，包括少数性别群体、原住民群体以及少数族裔群体等。这些群体不同于新近移民，也不同于主流的白人社会阶层，他们的存在本身就代表着不同于主流社会的多元化的族裔认同、价值认同。其三，为了确保多元化的局面不会落空，西方国家推行了诸多社会政策保证不同的群体在教育、就业等领域都能得到发展的机会，比如大学招生时的族裔配额制度。新民粹主义者并不欢迎一个彻底的族裔多元化、信仰多元化的国家发展前景，当然，我们也不能轻易得出结论说新民粹主义者欢迎一个彻底的一元化的政治共同体，少数极右翼团体的成员除外。文化保守主义可以较为准确地界定新民粹主义者在文化上的诉求，新民粹强调要捍卫国家的历史和文化，回归传统的保守主义的价值观念，维护白人群体的主流社会地位。与自由主义针锋相对，他们强调要以共同的公民身份和价值观念来对抗多元化的发展趋势，要以社会的团结和凝聚力来对抗分离式的个人主义，要以爱国、责任等传统的美德来对抗日益激进的个人权利革命。

值得注意的是，在近现代自然权利理论的影响下，支持个人权利优先性原则的自由主义被赋予了进步主义的意识形态色彩，西方人的权利意识得到了一次又一次的深化和扩张。在17世纪的启蒙时代，西方人的权利意识主要体现为新教与天主教之间的宗教信仰平权，以及传统贵族与新兴资产阶级之间的等级平权。这一运动趋势进展到19世纪，则主要表现为无产阶级与资产阶级之间的阶级平权。直至20世纪初，进步主义的权利运动继续高歌猛进，主要表现为男女之间的性别平权，女性逐渐开始拥有选举权和被选举权[①]。到了20世纪下半叶，西方社会的权利运动进一步扩张为不同的族裔群体之间的族裔平权，以及打破了传统的宗教禁忌的性取向平权。哈佛大学教授斯蒂芬·平克把这一历史过程称为"权利革命"："1962年到1969年是美国民权运动高峰时期，标志是几次极为戏剧性的法律胜利。当民权运动刚刚告一段落，女权运动开始升温，紧接着是儿童权利和20世纪70年代的同性恋权利，最后是动物权利。"[②] 在各种平权运动取得不断进展的背后，权利革命毫无疑问裹挟着一种进步主义的叙事逻辑，即赞成和支持平权代表着自由、开放、文明与进步，而反对某一种平权则代表着保守、封闭、落后甚至是反动。在进步主义的叙事逻辑下，秉持保守主义立场的普通民众与自由派精英之间难以达成经济、社会和价值观念上的广泛共识，他们之间存在着不可调和的矛盾。据此，新民粹主义的兴起既表现为经济领域的反全球化、反移民福利的诉求，又在更大的程度上表现为文化和价值观念领域的广泛变革诉求。国内学者把西方社会的这一波转变形象地概括为价值观念上的"向右转"，这一概括是准确的。

既然新民粹主义在某种程度上代表着对精英政治的反弹，那么新民粹主义的大范围出现必然导致对精英群体的冲击，包括知识精英、文化精英等。当民粹主义流行的时候，为了取悦选民，获得更多的选票，精英的独立性就很难保全。托克维尔早已指出，美国政界的一大群人中已经很少有杰出的政

---

① 以英国为例，1918年，英国颁布《第四改革法令》，规定30岁以上且拥有最低资产的女性可以投票。直到1928年，英国再次修改法案，将女性获得投票权的年龄修改为21岁，且不用考虑财产所有的问题。

② 斯蒂芬·平克：《人性中的善良天使：暴力为什么会减少》（上），安雯译，北京：中信出版社，2015年，第444页。

治家，他们也不再具备刚直不阿的性格和精神，一味地讨好和奉承民众。托克维尔讽刺道，他们对民众的奉承比臣子对法国国王路易十四的奉承还要好。民粹主义的背后代表着一大群民众的意见，虽然他们的所有意见未必一致，但最为主要的政策诉求是相对集中的。相对集中的意见就会形成多数的权威，进而凌驾于普通个体的独立意见之上，同时也会凌驾于政治人物的个人意见之上。在这种情境下，政治人物会掩饰内心真实的见解，以便获取民众的信任与支持，而不愿意随波逐流的知识精英将被迫远离政治舞台。更糟糕的是，由于西方社会的知识精英长期倾向于左派的传统，右翼势力的反弹必然导致在反对知识精英参与政治的同时也反对知识精英在知识领域的权威，并进而引发反智主义的思潮。早在20世纪60年代，美国政治学者理查德·霍夫斯塔特就全面地论述过美国公共生活中的反智主义脉络。后来，不同的学者从不同的角度出发论证过这一脉络的流变和当下状况。从对政治生活的洞见出发，李普塞特指出："知识分子一旦以积极斗士的面目出现于政治舞台，就会伴随那些遭受困扰的政治和宗教方面保守分子采用的反智主义反击路线。"[①]精英阶层因为自己的智力水平和受教育水平，所以通常会有智识上的优越感，他们认为自己的意见更加准确、更加重要，这种优越感容易招致反对派的反感，促使他们走向反智主义的道路。反智主义思潮的流行已经突破了单纯的学术讨论意义上的对错与否，也突破了复杂的文化和价值观之间的简单对峙，而是成为质疑对方的理智和见解的根本合理性，在认知的层面进一步加深了精英与大众之间的对立。

回到自由主义民主的理论基础，为了保证民主政治的正常运作，卢梭曾经为一种良好的公共讨论设定了三种约束性的构成要件：团结性条件、公开性条件和独立性条件。首先就是团结性条件。卢梭主张，"在大会里人们越是能和衷共济……，则公意也就越占统治地位"[②]。和衷共济代表着社会团结、相互理解和信任，而这需要整个社会有着良好的道德风尚。卢梭最欣赏的道德风尚就是古代共和国里所流行的淳朴、正直、爱国、勇敢等德行，他所设想的全世界最幸福的人民就是在橡树底下规划国家大事的瑞士各乡村州的农民。他们呼吸着大自然的清新空气，远离大都市的浮华喧嚣，单纯而朴实，勤劳而正直。与他们相比，法国首都巴黎不过是一个充满了乌烟瘴气的城市。

---

[①] 西摩·马丁·李普塞特：《政治人：政治的社会基础》，郭为桂、林娜译，南京：江苏人民出版社，2013年，第299页。

[②] 卢梭：《社会契约论》，何兆武译，北京：商务印书馆，2005年，第134页。

卢梭甚至有如下的表态："要是把巴黎这个城市毁掉的话，法国要比它现在这个样子强盛得多。"① 我们最好把这句话视为是卢梭的情绪宣泄，而不是他的理性认知。卢梭在不断鞭挞大城市生活的同时，他可能想到了蒙莫朗西森林里僻静幽美、恍如遁迹天涯的退隐庐。《爱弥儿》中的一段话典型地代表了他宁愿外省的茅屋而不要巴黎的皇宫的心理诉求："我要在一个树木成荫的小山坡上修一间小小的白墙绿窗的农家房子；尽管用茅草盖屋顶，住起来一年四季都是很舒服的，但是我要把屋顶盖得漂亮一点；不过，我不用暗淡的薄石片盖，而要用瓦盖，因为用瓦盖，看起来比较干净和鲜艳，同时，因为我家乡的房子都是用瓦盖的，所以一看见瓦屋顶，就会引起我回忆少年时代的快乐生活。"② 这就是卢梭所构想的乡村居民的惬意生活。不过，与马克思对现代资本主义的认识相比，卢梭的理想化色彩还是很浓厚的。马克思曾经说："资产阶级使农村屈服于城市的统治。它创立了巨大的城市，使城市人口比农村人口大大增加起来，因而使很大一部分居民脱离了农村生活的愚昧状态。"③ 当卢梭对溪流、森林、山川和宁静的乡村生活大加赞赏的时候，马克思却指出了农村在工业革命冲击下的落寞。一边是知识精英在慨叹农村生活的朴实无华，另一边是很多农民纷纷加入城市生活的行列。卢梭醉心于歌颂乡村的朴素和真诚，他把自己的个人趣味上升到了与政治体的稳定紧密相连的高度，同时把矛头对准了现代商业社会的唯利是图、城市生活的贪图享受和市民的矫揉造作。他竭力想避免现代生活气息的感染，却又置身资本主义快速发展的时代洪流。对现代工业文明的拒斥必然导致卢梭退回到自身的内在世界，这是不以哲学家个人的意志为转移的。

至于其他的两个条件，公开性条件强调的是人民能够充分了解相关情况，对公共政策实施前后的得失利弊能有充分的了解。这一前提条件符合今天国家治理的一般原则——满足人民群众对信息的知情权，用经济学的专门术语来讲，就是要满足决策者与利益攸关方之间的信息对称。独立性条件强调的是公民彼此之间没有任何勾结，每个公民只能是表达自己内心的真实看法，从而保证每个人在投票表决时既不受别人的裹挟，也不受别人的煽动，独立自主地发表自己的意见。此时，每个公民都被预先视为具备充足的理性能力。现实地看，独立性条件是一种政治学领域的"强假定"。

---

① 卢梭：《爱弥儿：论教育》（下卷），李平沤译，北京：商务印书馆，2004年，第721页。
② 卢梭：《爱弥儿：论教育》（下卷），李平沤译，北京：商务印书馆，2004年，第519页。
③ 《马克思恩格斯文集》（第2卷），中共中央编译局编译，北京：人民出版社，2009年，第36页。

毋庸置疑的是，在团结性条件、公开性条件和独立性条件这三个约束性条件中，团结性条件是处于第一位的。没有公民们彼此之间的团结和信任作为基础，没有朴素正直的社会风尚作为补充，民主政治将很难避免陷入党派缠斗的局面。美国建国初期的政治家詹姆斯·麦迪逊对此有深刻的领悟。作为现实主义的政治家，麦迪逊首先从两个方面指出利益冲突和派系纷争是不可避免的。一方面，"自由于党争，如同空气于火，是一种离开它就会立刻窒息的养料。"① 自由对于党争来讲是必不可少的，因此，自由民主制天然地会导致派系纷争。证之以西方古代的历史演变，这一点是没有疑问的。但是，麦迪逊拒绝了通过放弃自由来消灭党争这一选项。从这个角度讲，党争是植根于自由民主的制度之中的。另一方面，麦迪逊认为党争又"深植于人性之中"。② 在这一点上，麦迪逊与卢梭区别开来。卢梭虽然也一定程度上承认党争的难以消除，但是他依然对自足的理性个体保持充分的理论信任，麦迪逊对人性的认识显然没有卢梭那样乐观。不同个体的理智是千差万别的，对理智的自由运用就会产生不同的意见，而当意见和自爱的情感相结合的时候，就容易引发争论和冲突。更重要的是，个体才智和能力之间的不均等还势必会导致财产占有情况的多少不一，从而依照个人财产的占有情况把社会划分为不同的阶层和利益群体。麦迪逊认为，代议制的联邦政府可以最大限度地把控党派政治所带来的不良后果。他给出的辩护理由如下：首先，由公众选出的代表参与议政，要比公众们亲自提出意见更符合公共利益。麦迪逊相信他们拥有足够的智慧、独到的眼光、爱国心和对社会正义的追求，他们所考虑的将会是更加长远的利益。麦迪逊的这一描述很明显会使我们联想到1787年美国费城制宪会议的代表们。其次，作为具备现实主义政治眼光的政治家，既然麦迪逊深知党派纷争根植于人性，那么他同样不会百分之一百地相信每一位被选举出的代表。他设想，代表也完全有可能通过贿赂、拉拢等手段取得参政权。但是，在一个人口众多的大共和国里，一方面，代表的数目是有限的，这就有更大的概率从众多的人数之中选出合适的代表。比较一下从20万人口中选出一名代表和从10万人口中选出一名代表，从概率上讲，前者有较大的可能选出合适的代表。另一方面，作为候选人，使用不道德的手段拉拢10万人中的多数选民，比拉拢20万人中的多数选民要容易得多。最后，人口多、范围广的大共和国可以产生更多的派系和利益集团，种类更多的派

---

① 汉密尔顿等：《联邦党人文集》，程逢如等译，北京：商务印书馆，2011年，第53页。
② 汉密尔顿等：《联邦党人文集》，程逢如等译，北京：商务印书馆，2011年，第54页。

系既可以防止一派独大，又可以给图谋私利的成员之间的协调设置更大的障碍。但无论如何，仅仅依靠纯粹的民主制度不能消除派系斗争的存在和危害。

在利益分殊的前提下，所有的政治学者都承认，民主政治的正常运转需要最基本的社会共识，这些共识为国家的稳定而长期的存续提供了联结的纽带，尤其是在一个社会利益日益分化、多元文化观念日益增长的时代就更是如此。这些最基本的社会共识就包括全体社会成员共同秉承的一些基本的政治理念和原则。约翰·罗尔斯称其为"公共文化"："在一个民主社会里，存在一种民主思想的传统，而一般说来，这种传统的内容至少能为公民的教养常识所熟悉和理解。"① 这种公共政治文化不是艰深晦涩的理论阐述，只能供专家学者们费力地进行研究，而是人们在日常生活中学习和践行的共同的常识。精英与大众之间的分歧与对抗严重削弱了西方国家内部民众的共识，从而导致关乎国计民生的诸多重要事项久拖不决。批评者并没有把矛头简单地指向精英的能力，很多人并没有质疑他们的能力，"无能"并不是最常见到的批评标签，"腐败""官僚主义"或"利益勾结"却是建制派精英经常被诟病的地方，特朗普竞选美国总统时的一个著名口号就是"抽干沼泽"（Drain the swamp）。然而这些批评词汇和竞选口号一样刻画的是若干政治现象，问题的实质在于，新民粹主义的支持者认定政治精英不再能够代表自身的利益诉求，而是成为既得利益群体的代言人。这一点集中表现在普通民众对政府机构的不信任上。统计数据表明，大部分西方国家的民众对政党和民主治理的不信任度呈上升的趋势，普通民众既不相信政党代表了公共利益，也不相信政府能够回应和解决好他们所关切的问题。"在所有西方民主国家，对政党的不信任似乎普遍提供了对两类政党的支持：处在反对位置的建制党和极右政党。"②

从根本上讲，西方民主制度必须面对如下的困境：个人有权表达自己的观点和主张，进而为追求自身的利益组织起来，这就是政党政治之所以会出现的根源；与此同时，各种各样的党派为了争取选民手中的选票会尽量诋毁对手，夸大自身的正当性，从而导致不同的政党彼此对立起来，置公共利益于不顾。放眼西方，不同的社会群体之间经常性地处于相互攻击的状态中，政治极化的现象日趋明显，社会共识被严重地分裂了。民主政治非常容易导致社会群体的两极化，对立的阵营之间彼此攻讦，道德主义的指责介入实际

---

① 约翰·罗尔斯：《政治自由主义》，万俊人译，南京：译林出版社，2011年，第13页。
② 拉塞尔·多尔顿、斯蒂芬·韦尔登：《政党的公共形象：一种必要的恶?》，引自王绍光主编：《选主批判：对当代西方民主的反思》，北京：北京大学出版社，2014年，第238页。

的政治过程中,"善"与"恶"、"好"与"坏"、"优"与"劣"之类的词汇都会被用来形容自己和攻击对方,本来严肃的公共议题讨论被对立的情绪所左右。这种从大到小、程度不同的政治极化现象几乎贯穿民主政治的始终。例如,1789年法国大革命的爆发开启了法国的民主化进程,大革命时期,保皇党和立宪派、立宪派和吉伦特派、吉伦特派与雅各宾派之间连番上演过不同立场的党派之间的争斗与攻击。共和制从确立到被推翻,波旁王朝从复辟再到退位,整个19世纪,法国政治始终在王朝复辟与民主共和这两极之间摇摆,长期无法稳定下来,直至第二次世界大战结束后法兰西第五共和国的成立。在大西洋彼岸,从确立民主共和制开始,美国虽然没有像法国那样发生过一次又一次的革命和制度变更,但是,政治极化现象却也从不缺乏。李普塞特教授曾经总结过相关的情况:19世纪20年代出现过反共济会成员与工人政党之间的斗争;19世纪60年代前后的废奴主义者和南部邦联的支持者之间的对立,最终导致内战的爆发;20世纪20年代又出现了大规模的三K党和进步主义党之间的纷争;到了20世纪60年代,南方保守的共和党人和自由主义左派、黑人民权运动成员之间发生过漫长的斗争。政治的两极化在美国的政治体制下从来不曾缺席,只不过在不同时代的不同议题上,两极化的程度各不相同而已。2016年美国大选所呈现出的社会分裂状态表明美国的两党政治再度陷入了空前的政党恶斗的漩涡当中,短期内也看不到解决的出路。这种政治极化的状态同时恶化了西方民主政治的内部生态,其影响甚至波及了民众的日常生活领域。《纽约客》(The New Yorker)杂志的编辑乔舒亚·罗特曼对此有过形象的论述。即便一个人并没有参与任何与竞选有关的活动,他也可能要面对如下的生活场景:信箱里塞满了传单,草坪上遍布口号,选民在社交媒体上攻击候选人。"政治可以对我们的生活产生有害的影响。"[①] 罗特曼最为担忧的是,政治选举毒害了邻里关系。也许是基于他本人在纽约的亲身体验,他假想了这样一幅场景:你生活在纽约长岛,有一天早上出门遛狗,发现对面的邻居在自己的花园里立起了一块支持特朗普的牌子。纽约是民主党的大本营之一,你也是民主党的支持者,你认为周围的人都应该支持民主党所推崇的价值理念。虽然此前你和邻居一家有着多年的交往,但是现在,你猛然间意识到你和他们之间可能存在着根本性的分歧。问题是,你是继续维持和邻居的日常交往呢?还是基于不同的政党理念而彻底

---

① Joshua Rothman, The Enemy Next Door. *The New Yorker*, Nov. 7, 2016, p72.

断绝和他们之间的邻里关系？无论你做出何种选择，愤怒、鄙视、怨恨等情绪性因素都会左右你的正常的社会交往。罗特曼笔下的情景真实地发生在各种选举当中。比邻里关系更糟糕的是，政治选举还会影响到家庭内部的和睦。夫妻之间、父母和子女之间，他们都有可能因为支持不同的政党理念而关系紧张。在选举的时候，很多父母都不敢在子女面前表露自身的政党倾向，以免造成亲情关系上的不和。实际上，正是政党政治的极化才会导致政治如此深度地介入个人的私人生活领域，因为只有在政党理念两极化的前提下，政治理念上的差异才容易导致激烈的情感上的冲突。

  2016年10月31日，美国国务卿约翰·克里在同伦敦市长一起会见学生的时候公开表示，希拉里和特朗普的竞选活动影响了美国在国际社会的形象，作为国务卿的他感觉到非常尴尬和羞愧。克里之所以会感到尴尬，原因就在于竞选双方对对手的全方位的、丧失风度的攻击，这种攻击触及到了最为私密的个人情感领域。西方政治学者也不得不承认，政党选举政治放大了人性和社会中的阴暗面。在网络新媒体传播手段的革新之下，全世界的民众都围观到了"邮件门""录音门""通俄门"等一系列让人眼花缭乱的事件，作为价值导向的西方自由主义民主模式必然要面对全世界的质疑。

## 5.2 新媒体对传统政治秩序的冲击

  英国学者约翰·凯里在《知识分子与大众》一书中分析了现代大众文化的起源。他从社会学的角度指出，在英国，最为关键的是19世纪后半叶所倡导的全民基础教育立法，1880年，教育法案责成学校委员会制定地方法规以实行强制入学，至此英国完全实现了普通义务教育。如此一来，英国首次出现了一个有读写能力的巨大人群，形成了一批阅读大众。大众报纸的产生就是为了迎合教育法实施后的新读者大众的口味。于是，"大众报纸构成了一种威胁，因为它造就了一种新的文化，完全忽视知识分子，并使他们成为多余的人。报业以销量作为主要的评估标准，把传统的文化精英晾到了一边"[1]。因此，欧洲知识分子普遍对报纸持敌对态度。"人人都可以学会读书，长此以往，这不仅会败坏写作，也会败坏思想。"[2] "夏洛克·福尔摩斯把新闻报纸作

---

[1] 约翰·凯里：《知识分子与大众》，吴庆宏译，南京：译林出版社，2010年，第7页。
[2] 尼采：《查拉图斯特拉如是说》，孙周兴译，北京：商务印书馆，2010年，第54页。

为辅助工具加以利用,而知识分子却对新闻报纸感到恐惧,这标志着英国文化正沿着一条断层线发生分裂,拉开一条深沟。"①

  与19世纪不同的是,今天西方的媒体从业人员和大学里的传统文化精英一样,他们都被视为主流社会中的精英群体。从社会功能的角度讲,西方社会的主流媒体主要还是承担着自由主义意识形态的宣介功能。特朗普在竞选总统的过程中之所以受到几乎所有主流媒体的反对,根本的原因是因为特朗普的诸多言行触犯了被自由主义意识形态包装过的政治正确。在西方国家中,所谓的政治正确主要有两层含义:一是指对各少数族裔、移民群体等亚文化群体的非歧视和包容尊重;二是指对底层群体和弱势群体进行照顾,减少贫富差距,提高低收入者的生活水平。以长期遭受种族歧视的美国黑人为例,今天,在美国,种族歧视是政治生活和社会生活中的高压线,尤其是对于公众人物而言,谁触犯了这一高压线,就会遭到整个社会的批判,甚至丢掉工作。在政治正确的笼罩下,不同的族裔群体之间应该相互尊重和相互平等,公共空间中表达出来的话语都经过了精心的修饰。西方国家在20世纪的一系列权利革命之后,系统性的歧视已经在政策层面上得到纠正,但这不能否认不同群体间依然存在着大量的隐性歧视。经验告诉我们,法律制度只可能调节和规范人们的外在言行,而不可能管制人们的内心想法与偏见,谁又能手持显微镜去放大个人内心的幽深想法呢?虽然制度性的歧视不再公开出现,但是更难以防范的隐性歧视却到处存在,这些隐形歧视不会因为一份法案的制定、一条行政命令的实施而迅速消失。由于历史的、经济的和具体政策的原因,主流社会与少数族裔群体之间依然处于互不信任的状态,这是导致隐性歧视的重要原因。隐性歧视又被称为"软性歧视",这种歧视是下意识的,因而很难通过政治正确去规范。"黑人会被认为不知道如何管理钱财;拉美裔会被认为学不会高深的技术;而亚裔虽然在科技事业上被推崇,却总被人认为在政治上冷漠而且无法独树一帜,只能跟在其他族裔后面为别人鼓吹。"②为什么有色人种会被尾随监控?因为他们被认为是容易实施偷窃的人群,而少数族裔居住的社区非常容易成为警察拦截和搜查的对象。一旦社会中的不同群体都先入为主地戴着有色眼镜审视对方,隐性歧视就很难消除。美国的相关研究表明,当20世纪中期种族隔离制度被废除之后,并没有出现黑人和白人之间相互融合、相互信任的社会局面,反之,到了20世纪90年代,社

---

① 约翰·凯里:《知识分子与大众》,吴庆宏译,南京:译林出版社,2010年,第10页。
② 龚小夏:《亲历民主:我在美国竞选议员》,上海:复旦大学出版社,2011年,第236—237页。

会演变的结果是出现了大规模的"种族再隔离"现象：白人中产阶级家庭纷纷搬离城市的中心区域，住到远离老城区的郊区地带，而内城地区往往聚集了大量的黑人和拉美裔的居民。如果从高空中俯瞰这些城市，相互分隔开的社区组成的是一幅"马赛克"拼图。这种现象被社会学界称为居住区隔离。既有的心理偏见、收入差距所导致的生活方式的差异以及大家所关心的共同话题的不同，所有这些都促成了居住区隔离现象的出现。罗伯特·卡普兰借用一位内布拉斯加州城市事务专家的话从一个侧面解释了这一现象："我的教会团体最近和一家黑人教会共同做了一次礼拜。两边的人都非常努力地表现得友好。但很明显，我们代表着不同的文化。黑人牧师讲到了麦克·泰森和伊万德·霍利菲尔德之间的冠军赛。他说，霍利菲尔德能打赢，是因为他是一个好基督徒，上帝给了他力量。郊区白人几乎没有谁能与之产生共鸣，我们几乎没人还会关注拳击。这两个种族之间的话语参照系是不同的。"[①] 自由主义衬托下的政治正确意在通过设定符合自由主义原则的价值标准，作为全社会的裁量准则。由此，政治正确为个人的自由划定了界限。除了某些非常规的手段之外，维系政治正确的常规手段之一就是主流媒体的宣介。绝大部分的西方主流媒体宣传的都是自由派的观点。在很多倾向于保守主义的普通民众看来，他们与大学、政府当中的自由派精英一样，都是自由主义意识形态的支持者和鼓吹者。

不过，时至今日，信息传播的媒介发生了巨大的变化。在19世纪，信息传播的竞争主要发生在大学讲堂与报纸媒体之间；而伴随着新媒体的崛起，纸媒与互联网技术支持下的各种网络自媒体之间形成了直接的竞争关系。换言之，从信息传播的效率上看，网络技术的变革导致纸媒在信息传播中的影响力迅速下降，经营纸媒的企业公司的利润也大幅下滑。更重要的是，纸质媒体和电视媒体都是有从业资格限制的，并不是所有人（甚至包括受过高等教育的人）都能够从事与媒体有关的工作，但是网络自媒体的出现彻底打破了这个局面。现在，每个人都可以通过互联网上传自己的视频、文章和观点，关键就在于上传信息的关注度如何，而非有无途径上传。在这种情况下，人人都可以成为信息的提供者，人人也都可以成为信息的接受者。可以说，网络自媒体天然地带有大众性的特点，与之相比，传统媒体则日益显现出精英化的趋向。

---

[①] 罗伯特·卡普兰：《荒野帝国：走入美国未来的旅行》，何泳杉译，北京：中央编译出版社，2018年，第86页。

公共论辩具有非精英化的色彩，公共空间中讨论的话题一般不具有专业化的特征。我们不能想象，全世界的人，无分男女老少，都热切地讨论天体物理学中的宇宙大爆炸理论，限于知识领域的专业储备，类似的问题根本不可能成为公共话题。即便有时候媒体上偶尔涉及了如此专业的问题，参与讨论的人数也会少之又少，最终出现的局面一定是"我们还是要听专家学者的意见"，等等。又或者，偶尔如此专业的问题竟然引爆了大众传媒的传播版块，引发广泛的讨论，那么讨论本身也一定不是与专业知识直接相关，而是涉及了其他的社会现象。比如2016年上半年，中国媒体上关于"引力波"问题的讨论，一大部分论辩的内容都转移到民间科学家的话题上去了。换言之，话题的大众性保证了它能在公共论辩空间中延展开来，达到普遍讨论的局面。在满足了大众性的特点之后，公共论辩话题呈现出另一个不可忽视的特点——表面性。公共论辩话题的去专业化特点决定了哪怕是专家学者在参与公共论辩的时候也很难展开细致周密的论证过程，专业程度越深，受众程度越小，二者之间是一致的。包括普通民众在内，很多人可能都会对自己为什么支持某项政策或某个理念给出一堆自证其成的理由，但是，在公共传播空间、媒介上，很少有人愿意读太多的文字，因此，斩钉截铁的结论性的言论和慷慨激昂的情绪性表态乃至发泄都是最常见的现象。什么样的观点更容易传播？越简单越好，越情绪化越好。因为简单，所以容易被更多的人接受；因为情绪化，所以更容易吸引眼球，也更容易引起更多人的情绪激荡。新媒体特别是社交媒体的出现在很大程度上对西方社会的既有秩序造成了冲击，这种冲击主要表现在以下三个方面。

第一，信息和互联网技术条件的进步改变了观点传播的途径，远距离的即时通讯成为可能，形成了特有的虚拟空间中的社交群落。在现代科技崛起之前，个人参与政治社会活动往往采取的是就近原则，他所参与的团体或组织可能就处在自身的周围，对相关的人员也比较熟悉，容易找到共同话语，这样参与起来就不费力。网上社交平台的存在为远距离的沟通与交流提供了方便，处于同一平台上的人之前可能根本就不认识，只是出于对同一话题的共同关注才联合起来。不过，登录网上虚拟空间的操作工具，对于每一位社交成员来讲都是触手可及的，我只要通过手头的电脑、手机等电子科技工具就可以随时随地进入这一空间。互联网时代开始之后，观点的传播对技术的依赖程度越来越高。伴随着新技术手段的不断升级，特别是网络通信技术和即时交流软件的兴起，分散在全国各地、世界各处的人也更容易在非面对面的虚拟空间中集结在一起,形成一个一个的"朋友圈"和"网络社群",他们趣味相投,分享信息,交流经验。技术升级打破了地理上的固有界限,任何一个拥有极端观点的人,足不出户,只要连接网络,敲击键盘,就可以在各处找到自己的同盟军。于是乎,我们看到了这样一种现象——"遥控"。2014年,本尼迪克特·安德森在清华大学举行的人文与社会系列讲座上提到过一个有趣的例子。安德森回忆了与一位锡克裔教授之间的一次对话,该教授正因为儿子的事情感到苦恼。他的儿子在加拿大蒙特利尔市做生意,积攒了一大笔钱,生活富足,但却远隔重洋,成了印度西北部旁遮普邦的锡克独立运动的海外支持者。他的支持方式就是整天坐在电脑前面给人洗脑,并且花钱往旁遮普邦运送枪支。这位教授很不理解儿子的行为,并且认为这些行为是可耻的。他说:"你在加拿大享福,有个好职业、孩子有好学校上、有个好妻子,衣食无忧。但是你向旁遮普邦送去武器,不顾人们可能会因此丧命。你从未向印度政府纳税,你也不会在印度入狱,印度政府也不会来加拿大处决你。除了当个网络英雄,你其实没有为'我们的国家'做过任何事。作为一名加拿大公民,你履行各种义务。你却对锡克没什么义务,你眼睁睁看着锡克年轻人去送死,自己却在蒙特利尔过好日子。"[①] 安德森所说的这个例子反映了移民群体当中非常具有代表性的一类思想行为状态,并非个案,实际上,旅居美国的印度锡克族人也时常会在联合国总部前集会,要求对锡克人独立建国的问题进行全民公投。这种"遥控"的现象被安德森称之为"长途民族主义",他还断言,随着移民数量的增加,这个问题将越来越多地出现。

第二,新媒体技术的变革所带来的影响已经辐射到政治领域,成为许多从政者不得不加以关注和利用的信息传播工具。大多数人第一次明确意识到新媒体对政治领域会产生巨大影响源自于2010年底到2011年初在西亚北非地区发生的所谓的"阿拉伯之春"运动。众所周知,阿拉伯之春运动导致该地区的若干国家(包括利比亚、埃及、也门、叙利亚等)陷入了持续不断的内乱,大量的当地居民沦为难民,生活陷入危机。事后的分析和研究表明,社交媒体在推动政治形势的演变方面扮演着不可忽视的角色。借助于脸书、推特等信息分享平台,各种文字、视频资源在网上迅速得到大面积的传播,放大了社会中不满的声音。截至2015年,脸书是中东地区使用率最高的社交媒体,使用的总人数将近1亿人。在所有的中东北非国家中,埃及的脸书使

---

① 本尼迪克特·安德森:《民族主义研究中的新困惑》,汪晖等主编:《区域》,总第4辑,北京:社会科学文献出版社,2015年,第12页。

用人数又是最多的。另外，中东北非地区也是脸书在线视频用户增长最快的地方，他们对于在线视频的消费超过全世界的平均水平。

西方学者观察到，至少从2012年的美国大选开始，社交媒体在各种选举中就已经发挥着关键性的作用。到了2016年的美国大选，推特和脸书在选举过程中所扮演的角色更是不可替代，发表政见、募集经费、澄清事实，社交媒体都是不可或缺的媒介平台。与传统纸媒相比，推特上的文字篇幅短小、目标性强，很容易通过互联网得到迅速而广泛的传播。从时效性上来讲，纸质媒体根本无法比拟，甚至电视媒体也难以与之抗衡，毕竟电视节目的播出是受节目排播次序和播出时间的限定的。更重要的是，电视媒体和纸质媒体的内容安排大概率地都是团队协作的结果，而且往往有既定的程式和主旨，新媒体则完全不同。由于新媒体的账户往往是个人的，用户可以利用新媒体的平台表达自己的观点，个人完全可以凭借自己的政见和魅力而累积起大量的支持者（所谓"粉丝"），而且用户和支持者之间还可以互动交流。鉴于新媒体平台的便利，在任何时间、任何地点，用户都可以发表自己的看法，或者转发自己感兴趣的话题，虽然反对者也会针对特定的话题进行留言和反驳，但是用户可以专门针对自己的支持者进行精准的信息投放。自2015年6月宣布参选总统以来，特朗普几乎站在了所有美国主流媒体（福克斯新闻除外）的对立面，他经常性地点名批评美国的几大传统主流媒体（CNN、NBC、《纽约时报》、《华盛顿邮报》）为"假新闻"（Fake news），公开表达对主流媒体的不满。特朗普之所以敢于和号称"第四权力"的传统媒体对抗，背后凭借的主要力量就是网络新媒体。特朗普善于运用自己的推特账户，被戏称为"推特治国"：对于反对自己的人，他会通过个人的推特账户批评这些所谓的华盛顿建制派，让竞争对手疲于应付；甚至在任免国务卿这样的重大人事变动上，他也是通过推特账号第一时间发布消息，电视、报纸等传统主流媒体被抛在一边。

社交媒体对政治运作的直接冲击表现在它打破了传统政治权力的传输路径。为了获得支持，政治人物会通过推特发布各种信息，宣扬政绩，随时调动支持者群体的政治情绪。对于支持者而言，他们可以点对点地看到自己支持的政治人物到底做了些什么事情，有没有制定和落实相关的政策。互联网和社交媒体的存在打破了横亘在上层人物任务和下层普通民众间的障碍，消除了政治运作的封闭性，同时也就改变了政治权力的运作机制。一般情况下，最高的政治权力会通过中间的各种机制设施来完成信息的收集和决策的层层传达，在最高行政机关之下，各种相关的职能部门负责制定和执行具体的行政措施，每一个职能部门又下设若干分支机构和配备若干具体办事的人员。这一整套的行政体系就是韦伯所说的科层制管理制度，随着社会分工的不断细化，科层制也会朝复杂化、精细化的方向发展，大到政府行政，小到企业管理，都符合这一趋势。但是，特朗普提出的"反建制派"的口号以及他本人缺乏从政经历的身份都使得他容易受到既有的行政官僚体系的抵触和孤立，再加之绝大多数主流媒体的舆论宣传都是以批评为基调，这就导致他高度依赖社交媒体，借助于社交媒体，他可以阐述自己的政策，并绕过中间的权力结构和媒体而直接把自己的观点传达给受众，从而完成政治人物与支持者之间的直接互动。社交媒体上的所谓"粉丝"就在很大程度上变成了政治人物的群众基础，考虑到每一位粉丝又可以影响到数量不等的身边的人，因此，这一群众基础的延展性就会非常庞大，在选举的时候，他们可以在相当大的程度上左右选情。反之，社交媒体的从上到下的直接性互动也打破了很多传统的政治建制模式。美国著名智库布鲁金斯学会约翰－桑顿中国中心主任李成就表示：总统跨过媒体、智库和建制派精英等环节，直接和民众连接，这不仅对智库，也对美国媒体、官僚体系、外交领域运作模式带来冲击。华裔学者李成的这一判断可以代表许多美国政治观察家的观点。

第三，任何事物都具有两面性，新媒体的出现确确实实加快了信息传递的速率和范围，但另一方面，新媒体的广泛运用也使得大量的激进的、极端的言论充斥在互联网空间当中，而这些言论绝对无助于良好的社会秩序的形成。与电视上、纸媒上的言论不同，互联网虚拟空间中的言论通常都是匿名或化名的。一般人会认为，匿名或化名的使用可以保证个人无所顾忌地表达自己的真实意见和选择，而不是迫于外界的压力而做出的虚假叙述，因而有利于事实的传播。但是，个人在隐去自己的真实身份的同时却未必会表达出真实的观点。如果说真名并不等同于真实的话，那么匿名也不一定等同于真实。个人也完全有可能借助于匿名的便利而故意编造谣言，对他人进行恶意的攻击。19世纪德国哲学家亚瑟·叔本华就公开表达了对匿名制的厌恶，他声称："匿名是一切文学和新闻的无赖行径的避难所，这种卑劣的手段必须完全停止。"[①] 所有公开在媒介上发表文章的作者都要署上自己的姓名，并为自己的言论负责。置身于互联网时代，我们更能够真切地感受到匿名与网络人

---

[①] 叔本华：《叔本华论说文集》，范进、柯锦华等译，北京：商务印书馆，2016年，第374—375页。

身攻击之间的正相关关系。由于技术条件的支持，原本散落在各处的民众都可以通过互联网等手段实现远程的一对一、一对多式的对接。即便远隔万里，观念的集结也只是一瞬间的事情。技术条件升级所带来的社会后果是以前难以想象的。透过深不可测的互联网，很多极端的言论被无限制地放大了，并不时地演化为网络暴力现象，比如近些年来为不少学者所反思的"人肉搜索"现象。

美国自由撰稿人苏珊·雅各比一针见血地指出社交媒体的一个缺陷："如果人们只去倾听彼此认同之人的声音，那么他们会相信自己听到的就是一切，强化自己的偏见。狭隘主义和反智主义总是紧密相连，但社交媒体却拥有一种全新的能力，可以在片刻之间形成跨越辽阔地理空间的狭隘社群。"[①] 与摆事实讲道理的理性言论相比，极端的言论往往更能吸引人，而持有极端言论的人也更不容易改变自身的观点。固执的观念往往来自相对封闭的社交空间，这种社交空间为观念的固化提供了心理上的社会支撑。我们在社会中所观察到的往往并不是哪一位固执于某种观念的个体成员，而是秉持一致的观念的某些组织团体。社会心理学家据此提出了"群体极化"的概念：群体成员做出的讨论和决定通常会强化成员们的初始倾向，激进者会更加激进，顽固者会更加顽固。依据人类交往的相似性原则，在日常生活中，我们往往选择与自己的观点相似的人进行交往，自古以来的所谓"志同道合"，移动互联网新时代的所谓"圈层文化"（朋友圈应时而生），说的都是一个意思。人群的集合代表着观点的集结，在相互交流、相互讨论的过程中，同一个观点得到了越来越多的重复，人们就在这种不断的重复中越来越认同这个观点。此外，当我看到别人也认同我的某个观点时，我会对自己所持有的观点感到更加自信，想表达它的愿望也会更加强烈[②]。这也可以解释，为什么公共论辩容易出现失态的情绪性表达的局面。在现实的政治活动中，极端的、冲动的言论往往比理性的论证更能吸引人们的关注。民主选举具有典型的"广场政治"的特点，在竞选集会上正如同在广场上一样，体面的、一本正经的演讲并不受欢迎，也难以调动听众的情绪，广场政治更需要摇滚音乐会式的情绪激昂的演说和呐喊。大学课堂式的坐而论道并不适合选举政治的日常生态，大多

---

① 苏珊·雅各比：《反智时代：谎言中的美国文化》"序言"，曹聿非译，北京：新星出版社，2018年，第Ⅴ页。
② 更为具体的关于"群体极化"现象的原因分析，请参见戴维·迈尔斯：《社会心理学》（第8版），侯玉波等译，北京：人民邮电出版社，2006年，第225—226页。

数选民并不喜欢严密的逻辑推理，他们通常会受激情、偏见所左右而做出非理性的选择。这也就是为什么西方国家中的很多政客往往被称为"煽动家"的原因，因为调动民众参与政治活动的积极性远比构思一篇周密而详细的政策论证报告更加重要。政治活动家需要的是选票，何种因素能够最大限度地催生投票，他们就会选择采取何种动员因素。我们看到的一个事实是，善于通过极富争议性和攻击性的言论来博取受众关注的特朗普在选举中一路闯关，他的支持者群体所表现出来的坚定性和强烈性都是超出一般人的想象的。攻击性的言论锁定了被攻击的目标，锁定被攻击的目标会反过来增强攻击方的内部一致性。况且，囿于自己的党派和立场，即使理智上能认识到某一政策的合理性，这也不意味着我在现实政治中会选择支持这一政策。西方式的民主选举会导致党派政治侵蚀公共利益，这一点是毋庸置疑的。

当然，这种与公共利益有关联的非理性的激情完全有可能变成政治生活中的破坏性力量。美国MIT的经济学教授达龙·阿西莫格鲁等人在2011年发表的学术论文[①]中把社会群体分为两类：固执的人——固执地坚持自己观念的人，从来也不会修正自己的信念；普通的人——他们会根据自己从其他社会成员那里得到的信息而修正自己的信念。建模分析的结论是，当社会网络中有固执的人，他们持有不同的观念，而且固执地坚持着这些观念决不改变的时候，观念的波动永远不会达成一致的结果。当然，数理建模只能在满足诸多条件假设——无论是"强假设"还是"弱假设"——的前提下进行仿真模拟，并不能完全等同于真实的社会情形，或者说，真实的社会情形远比建构一个"复杂网络"模型要复杂得多。但是，满足诸前提条件假设的仿真模拟证明了失去了共识的社会将使不同群体间的论争状态持久地延续下去。当极端的、不受限制的言论充斥在网络新媒体上的时候，基本的社会共识将不复存在，政治秩序维持正常运作的前提将会瓦解，不同阶层和群体间的对立状态将会持续恶化。阿西莫格鲁的观念波动模型在相当大的意义上真实地反映了当前西方社会共识破裂的现状及其不容乐观的未来。

---

① Daron Acemoglu; Giacomo Como; Fabio Fagnani; Asuman Ozdaglar; *Opinion fluctuations and persistent disagreement in social networks*. Mathematics of Operations Research, Vol. 38, No. 1 (February 2013), pp1-27. 我是在阅读北京大学国家发展研究院汪丁丁教授的一篇文章的时候，最早接触到了阿西莫格鲁等人的这篇论文的。汪教授对该论文的结论给出了自己的解释，参见《探寻转型期中国社会的政治哲学》一文。

## 5.3 后真相政治与社会信任的下降

无论网络新媒体有哪些优势，它在较长的时期内依然不会完全替代电视媒体和平面媒体，虽然后者的收视率和订阅率都受到了很大的冲击。因此，今天西方国家的公共舆论空间就被电视、纸媒和互联网所共同塑造。

在西方学术界，许多政治思想家（如哈贝马斯、查尔斯·泰勒等）都非常重视公共领域在建构政治合法性的过程中的作用。一般的看法是，作为一种社会机制的现代公共领域出现于18世纪的欧洲，以法国的咖啡馆、贵族家庭沙龙为代表，它的运作有赖于"印刷资本主义"的普及——由各种渠道所发行的印刷品构成了共同的讨论空间的基础。就笔者的阅读范围所及，"印刷资本主义"一词是由本尼迪克特·安德森提出来的。通过书籍、报纸等印刷媒介，纷繁的观点在各地区得到传播和阅读，人们也可以在不同的场合发表自己的意见，直接或间接地就相关的问题进行讨论、辩驳，并由此形成一种普遍的公共舆论意见。这种全国性的、非面对面的讨论空间就被称为公共领域。查尔斯·泰勒认为，公共领域的显著特征之一就是它独立于政治体系之外。正因为独立于政治，它才有可能摆脱权力的影响和党派利益的羁绊，形成理性的公共意见。"公共领域所做的，是让社会在没有政治领域的调停下、在权力之外的理性话语中，取得一种共识，但是对权力而言这恰是规范性的。"① 公共领域的规范性来自于建构社会契约所依赖的同意原则：它要求政府认真倾听公共意见，取得公众的理解和支持，公共领域对政府的决策形成了外在的舆论监督。

与18世纪不同的是，今天西方社会的公共领域不单单依赖于印刷品，而是更加依赖于电视媒体和网络新媒体。这一客观情况的变化导致公共领域的性质发生了明显的变化。在印刷品联结公共领域的时代，只有少数知识分子和宗教界人士才有可能把自己的想法通过书籍或小册子的形式表达出来，但是，在今天，任何一位电脑端或移动端的用户都可以径自在网上发表各种言论，观念输出不再是知识分子的专利。从好的一面讲，所有人都得到了自由表达的机会和途径，人人都可以称为信息的提供者和传播者，然而另一方面，过多的观点和意见足以淹没理性的讨论，让全社会达成共识的可能性降低。

---

① 查尔斯·泰勒：《现代社会想象》，林曼红译，南京：译林出版社，2014年，第80页。

古希腊思想家亚里士多德在论证民主的有效性时就点到过多数的优势："就多数而论，其中每一个别的人常常是无善足述；但当他们合而为一个集体时，却往往可能超过少数贤良的智能。"① 在亚里士多德看来，多数人的意见集合在一起往往可以取得更好的结果。因之，民主政治的核心理念之一就是主权属于多数。我们也可以用中国的俗语来形容，"众人拾柴火焰高""三个臭皮匠，顶个诸葛亮"②。它的具体特点是：假设有 N 个人（N>1），分别计为 $N_1$、$N_2$、$N_3$、……、$N_n$，这 N 个人都可以不同程度地贡献自己的力量去做同一件事情 T，那么，其结果就是处理同一件事情，$N_1+N_2+N_3+……+N_n$ 要好于单个人或者少数人。比如说，每个人都可以去拾柴火，那么众人拾到的柴火会比少数人拾到的柴火多。还有一种情况，那就是当人们因为不同的技能而各司其职的时候，事情总体上会做得更好，这也就是英国古典政治经济学家亚当·斯密提出的分工合作的道理。这一点可以用形式化的语言表述为：假设有 N 个人（N>1），分别计为 $N_1$、$N_2$、$N_3$、……、$N_n$，这 N 个人都致力于做同一件事情 T，但是事情 T 被分为不同的组成部分 $T_1$、$T_2$、$T_3$、……、$T_x$（为了简化起见，我们假定 $x<n$；当然，x 也可以 $\geq n$，在此，我们不讨论这些情况）。为了方便问题的讨论，我们不妨假定这种对应关系是平行的关系，而非交叉的关系，即 $N_1$ 只对应于 $T_1$，$N_2$ 只对应于 $T_2$，$N_3$ 只对应于 $T_3$，或者也可以 $N_4$、$N_5$、$N_6$ 一起对应于 $T_4$，但不是 $N_1$ 既对应于 $T_1$，又对应于 $T_2$、$T_3$（乃至于 $T_x$）。换言之，不同的人擅长做不同的事情。因此，我们可以描绘出如下的对应关系：$N_1-T_1$、$N_2-T_2$、$N_3-T_3$、……、$N_x-T_x$。那么，当处理事情 T 的时候，$N_1+N_2+N_3+……+N_n$ 要好于其中的单个人或者少数人。对于共同处理好事情 T 而言，$N_1$、$N_2$、$N_3$、……和 $N_n$ 之间是互补的关系。20 世纪美国的政治哲学家约翰·罗尔斯继承了亚里士多德的互补式的辩护思路，他声称，类似于公共领域中进行的理性讨论会比单一个体的自我思考得出更好的结果，"讨论是一种联结信息并扩大论据的方法。至少随着时间的流逝，共同审慎思考的结果看来必定会使事情得到改善"。③

然而，当代西方社会发展的事实证明，罗尔斯还是过于倚重理性主义的

---

① 亚里士多德：《政治学》，吴寿彭译，北京：商务印书馆，2009 年，第 146 页。
② 有学者提出，这句俗语的原文应该是"三个臭裨将，顶个诸葛亮"，方可理解。
③ 约翰·罗尔斯：《正义论》（修订版），何怀宏等译，北京：中国社会科学出版社，2009 年，第 281 页。

哲学资源来认识世界,他相信公共领域中理性讨论的优势,却没有预料到互联网时代的到来并没有壮大理性讨论的力量,反而把层出不穷的情绪宣泄、极端言论和口水战推上了前台。1987年,美国联邦通讯委员会(FCC)废除了实行了四十年的广播管制中的公平原则——即要求广播电台在制作的节目中必须保证不同的观点都能被听到,允许他们基于言论自由的原则进行有倾向性的报道,从而打破新闻报道中的寒蝉效应。从理论上讲,在一个竞争性的舆论场中确实有可能最终得出某一个问题或某项政策的最优解,这就如同把经济领域的市场竞争原则挪移到公共舆论领域中一样。然而,放松广播管制的结果之一就是竞争性的"观念市场"确实是出现了,但是新闻媒体的党派立场和报道倾向却呈现出日益极端化的倾向,预想当中的理性讨论根本没有实现。以今天的美国媒体为例,民主党的支持者认为,美联社(AP)和三大电视网(CBS、ABC、NBC)等知名的媒体都是无偏见的,而福克斯新闻(FOX)和布莱特巴特新闻网站(Breitbart)都是最有偏见的媒体;共和党的支持者的认知恰恰相反,他们认为福克斯新闻是最没有偏见的媒体。可见,源于不同的政见和党派立场,美国的公共舆论场明显地划分为左右两极,在缺乏政府监管的前提下,媒体之间的相互攻讦加深了民主党的支持者和共和党的支持者之间的原有裂痕。无节制的自由言论未必有利于疏导社会情绪和弥合社会纠纷。正如美国原国务卿亨利·基辛格所说的那样:"互联网新闻和评论的出现,以及数据驱动的选举策略并没有显著软化美国政治的党派立场。如果说有什么作用的话,就是让极端派赢得了更多的拥护者。"[①]

更值得反思的是,基于政见立场的无节制的自由报道甚至会故意忽视或者歪曲社会事实,在这种情况下,媒体并不以传播真实的新闻为目的,而是以传达有利于自身的立场和价值观念的信息为目的。结果是,在面对同一问题的时候,双方都各取所需,各自抓住问题的某个侧面加以渲染,从而违背了全面、事实和真相等新闻从业者应该遵从的基本职业伦理要求。社交媒体的广泛使用只是进一步恶化了这一趋势。媒体在消费政治议题的同时也把政治议题娱乐化、商业化了,我们很难期待从媒体当中获得对重大的政治问题的广泛、持久而深入的思考。它们在多数情况下并没有传播什么全面性和整体性的思想,而只是通过"连续不断的刺激来抓住我们、蒙蔽我们"[②]。当然,

---

① 亨利·基辛格:《世界秩序》,胡利平等译,北京:中信出版社,2015年,第465页。
② 罗伯特·N.贝拉等著:《心灵的习性:美国人生活中的个人主义和公共责任》,周穗明等译,北京:中国社会科学出版社,2011年,第372页。

这绝不是说所有的媒体都一点也没有提供出有理有据的事实报道，但是，即便面对着调查出来的事实，不同党派的支持者也会完全得出不同的结论。对于他们而言，政治观念和立场比什么都重要，也因此，有没有经过核实的客观真相并不重要，他们并不在乎这些，他们只愿意看到和相信符合他们的价值观和眼界视野的"真相"，这些所谓的真相会反过来强化他们既有的观念和立场。这就是被学术界命名为"后真相政治"（post-truth politics）的真相。2016年11月，《牛津词典》把"后真相"确定为年度词汇；2016年12月，德语协会也把该词列为年度词汇。一时间，国内外学术界对后真相现象的研究开始迅速升温。《牛津词典》对后真相的界定是——情感和信仰比客观事实更能够形塑公共舆论。简言之，后真相政治的核心在于立场比事实更重要，或者说"让事实证据服从于既定的结论"[①]。既然客观真相蜕变为"我愿不愿意相信"，那么各种谣言必然会在舆论场中大量出现，并且影响到一大批人的选择。类似于"小布什总统是9·11事件的幕后操纵者""奥巴马是阿拉伯人""希拉里是恐怖组织伊斯兰国的创建者"等阴谋论调的谣言，都会在政治对立阵营里找到相信它们为真的人。"你在社交网络看到的、随手转发的政治丑闻，有可能是被定向投放的虚假新闻。"[②]后真相政治彻底恶化了原本就脆弱的西方社会共识，激化了社会对立的情绪，并且极大地损害了社会信任的纽带。

很多西方国家的民意机构做出的调查均显示，普通民众对于政党、国会、政府、政客，乃至自由主义民主制度的信任度都在不断下降。"2011年夏天，在CBS台的一次新闻调查中，多达70%的人表示，华盛顿受特殊利益集团影响太大；85%的人表示，普通民众对华盛顿几乎不具有任何影响力。"[③]民众不相信政府机构能够真正代表自身的利益，而是认为政府机构正在成为少数富人和利益集团的代言人。政客们在选举的时候经常会抨击对方阵营的候选人把党派和自身的政治利益放在人民利益的前面，不过在竞选成功之后，政客们一般又都会把党派性放在所有考量的首要位置上，所谓的人民的利益蜕变为政治动员的简单口号。这也是为什么古典思想家都反对党派政治的主要原因。民主必然会催生出党派，而党派纷争又会反过来损害人民主权的根基。

---

[①] 刘擎：《共享视角的瓦解与后真相政治的困境》，《探索与争鸣》，2017年第4期，第24页。
[②] 张君荣：《解析西方"后真相"的真相》，《中国社会科学报》，2018年5月15日，第1版。
[③] 赫德里克·史密斯：《谁偷走了美国梦：从中产到新穷人》，文泽尔译，北京：新星出版社，2018年，第459页。

按照社会契约论的构想，政府与普通民众之间是一种"信任—委托"关系，这种"信任—委托"关系主要表现在选举人和被选举人之间。选举人和被选举人之间的信任度的降低削弱的是社会契约论的根本建构过程，进而影响到了自由主义民主的合法性。民众对选举政治的不信任导致了另外一个非常突出的社会问题，那就是西方国家的政治参与度的普遍下降，这种下降趋势被政治学界形容为"政治冷淡主义"。过去40年里，"在主要的OECD（经济合作与发展组织）国家的全国选举、地方选举或者区域选举中，这一时期的投票率已经下降了大约70%"[1]。这其中，政治参与水平在年轻一代群体中下降的幅度更为突出。2004年，美国政治学会的报告中给出的数据是"只有1/3的合格选民参与国会中期选举，只有约50%的人参与今天的总统选举。"[2] 我们可以推测，他们不参与投票的原因无非有这几种：其一，他们因为工作繁忙或意外的原因（比如突然生病）而无法参与投票；其二，他们因为居住的地方离投票站比较远而不愿意去投票；其三，他们对推举出的各政党提名人或独立参选人都不满意，因而自动放弃了投票；其四，一部分人有感于自己的一张选票只有杯水车薪的影响力而放弃了投票；其五，最为重要的原因或许是，很多人对政治漠不关心而不愿意浪费时间去投票，他们感觉到，无论支持哪个党派上台，他们的实际生活水平都不会有太大的改变。这批人称自己为"被遗忘的人"。无论是客观原因还是主观原因，投票率的低迷同样在很大程度上削弱了民主的合法性，与信任度不同，参与度的低位徘徊撼动的是选举人与被选举人之间的"委托"关系。既然有将近一半的适龄选民没有完成契约论意义上的委托的过程，那么代议制民主政府如何能够宣称自己可以合法地代表整个国家的国民呢？

不过，最近一些年的情况稍微有所改变。据统计，2016年的总统大选一共有1.388亿美国人参与投票，美国现有的总人口为3.249亿，投票年龄人口（VAP）为2.511亿，因此，2016年大选的投票率为55.3%[3]。这一数据比2012年的投票率54.9%要高，而比2008年奥巴马第一次当选总统时的投票率58.2%要低。所以，中国社会科学院政治学研究所所长房宁教授在近距

---

[1] 肖滨主编：《中大政治学评论》（第4辑），北京：中央编译出版社，2010年，第9页。
[2] 美国政治学会特别报告：《不平等加剧时代的美国民主》，参见王绍光主编：《选主批判：对当代西方民主的反思》，北京：北京大学出版社，2014年，第251页。
[3] 房宁等：《"政治正确性"之争——2016年美国总统大选研究报告》，北京：中国社会科学出版社，2017年，第34页。

离观察 2016 年的美国大选时转述过一位政治分析家的话："现在大选可是非同小可了，都是利益，哪个党上台，哪个人当总统，会意味着你的钱袋子是鼓还是瘪、工作怎么样。各方都使足了劲儿。"① 房宁教授指出，投票率相比较之前的走高趋势确实说明民众参与政治热情的提高，但这并不表示他们的公共奉献精神的提升，也不表示社会凝聚力的增强，反而恰恰是说明社会利益分化的加剧。左翼政党的支持者希望提高劳动者的最低工资水平和对社会富裕阶层加征高额度的税收，从而通过政府调控的方式来缩减西方社会日益拉大的贫富差距；而右翼政党的支持者则希望削减社会的福利支出，进一步为中产阶级减负，为企业削减税率，让企业能够有更多的资金用于投资扩大再生产，从而拉抬就业形势。如果你支持提高社会福利的话，那么你就必须更加积极地支持左翼政党的选举，反之亦然。税收问题只是社会利益分化的一个方面，举凡前文已经讨论过的移民问题、堕胎问题、能源政策问题等，都切切实实地关系到每一位参与其中的个体的利益，政党竞争无非是把早已分化的社会利益之争公开化、表面化了。19 世纪的托克维尔曾经把选举形容为"紧急时期"："随着选举的临近，各种阴谋活动益加积极起来，而选举的热潮亦更加上涨和扩大。公民们分成数个对立的阵营，每个阵营都高举自己候选人的旗帜。"②

毛泽东在《中国社会各阶级的分析》一文的开篇即说道："谁是我们的敌人？谁是我们的朋友？这个问题是革命的首要问题。"③ 革命斗争固然常常是你死我活，平时的政治、社会等公共活动也需分清不同的立场。在政党竞争日趋激烈的今天，每个阵营都会依据各自不同的党派立场给对手贴上若干政治标签——"自由主义者""社会主义者""环保主义者"等。政治标签的意义就在于它的指向性极强，个人对公共事务的立场变得高度透明。正是这种不需要深入思索的高度透明状态会让互不相识的人在万千声音当中迅速甄别出谁与自己的立场一致，然后才会迅速地集结在一起。当然，政治标签的副作用也很明显，衡诸社会上的小广告现象，政治标签也会有随意张贴的可能。更重要的是，标签在提高身份可识别度的时候，也把纷繁复杂的社会人生扁平化了，一个个丰富的、饱满的人被压缩成一张张身份名片。名片化固然有

---

① 房宁等：《"政治正确性"之争——2016 年美国总统大选研究报告》，北京：中国社会科学出版社，2017 年，第 162 页。
② 托克维尔：《论美国的民主》（上卷），董果良译，北京：商务印书馆，2011 年，第 151 页。
③ 毛泽东：《毛泽东选集》（第 1 卷），北京：人民出版社，1991 年，第 3 页。

利于思想观念的简约与集结，但在简约的过程中势必要清除掉观念原本所具有的广度与深度。当日常的社会生活中充斥着这些标签语汇的时候，社会生活会呈现出泛政治化的倾向，社会对立的情绪很容易被激发。

  托克维尔已经注意到选举政治的一个明显的弊端：频繁的选举容易使社会动荡不安，并且使国家的政务处在连续不断的变化状态。政党选举本身就是要着眼于调动支持者群体的投票积极性，因此每当选举进行的时候，各候选人往往都会使用一些夸大的言辞来鼓吹自己的政策，竭尽全力攻击对手，给选民开出一系列难以兑现的竞选承诺。候选人为了能够胜出，有时候甚至会故意散布一些真假难辨的消息来抹黑对手，打击对方阵营的人气。因此，我们在西方国家的选举中屡次三番地看到类似于马克·吐温在《竞选州长》这篇小说写过的情节：利用对手的绯闻来获取胜利。仅以 2016 年的美国大选为例，先是在 2016 年 3 月 25 日，美国"国家调查者"网站以"肮脏的政治！"为题爆出共和党的参选人之一泰德·克鲁兹有五个秘密情人，而且还给出了 5 名经过处理的女性的照片。这一爆料直接影响到了泰德·克鲁兹在共和党内初选的选情。更令人震惊的是，2016 年 10 月 7 号，《华盛顿邮报》曝光了一段 2005 年的录音，在这段录音中，特朗普与时任"走进好莱坞"节目的主持人比利·布什用粗俗的语言谈论女性，引发了"录音门"事件，着实让全世界见识了一次何谓"十月惊奇"。绯闻的杀伤力极大，媒体出于收视率的考虑也乐于报道这方面的消息，除非有特别牢靠的证据，否则很多绯闻都会陷入真假难辨、相互指责的状况中去，而这又恰恰切合了后真相政治的诸多特点。谣言、绯闻从来都是民主选举中操纵舆论、打击对手的常用手段，真诚、忠实等传统的政治美德已被弃置一边。

# 第 6 章

# 西方社会危机的现实启示

在结合国内外学界已有成果的基础上,本书从经济、文化、社会、政治等多个方面出发探讨了西方社会内部存在的诸多复杂的社会矛盾,进而指出了西方自由主义民主制度的缺点与不足。审视当代西方社会所面临的危机和困境,我们可以得出的最直接、最重要的结论就是:西方民主制度并不是解决所有社会问题的灵丹妙药。本章将在总结前文研究的基础上阐明这些研究可以给我们带来哪些启示。

英国著名左翼社会学家安东尼·吉登斯曾经这样概括当代西方社会的深层次危机:"在今天政治领域的每一个方面,我们都会看到社会瓦解的担忧和恢复社群的要求。"[1] 对于自由主义民主模式而言,它的理论基础、政策诉求和进步主义的价值叙事遭到了来自西方国家内部的全面质疑,质疑者的来源和思想理论依据包括共同体主义、保守主义、民族主义、本土主义、共和主义、民粹主义等,不一而足。总的来说,质疑的角度是多方面的,这也足见西方国家的自由主义民主制度和意识形态遭遇到了空前的挑战和危机。无论是经济领域中的财富和收入差距的持续拉大,还是文化领域中的左翼和右翼价值观念之间的冲突与对立,抑或是社会领域中的阶层壁垒的固化、群体共识的撕裂、党派竞争的极化,所有这些事实无不揭示出西方社会发展的困境。但是,归根结底,当前西方社会所面临的危机与困境的总根源就在于强调个人权利与自由的第一性的个人主义思潮的泛滥。美国著名的社会学家罗伯特·贝拉指出:"横贯美国历史进程的是个人主义,而不是托克维尔认为的平等。我们担心这种个人主义今天已经发展得像癌症一样危险了——它也许正在摧毁那些托克维尔视为制约个人主义恶性潜能的社会表层结构,从而威胁着自

---

[1] 安东尼·吉登斯:《超越左与右:激进政治的未来》,李惠斌、杨雪冬译,北京:社会科学文献出版社,2009 年,第 95 页。

由本身的生存。"① 此处之所以会以"像癌症一样"做比喻，意思就是指个人主义的无限制扩张。

　　针对自由主义民主所推崇的权利优先性原则和基于现代自我概念的个人主义哲学理念，批评者通过对共同的身份的强调来反对无差异的个体主义的认知，重塑国家公民的身份认同。这其中，"亚里士多德—黑格尔—马克思"的共同体主义的思路最值得我们加以重视。近代西方形而上学对独立的、理性的、自主的个人观念的强调为个人主义思潮的兴起奠定了逻辑基础，这种原子式的个人观念被马克思称为鲁滨孙一类的故事。马克思透彻地指出，该观念的错误之处就在于它剥掉了个人发展的历史性，纯粹是从自然人性的角度出发来理解个人。马克思说："按照他们关于人性的观念，这种合乎自然的个人并不是从历史中产生的，而是由自然造成的"②。于是，抽象的个人成了社会历史的起点。但是，历史的发展事实却表明，人最初是作为一种类存在物或者说群居动物生存于部落、氏族、公社之中，即从属于一个较大的整体。只有到了18世纪市民社会大规模兴起，社会联系的各种形式才表现为个人达成私人目的的手段。据此，马克思得出结论说，人是最名副其实的政治动物，只有在社会中，人才能获得真正的独立。社会是抽象的、孤立的个人的基础，人只是在漫长的历史发展过程中才逐渐孤立化的。所以，近代自由主义的逻辑基础是理论上的虚构。通过对近代形而上学的自我观念和施蒂纳的"唯一者"的批判，马克思和恩格斯确立了"现实的个人"这一重要的唯物史观范畴。他们指出，无论施蒂纳笔下的唯一者是多么独特，多么不同于另一个自我，但是，"这个我和其他的个人共同处在发生了变化的社会环境中，这个环境正是这个我和其他个人的共同前提，是它的和他们的自由的共同前提"③，任何的自我都不可能完全摆脱既定的物质生产条件和社会环境，现实的个人和他们的活动构成了人类历史发展进程的前提。现实的个人必然是处在生产力的一定发展阶段和特定的社会关系范围之内的人。从现实性的角度出发，人的本质被理解为是一切社会关系的总和。

　　"德国哲学是德国小资产阶级关系的结果。"④ 我们要准确把握笛卡尔的

---

① 罗伯特·N.贝拉等著：《心灵的习性：美国人生活中的个人主义和公共责任》（"前言"），周穗明等译，北京：中国社会科学出版社，2011年，第59页。
② 《马克思恩格斯文集》第8卷，北京：人民出版社，2009年，第6页。
③ 《马克思恩格斯全集》第3卷，北京：人民出版社，1960年，第511页。
④ 《马克思恩格斯全集》第3卷，北京：人民出版社，1960年，第525页。

"我思"、康德的意志主体、费希特的"绝对自我"以及施蒂纳的"唯一者"这些哲学概念产生的现实情境，就必须到18—19世纪的德国历史进程当中去寻找。1789年法国大革命爆发后，法国人采取了输出革命的方式，意欲将"自由、平等、博爱"等进步的资产阶级思想大范围地传播到欧洲的其他封建国家当中去。1794年，法军占领了德意志帝国的莱茵河左岸地区，1801年，拿破仑将该地区正式并入了法国的版图，并于1813年开始在这些地区全面推行《拿破仑法典》。法国的这一系列举动虽然激起了当地德国人民的反抗，但却废除了这些地区的落后的封建领地制度和贡赋制度，贵族和教会的特权也受到了极大的削弱。所有这些都使得法国的占领地区成为德意志帝国内资本主义发展得最好的地区。在此基础上，现代工业资产阶级在德意志境内逐步形成并发展壮大。到了19世纪40年代，莱茵资产阶级自由派正式形成，成为19世纪遍及全德的"统一和自由运动"的领头羊。马克思和恩格斯的文章中经常提到的鲁道夫·康普豪森等人就是资产阶级自由派的代表人物。他们提出的政治纲领的中心思想是在德国建立起资产阶级君主立宪制，并且由普鲁士来领导这一君主立宪制国家。当黑格尔在《法哲学原理》中宣称立宪君主制是最终的、最完善的政体时，实际上是"宣布了德国资产阶级取得政权的时刻即将到来"①。西方近现代哲学对独立的、自主的理性主体概念的界定恰好契合了资产阶级自由派的主张。

戴维·麦克莱伦曾指出："马克思是从伊壁鸠鲁以来的任何一种原子论国家观的激烈批判者。"②当个人与国家、社会之间被想象成是"面对面"的存在的时候，国家和社会被归结为是一种异己的存在，其意义就在于是保障个人的生命、财产和安全的工具性手段。最终，国家演化为一种利己主义者的联盟。支撑近代资产阶级个人主义思潮的哲学依据是"每个人都同样被看成那种独立自在的单子"③，而不是类存在物。所以，举凡平等、自由等价值观念都是建立在人与人相分隔——而不是人与人相结合——的基础上。所谓分隔指的是人与人之间并非亲密无间，而是有着明确的界限，这种界限由法律规定并为人们所接受。比如自由，自由就是可以做任何不损害到他人的事情的权利；再比如财产权，私有财产被宣布为神圣不可侵犯的，个人可以不受

---

① 《马克思恩格斯文集》第2卷，北京：人民出版社，2009年，第361页。
② 戴维·麦克莱伦：《青年黑格尔派与马克思》，夏威仪等译，陈启伟校，北京：商务印书馆，1982年，第132页。
③ 《马克思恩格斯文集》第1卷，北京：人民出版社，2009年，第41页。

他人干涉地占有、使用和处置属于自己的私有财产并获得相应的收益。孤立的、相互分隔的个体组成了离散式的社会图景，个体为了需要和利益而自愿同意达成暂时的契约关系。在马克思眼中，他人的存在并不是个人自由的限制，而是个人自由的实现。自由是需要争取的，而政治变革的过程不是依靠个人的力量就能够实现的。无产阶级的解放也不可能奠定在人与人相分隔的基础上，而必须是有着相同的经济地位和利益诉求的无产阶级自觉地联合组织起来，团结其他阶级中具有同样革命要求的进步成员，共同完成革命的目标。从这个角度出发，我们才能较好地理解恩格斯说过的这句话："被剥削被压迫的阶级（无产阶级），如果不同时使整个社会一劳永逸地摆脱任何剥削、压迫以及阶级差别和阶级斗争，就不能使自己从进行剥削和统治的那个阶级（资产阶级）的奴役下解放出来。"① 单个的个人根本无法推动社会变革，如果我们把孤立的个体的需要、利益、权利设想为社会革命的基础，那么革命的任务是无法完成的。革命运动与个人主义是相互排斥的。马克思明确地说，新唯物主义的立脚点是人类社会或社会的人类。我们必须把近代哲学所界定的抽象的、孤立的个人重新理解为现实社会中的类存在物，让个人归属于集体并作为集体的一分子，只有这样我们才能有效地组织起变革社会的力量。无产者必须从整个阶级的产生、发展和利益诉求的角度出发看待历史的演进，才有可能团结起来完成社会主义革命。所以，从根本上讲，我们不能够把个人利益与集体利益简单对立起来。马克思主义站在唯物史观的立场上重新界定了个人自由与共同体之间的确切关系。对于人的自由而言，马克思主义强调的是人与人相结合基础上的共同而彻底的解放，而不是单个个体的解放。

如果我们认可那种摆脱了一切未经反思的传统、习俗和道德纽带的约束的"无负荷的自我"是自由主义的哲学虚构，就其现实性而言是不能成立的，那么我们就必须接受下述的结论：身份认同问题不会轻易缺席，自由主义所畅想的"世界公民"图景是无法实现的。当有人声称自己是"世界公民"的时候，别人总会追问他的国籍、族裔、信仰等状况，这就导致世界公民的申言无效。如果人们的选择太随意或者变化太快的话，每一种特殊的身份认同本身会遭到侵蚀，极端化的结果就是特殊的身份认同不复存在，最终反而限制了人们自由选择的范围。因此，"对自由的承诺要求我们支持定居地，或者更准确地说，支持各种各样的定居地"②。自由选择的前提是有可供我们选择

---

① 《马克思恩格斯文集》第2卷，北京：人民出版社，2009年，第14页。
② Michael Walzer, Pluralism and Social Democracy, Dissent, Winter 1998, Vol. 45, Iss.1, p48.

的对象摆在那里，否则自由选择就是一句空话。世界主义的图景非常诱人，但是，其中隐含的深层问题却没有得到充分的重视：个人可以拥有不同的身份认同，但是不同的认同之间是否可以真正做到畅通无阻地来回游走呢？一个人真的可以做到既在星期二参加庆祝佛陀生日的活动，又在星期日做礼拜吗？可见，深层次的身份认同是无法轻易被压缩或化约的。共同体的存在既为我们提供了身份认同的可能性，又反过来限制了生活于其中的人们理解外部世界的可能性。无论如何，个人从根本上讲是处在"伦理-文化共同体"之中的。

由于共同体之间必然存在着差异，因此我们很难单纯用"西方"的价值标准来裁量其他各国的价值诉求。以东方儒家文明与西方文明之间的差异为例，近现代西方文明总体上更加强调个人主义的优先性，强调对个人自由与权利的保护，而东方儒家文明传统则更加重视共同体的优先性，带有非常明显的集体主义色彩。英国剑桥大学教授艾伦·麦克法兰称为"关系式"或"结构式"的[①]——我的意义取决于我和其他人的关系。从哲学理念的层面讲，重视个人主义和重视集体主义的侧重点确实各有不同，但是二者之间不一定非要区分出优劣。如果从适用性的角度看，结果正如贝淡宁教授所说的那样，西方价值与亚洲价值之间的冲突是"不同的普遍主义的相遇"[②]，而非一种普遍价值与另一种地方价值之间的冲突。西方价值想成为普遍的，亚洲价值也希望成为普遍的。事实上，每一种政治制度都承载着历史、文化、宗教等诸多因素的积淀，也体现了被共同体当中的人们所广泛分享的世界观、价值观与生活方式。一个对他国的历史、文化、习俗缺乏足够的了解或者一点也不了解的人，根本无法对该国的具体的政治法律制度做出正确的评判，也无法判断这一政治制度是否适合该国人民，更不能越俎代庖，替他国的人民选择或者强加一套政治制度。认为自己的价值观比别人的优越，硬要别人接受自己的价值观，这种行为和心态本身就是对他人的选择的不尊重，一个不尊重和理解他人的行为很难说是一个符合人权要求的行为。迈克尔·沃尔

---

[①] 苗千：《不存在判断文明优劣的标准——专访剑桥大学人类学家艾伦·麦克法兰》，《三联生活周刊》，2018年第25期，第118页。

[②] 贝淡宁：《超越自由民主》，李万全译，上海：上海三联书店，2009年，第315页。与贝淡宁不同的是，许多社群主义者（比如沃尔泽、麦金太尔、泰勒）认为，不管是西方价值还是东方价值都是地方性的。

泽举过一个神奇的化学药剂的例子①：假设瑞典政府制造出了一种神奇的化学药剂，如果把这种药剂投入到阿尔及利亚的地下供水系统当中，那么就会把所有的阿尔及利亚人都变成瑞典式的社会民主党人，并彻底清除掉他们之前大脑中所拥有的宗教信仰和文化形态，请问，瑞典政府到底应不应该使用这种化学药剂？沃尔泽的回答是否定的。先不管使用了化学药剂之后是否能够真正为阿尔及利亚人创造出一个适合他们的优良的政府，这种使用本身就是不尊重阿尔及利亚人的决定，因为阿尔及利亚人有着自己的历史和宗教，有着自己的世界观和价值观，不管他们的政府是不是符合西方民主政府的标准和要求，谁都无法否认这一政府是"阿尔及利亚人"自己的政府，而不是"美国人""英国人"或"法国人"的政府。即使是从普遍人权观念的角度来看，如果我们替他人谋划政体改造的话，那么他人的道德主体性又如何才能表现出来呢？这不是等于间接地否定掉了他人的做自身命运的主人的意愿吗？强行推广自由主义民主的制度体系，这种行为本身就既是对他人的选择的不尊重，也是对他人的历史、宗教和文化的不尊重，其结果常常是事与愿违，在实际情况中也必然会遭到强烈的反对。证之以2001年的阿富汗战争、2003年的伊拉克战争和2011年的利比亚战争，这三场战争的最终结果都没有按照西方国家所预设的轨迹前进下去。无论是阿富汗、伊拉克，还是利比亚，它们都既没有建立起西方式的自由民主制度，也没有实现经济的繁荣和社会的稳定，而是陷入了长期动荡的状态当中。

　　自由主义者宣称，对于整个人类而言，只有一种关于什么是好生活、好社会和好制度的正确标准，其他的标准都不合理。总有一天，所有的人和国家都会认可和接受这一标准，历史终结了。但是，他们没有深刻认识到的一点就是，西方的价值与制度从根本上讲也只是全世界范围内诸多的价值和制度类型中的一种，因而也是具体的、特殊的，它产生自西方的历史传统，也只适用于西方的文化土壤。"关于普世价值的危险之处在于，当西方社会提到普世价值时，他们的意思是'我们的价值观'，而不是你们的价值观。所以在很多情况下，普世价值的意思就是我的价值观。"②麦克法兰教授的这一观点深中肯綮。况且，自由主义的普世倾向在其他文化传统中同样可以找到，犹

---

① Michael Walzer, Thinking Politically: Essays in Political Theory, New Haven: Yale University Press, 2007, pp231-232.
② 苗千：《不存在判断文明优劣的标准——专访剑桥大学人类学家艾伦·麦克法兰》，《三联生活周刊》，2018年第25期，第118页。

太教、基督教、伊斯兰教这三大一神教都具有普世主义的倾向，中国古代思想强调的"化成天下"也多少体现出普世教化的情怀。源于此，西方价值理念并不具备对普遍主义诉求的唯一垄断。当西方的理论家和政治家试图忽略掉它的深层次的特殊性而将其推广到全世界的时候，这套价值和制度体系必然会因为失去了自身的存在土壤而南橘北枳，水土不服。著名的东方主义思想家爱德华·萨义德将这种现象称为"旅行中的理论"："正像人们和批评学派一样，各种观念和理论也在人与人、境域与境域，以及时代与时代之间旅行。"[①] 任何事物，当其由一个地方迁移到另一个地方的时候，必然会随着客观环境的变化而发生相应的变化。以色列著名的社会学家 S. N. 艾森斯塔特提出了"多元现代性"的观念，多元现代性的最重要的含义之一就是"现代性不等同于西化。现代性的西方模式并非唯一真正的现代性"[②]。虽然西方模式是人类历史上所产生的第一种现代性模式，但这绝不意味着现代社会只能有这一种发展模式，更不意味着它就是最成功的一种模式。西方模式只是许多模式中的一种，而且是一种非常独特的文明，不同的文化可以有不同的发展模式。每一个国家都可以根据本国的具体国情而采取不同的政治、经济和文化发展形式，这些具体的形式——诸如多民族帝国、单一民族国家、移民社会等——并不是普遍有效的。一个国家，不管其具体的政治制度采取的是哪种形式，对和平、发展和人的基本权利（包括生存权、发展权等）的有效保护和尊重就构成了对这些制度的约束。

在今天，绝大多数的西方学者都自觉地抛弃了欧洲文明中心论的观点，那种立足于西方社会的价值传统和政治实践的所谓普遍主义被称为"褊狭普遍主义"[③]（parochial universalism），因为它们拒绝承认在西方社会和其他地区的文明间存在着合理差异的可能性。更多的学者赞成不同文化间应该相互交流、相互借鉴和相互包容。如果说尊重不同国家的制度、文化和发展道路的差异与多元正逐渐成为西方学界的共识的话，那么为了促进国与国之间的深入了解，以平等互利、彼此尊重的态度来积极进行广泛的跨文化对话与协商也许是唯一合理的选择。通过真诚而全面的对话、交流与协商，人们期待

---

[①] 爱德华·萨义德：《世界·文本·批评家》，李自修译，北京：生活·读书·新知三联书店，2009年，第400页。
[②] 多明尼克·萨赫森迈尔等编著：《多元现代性的反思：欧洲、中国及其他的阐释》，郭少棠、王为理译，北京：商务印书馆，2017年，第41页。
[③] 贝淡宁：《东方遭遇西方》，孔新峰、张言亮译，孔新峰校，上海：上海三联书店，2011年，第4页，注释⑦。

就大家所普遍关心的国际问题达成最基本的共识，从而避免因为相互之间的误解、误判而损害不同国家和文明间的信任。在对话与协商的过程中，各方致力于加深对彼此的认知，消除彼此之间的隔阂，在大家都关切的问题上倾听与照顾彼此的核心利益诉求。只有通过广泛的交流与对话达成的共识才能真正让参与的各方所接受，最终实现国与国之间的和平共处。跨文化的对话与协商从根本上有别于霸权主义的干涉思路，它强烈质疑单边主义强权政治的合法性，并且认定霸权主义的思路非但无助于问题的解决，而且会制造出更多复杂难解的国际问题。

但是，承认特殊性并不意味着我们是用一种狭隘的、封闭的眼光看待世界。2014年3月，中国国家主席习近平在巴黎联合国教科文组织总部发表重要演讲。在演讲中，习近平指出，没有文明的继承和发展，没有文化的弘扬和繁荣，就没有中国梦的实现。不同文明之间的相互交流与借鉴是推动人类文明进步与世界和平发展的重要动力。承认文明是平等的，不存在高低优劣之分则是完成良好的文明交流互鉴的前提。实际上，中国政府所提出的和平发展、共同繁荣的外交理念符合了世界文明发展的主流，必将对未来的国际政治经济新秩序产生深远影响。党的十九大报告指出："要尊重世界文明多样性，以文明交流超越文明隔阂、文明互鉴超越文明冲突、文明共存超越文明优越。"① 这是促进跨文化之间的交流与互信的必由之路。

习近平同志指出："中国梦要实现国家富强、民族复兴、人民幸福，是和平、发展、合作、共赢的梦，与包括美国梦在内的世界各国人民的美好梦想相通。"② 在许多重要的外交场合，习近平一再强调和重申这一理念，向世界各地区、各国家的人民展现了中国期待和平发展的真实想法。在国际外交上，中国政府主张，和平、发展、合作、共赢是各国人民的共同梦想，不是中国人民所独有的。各国人民都希望本国政府能够集中精力发展经济，提高自身的生活水平和幸福感。这样一种要求只有在一个和平稳定的国际国内大环境中才能够实现。在全球化的今天，一国的经济发展离不开国际的经济、政治、文化的沟通与协调。因此，中国的发展离不开世界，中国梦的实现也离不开整个世界的和平与繁荣；同样，中国的和平发展又反过来促进了世界的和平，

---

① 习近平：《决胜全面建成小康社会 夺取新时代中国特色社会主义伟大胜利》，北京：人民出版社，2017年，第59页。
② 中共中央文献研究室编：《习近平关于实现中华民族伟大复兴的中国梦论述摘编》，北京：中央文献出版社，2013年，第71页。

中国经济增长对世界的经济增长做出了巨大贡献,越来越多的国家通过国际的合作从中国的快速发展中受益。正是从该角度出发,"中国梦与世界各国人民的美好梦想相通"这一命题才能得到准确的理解,而中国与世界各国的"命运共同体意识"[①]才能真正落地生根。在处理国与国之间的关系上,我们也要秉持互相尊重、互相包容的精神,致力于通过对话增进相互之间的了解,携手应对人类所面临的各种问题与挑战。每个国家都有可能而且应该通过努力探求适应自身的现实国情的发展道路,进而有机会谋求更加平等的国际政治秩序。只要我们增强对中国特色社会主义的道路自信、理论自信、制度自信和文化自信,坚定不移地沿着适合中国国情的发展道路走下去,就一定能够实现中华民族的伟大复兴。

---

① 中共中央文献研究室编:《习近平关于实现中华民族伟大复兴的中国梦论述摘编》,北京:中央文献出版社,2013年,第74页。

# 参考文献

## (一) 中文文献

[1] 阿拉斯戴尔·麦金太尔. 追寻美德 [M]. 宋继杰, 译. 南京: 译林出版社, 2008.

[2] 阿拉斯戴尔·麦金太尔. 依赖性的理性动物 [M]. 刘玮, 译. 南京: 译林出版社, 2013.

[3] 阿玛蒂亚·森. 身份与暴力 [M]. 李风华, 等, 译. 刘民权, 等, 校. 北京: 中国人民大学出版社, 2009.

[4] 爱德华·萨义德. 世界·文本·批评家 [M]. 李自修, 译. 北京: 生活·读书·新知三联书店, 2009.

[5] 艾伦·布卢姆. 美国精神的封闭 [M]. 战旭英, 译. 冯克利, 校. 南京: 译林出版社, 2011.

[6] 艾米·古特曼, 等. 结社: 理论与实践 [M]. 吴玉章, 毕小青, 等, 译. 北京: 生活·读书·新知三联书店, 2006.

[7] 安东尼·D. 史密斯. 民族认同 [M]. 王娟, 译. 南京: 译林出版社, 2018.

[8] 安东尼·吉登斯. 超越左与右: 激进政治的未来 [M]. 李惠斌, 杨雪冬, 译. 北京: 社会科学文献出版社, 2009.

[9] 安东尼·吉登斯. 全球时代的民族国家 [M]. 南京: 江苏人民出版社, 2012.

[10] 贝淡宁. 社群主义及其批评者 [M]. 李琨, 译. 宋冰, 校. 北京: 生活·读书·新知三联书店, 2002.

[11] 贝淡宁. 超越自由民主 [M]. 李万全, 译. 上海: 上海三联书店, 2009.

[12] 贝淡宁. 东方遭遇西方 [M]. 孔新峰, 张言亮, 译. 孔新峰, 校. 上海: 上海三联书店, 2011.

[13] 本尼迪克特·安德森. 想象的共同体：民族主义的起源与散布 [M]. 吴叡人，译. 上海：上海世纪出版集团，2011.

[14] 本尼迪克特·安德森. 比较的幽灵 [M]. 甘会斌，译. 南京：译林出版社，2012.

[15] 彼得·伯格，等. 世界的非世俗化：复兴的宗教及全球政治 [M]. 李骏康，译. 上海：上海古籍出版社，2005.

[16] 彼得·伯格，等. 宗教美国，世俗欧洲？主题与变奏 [C]. 曹义昆，译. 北京：商务印书馆，2016.

[17] 伯纳德·威廉斯. 伦理学与哲学的限度 [M]. 陈嘉映，译. 北京：商务印书馆，2017.

[18] 伯尼·桑德斯. 我们的使命：西方的体制困境和美国的社会危机 [M]. 钟舒婷，周紫君，译. 南京：江苏凤凰文艺出版社，2018.

[19] 柏克. 法国革命论 [M]. 何兆武，许振洲，彭刚，译. 北京：商务印书馆，2009.

[20] 查尔斯·泰勒. 黑格尔 [M]. 张国清，朱进东，译. 南京：译林出版社，2009.

[21] 查尔斯·泰勒. 本真性的伦理 [M]. 程炼，译. 上海：上海三联书店，2012.

[22] 查尔斯·泰勒. 现代社会想象 [M]. 林曼红，译. 南京：译林出版社，2014.

[23] 崔建民. 西方新民粹主义泛滥的警示意义和重要启迪 [J]. 红旗文稿，2018（8）：35-37.

[24] 达巍，等. 消极自由有什么错 [C]. 北京：文化艺术出版社，2001.

[25] 戴维·赫尔德. 民主的模式 [M]. 燕继荣，等，译. 北京：中央编译出版社，2008.

[26] 戴维·麦克莱伦. 青年黑格尔派与马克思 [M]. 夏威仪，等，译. 陈启伟，校. 北京：商务印书馆，1982.

[27] 戴维·米勒. 论民族性 [M]. 刘曙辉，译. 南京：译林出版社，2010.

[28] 戴维·迈尔斯. 社会心理学（第8版）[M]. 侯玉波，等，译. 北京：人民邮电出版社，2006.

[29] 多明尼克·萨赫森迈尔，等. 多元现代性的反思 [C]. 郭少棠，王为

理，译. 北京：商务印书馆，2017.

[30] 厄内斯特·盖尔纳. 民族与民族主义［M］. 韩红，译. 北京：中央编译出版社，2002.

[31] 恩斯特·卡西尔. 启蒙哲学［M］. 顾伟铭，等，译. 济南：山东人民出版社，2007.

[32] 房宁，等. "政治正确性"之争：2016年美国总统大选研究报告［C］. 北京：中国社会科学出版社，2017.

[33] 冯颜利，郑一明. 国外马克思主义研究专题［C］. 北京：当代世界出版社，2010.

[34] 复旦大学哲学学院. 国外马克思主义研究报告（2009）［C］. 北京：人民出版社，2009.

[35] 复旦大学哲学学院. 国外马克思主义研究报告（2010）［C］. 北京：人民出版社，2010.

[36] G. A. 柯亨. 马克思与诺齐克之间［M］. 吕增奎，译. 南京：江苏人民出版社，2008.

[37] G. A. 柯亨. 如果你是平等主义者，为何如此富有［M］. 霍政欣，译. 北京：北京大学出版社，2009.

[38] 汉密尔顿，等. 联邦党人文集［M］. 程逢如，等，译. 北京：商务印书馆，2011.

[39] 汉娜·阿伦特. 论革命［M］. 陈周旺，译. 南京：译林出版社，2007.

[40] 黑格尔. 法哲学原理［M］. 范扬，张企泰，译. 北京：商务印书馆，2009.

[41] 亨利·基辛格. 世界秩序［M］. 胡利平，等，译. 北京：中信出版社，2015.

[42] 亨利·梅因. 古代法［M］. 沈景一，译. 北京：商务印书馆，2011.

[43] 霍布斯. 利维坦［M］. 黎思复，黎廷弼，译. 杨昌裕，校. 北京：商务印书馆，1997.

[44] 霍尔巴赫. 给欧仁妮的十二封信［M］. 王荫庭，译. 北京：商务印书馆，2012.

[45] J. D. 万斯. 乡下人的悲歌［M］. 刘晓同，庄逸抒，译. 南京：江苏凤凰文艺出版社，2017.

[46] 姜海波. 论施蒂纳是马克思建构唯物史观的最后契机 [J]. 教学与研究, 2012 (7): 36-41.

[47] 杰里米·里夫金. 欧洲梦 [M]. 杨治宜, 译. 重庆: 重庆出版社, 2006.

[48] 卡尔·贝克尔. 人人都是他自己的历史学家 [M]. 马万利, 译. 北京: 北京大学出版社, 2013.

[49] 康德. 实践理性批判 [M]. 邓晓芒, 译. 杨祖陶, 校. 北京: 人民出版社, 2003.

[50] 康德. 康德著作全集（第7卷）[M]. 李秋零, 译. 北京: 中国人民大学出版社, 2008.

[51] 康德. 历史理性批判文集 [M]. 何兆武, 译. 北京: 商务印书馆, 2009.

[52] 康德. 道德形而上学的奠基 [M]. 李秋零, 译. 北京: 中国人民大学出版社, 2016.

[53] 科斯塔斯·杜兹纳. 人权与帝国 [M]. 辛亨复, 译. 南京: 江苏人民出版社, 2010.

[54] 孔元, 彭飞. 西方的危机与美国的重建 [C]. 北京: 中国政法大学出版社, 2017.

[55] 拉里·戴蒙德. 民主的精神 [M]. 张大军, 译. 北京: 群言出版社, 2013.

[56] 拉明·贾汉贝格鲁. 伯林谈话录 [M]. 杨祯欣, 译. 南京: 译林出版社, 2011.

[57] 理查德·威尔金森, 凯特·皮克特. 不平等的痛苦: 收入差距如何导致社会问题 [M]. 安鹏, 译. 北京: 新华出版社, 2010.

[58] 李建华. 伦理学与公共事务（第5卷）[C]. 北京: 北京大学出版社, 2011.

[59] 李义天. 共同体与政治团结 [C]. 北京: 社会科学文献出版社, 2011.

[60] 梁树发. 历史进步论的新认识与新发展 [J]. 湖北社会科学, 2016 (5): 5-11.

[61] 列奥·施特劳斯, 等. 政治哲学史 [M]. 李洪润, 等, 译. 北京: 法律出版社, 2009.

[62] 列奥·施特劳斯. 自然权利与历史 [M]. 彭刚, 译. 北京: 生活·读书·新知三联书店, 2011.

[63] 林钊. 虚无主义: 尼采与施蒂纳 [J]. 现代哲学, 2010 (5): 15-20.

[64] 刘擎. 2016年西方思想年度述评 [J] 学海, 2017 (2): 204-216.

[65] 刘擎. 共享视角的瓦解与后真相政治的困境 [J]. 探索与争鸣, 2017 (4): 24-26.

[66] 刘小枫. 施特劳斯与古典政治哲学 [M]. 上海: 上海三联书店, 2002.

[67] 刘小枫. 苏格拉底问题与现代性 [M]. 北京: 华夏出版社, 2008.

[68] 刘瑜. 民粹与民主: 论美国政治中的民粹主义 [J]. 探索与争鸣, 2016 (10): 68-75.

[69] 卢梭. 社会契约论 [M]. 何兆武, 译. 北京: 商务印书馆, 2005.

[70] 卢梭. 爱弥儿: 论教育 (上卷) [M]. 李平沤, 译. 北京: 商务印书馆, 2009.

[71] 卢梭. 爱弥儿: 论教育 (下卷) [M]. 李平沤, 译. 北京: 商务印书馆, 2004.

[72] 栾文莲. 对当前西方国家反全球化与逆全球化的分析评判 [J]. 马克思主义研究, 2018 (4): 89-97.

[73] 罗伯特·卡普兰. 荒野帝国: 走入美国未来的旅行 [M]. 何泳杉, 译. 北京: 中央编译出版社, 2018.

[74] 罗伯特·诺齐克. 经过省察的人生 [M]. 严忠志, 等, 译. 北京: 商务印书馆, 2007.

[75] 罗伯特·诺齐克. 无政府, 国家和乌托邦 [M]. 姚大志, 译. 北京: 中国社会科学出版社, 2008.

[76] 罗伯特·N. 贝拉, 等. 心灵的习性: 美国人生活中的个人主义和公共责任 [M]. 周穗明, 等, 译. 北京: 中国社会科学出版社, 2011.

[77] 罗伯特·贝拉. 骤变与不变: 爆炸式发展与永恒真理 [J]. 北京大学学报 (哲学社会科学版), 2012 (1): 32-34.

[78] 罗伯特·贝拉. 背弃圣约: 处于考验中的美国公民宗教 [M]. 郑莉, 译. 刘军, 校. 北京: 商务印书馆, 2016.

[79] 罗伯特·帕特南. 我们的孩子: 危机中的美国梦 [M]. 田雷, 宋昕, 译. 北京: 中国政法大学出版社, 2017.

[80] 罗纳德·德沃金. 刺猬的正义 [M]. 周望，徐宗立，译. 北京：中国政法大学出版社，2016.

[81] 马峰. 全球化与不平等：欧美国家民粹浪潮成因分析 [J]. 社会主义研究，2017（1）：129-140.

[82] 马克·莱文. 民主的假面：即将逝去的美国光环 [M]. 赖超伟，译. 北京：中信出版社，2017.

[83] 马克·里拉. 夭折的上帝：宗教，政治与现代西方 [M]. 萧易，译. 北京：新星出版社，2010.

[84] 马克斯·韦伯. 经济与社会（第一卷）[M]. 阎克文，译. 上海：上海人民出版社，2010.

[85] 马克斯·韦伯. 马克斯·韦伯社会学文集 [M]. 阎克文，译. 北京：人民出版社，2010.

[86] 迈克尔·桑德尔. 自由主义与正义的局限 [M]. 万俊人，等，译. 南京：译林出版社，2011.

[87] 迈克尔·桑德尔. 民主的不满 [M]. 曾纪茂，译. 刘训练，校. 南京：江苏人民出版社，2012.

[88] 迈克尔·沃尔泽. 正义与非正义战争 [M]. 任辉献，译. 南京：江苏人民出版社，2008.

[89] 迈克尔·沃尔泽. 正义诸领域：为多元主义与平等一辩 [M]. 褚松燕，译. 南京：译林出版社，2009.

[90] 迈克尔·沃尔泽. 论战争 [M]. 任辉献，段鸣玉，译. 南京：江苏人民出版社，2011.

[91] 麦克斯·施蒂纳. 唯一者及其所有物 [M]. 金海民，译. 北京：商务印书馆，1989.

[92] 毛泽东. 毛泽东选集（第1卷）[M]. 北京：人民出版社，1991.

[93] 孟德斯鸠. 罗马盛衰原因论 [M]. 婉玲，译. 北京：商务印书馆，2009.

[94] 孟德斯鸠. 论法的精神（上卷）[M]. 许明龙，译. 北京：商务印书馆，2012.

[95] 苗千. 不存在判断文明优劣的标准 [J]. 三联生活周刊，2018（25）：114-118.

[96] 尼采. 查拉图斯特拉如是说 [M]. 孙周兴，译. 北京：商务印书

馆，2010.

[97] 尼采. 尼采著作全集（第五卷）[M]. 赵千帆, 译. 孙周兴, 校. 北京：商务印书馆，2016.

[98] 蒲实. 底特律的死与生：城市收缩的样本 [J]. 三联生活周刊，2013 (51)：98-103.

[99] 蒲实. 美国！美国！特朗普的社会动员 [J]. 三联生活周刊，2016 (47)：36-43.

[100] 蒲实. 纽约：投票日，尖锐的迷惘 [J]. 三联生活周刊，2016 (47)：51-55.

[101] 乔万尼·萨托利. 民主新论（上卷）[M]. 冯克利, 阎克文, 译. 上海：上海人民出版社，2015.

[102] 若瑟兰·麦克卢尔，查尔斯·泰勒. 政教分离与良心自由 [M]. 程无一, 译. 南京：江苏人民出版社，2018.

[103] 塞缪尔·亨廷顿. 第三波：20世纪后期的民主化浪潮 [M]. 欧阳景根, 译. 北京：中国人民大学出版社，2017.

[104] 塞缪尔·亨廷顿. 文明的冲突 [M]. 周琪, 等, 译. 北京：新华出版社，2017.

[105] 色诺芬. 回忆苏格拉底 [M]. 吴永泉, 译. 北京：商务印书馆，2009.

[106] 史蒂芬·斯密什. 政治哲学 [M]. 贺晴川, 译. 北京：北京联合出版公司，2015.

[107] 叔本华. 叔本华论说文集 [M]. 范进, 柯锦华, 等, 译. 北京：商务印书馆，2016.

[108] 斯蒂芬·格罗斯比. 民族主义 [M]. 陈蕾蕾, 译. 南京：译林出版社，2017.

[109] 斯蒂芬·卢克斯. 道德相对主义 [M]. 陈锐, 译. 北京：中国法制出版社，2013.

[110] 斯蒂芬·平克. 人性中的善良天使：暴力为什么会减少（上）[M]. 安雯, 译. 北京：中信出版社，2015.

[111] 斯坦利·艾岑, 等. 美国社会问题（第12版）[M]. 郑丽菁, 朱毅, 译. 北京：电子工业出版社，2016.

[112] 斯坦利·佩恩. 西班牙内战 [M]. 胡萌琦, 译. 北京：中信出版

社，2016.

[113] 苏珊·雅各比. 反智时代：谎言中的美国文化[M]. 曹聿非，译. 北京：新星出版社，2018.

[114] 陶文昭. 政治献金：选举成本与民主原则的困局[J]. 江海学刊，2010（2）：110-115.

[115] 特伦斯·鲍尔，等. 政治创新与概念变革[M]. 朱进东，译. 南京：译林出版社，2013.

[116] 托克维尔. 论美国的民主（上卷）[M]. 董果良，译. 北京：商务印书馆，2011.

[117] 托克维尔. 论美国的民主（下卷）[M]. 董果良，译. 北京：商务印书馆，2011.

[118] 托马斯·杰弗逊. 杰斐逊选集[M]. 朱曾汶，译. 北京：商务印书馆，2017.

[119] 托尼·朱特. 记忆小屋[M]. 何静芝，译. 北京：中信出版集团，2018.

[120] V. S. 奈保尔. 南方的转折[M]. 陈静，译. 海口：南海出版公司，2016.

[121] 万俊人. 清华哲学年鉴（2005）[C]. 北京：当代中国出版社，2007.

[122] 万俊人. 清华哲学年鉴（2008）[C]. 北京：当代中国出版社，2009.

[123] 万俊人. 爱国主义是首要的公民美德[J]. 道德与文明，2009（5）：4-5.

[124] 汪晖，陈燕谷. 文化与公共性[C]. 北京：生活·读书·新知三联书店，2005.

[125] 汪晖，等. 区域（第4辑）[C]. 北京：社会科学文献出版社，2015.

[126] 王绍光. 民主四讲[M]. 北京：生活·读书·新知三联书店，2008.

[127] 王绍光. 选主批判：对当代西方民主的反思[C]. 北京：北京大学出版社，2014.

[128] 王希. 特朗普为何当选？[J]. 美国研究，2017（3）：9-29.

[129] 温宪. 特朗普评传[M]. 北京：世界知识出版社，2017.

[130] 西摩·马丁·李普塞特. 共识与冲突[M]. 张华青，等，译. 竺乾威，校. 上海：上海人民出版社，2011.

[131] 西摩·马丁·李普塞特. 政治人 [M]. 郭为桂, 林娜, 译. 南京: 江苏人民出版社, 2013.

[132] 习近平. 决胜全面建成小康社会 夺取新时代中国特色社会主义伟大胜利 [M]. 北京: 人民出版社, 2017.

[133] 肖滨. 中大政治学评论（第4辑）[C]. 北京: 中央编译出版社, 2010.

[134] 徐菁菁. "疯子"特朗普: 风口上的逆袭 [J]. 三联生活周刊, 2016 (15): 88-97.

[135] 徐向东. 全球正义 [C]. 杭州: 浙江大学出版社, 2011.

[136] 雅克琳娜·德·罗米伊. 希腊民主的问题 [M]. 高煜, 译. 南京: 译林出版社, 2015.

[137] 亚里士多德. 政治学 [M]. 吴寿彭, 译. 北京: 商务印书馆, 2009.

[138] 扬-维尔纳·米勒. 民粹主义里没有"人民" [J]. 南风窗, 2013 (10): 93.

[139] 姚大志. 平等如何能够加以证明？[J]. 中国人民大学学报, 2014 (3): 39-46.

[140] 叶礼庭. 血缘与归属: 探寻新民族主义之旅 [M]. 成起宏, 译. 北京: 中央编译出版社, 2017.

[141] 叶礼庭. 火与烬: 政治中的成与败 [M]. 黄天磊, 译. 北京: 中央编译出版社, 2017.

[142] 以赛亚·伯林. 自由论（修订版）[M]. 胡传胜, 译. 南京: 译林出版社, 2011.

[143] 以赛亚·伯林. 反潮流: 观念史论文集 [M]. 冯克利, 译. 南京: 译林出版社, 2011.

[144] 以赛亚·伯林. 未完的对话 [M]. 杨德友, 译. 南京: 译林出版社, 2014.

[145] 应奇, 刘训练. 共和的黄昏 [C]. 长春: 吉林出版集团有限责任公司, 2007.

[146] 尤尔根·哈贝马斯. 包容他者 [M]. 曹卫东, 译. 上海: 上海人民出版社, 2002.

[147] 尤尔根·哈贝马斯. 在事实与规范之间 [M]. 童世骏, 译. 北京: 生活·读书·新知三联书店, 2011.

[148] 俞可平. 民主是个好东西 [M]. 北京：社会科学文献出版社, 2006.

[149] 俞可平. 全球化时代的民粹主义 [J]. 国际政治研究, 2017 (1): 9-14.

[150] 余纪元. 亚里士多德伦理学 [M]. 北京：中国人民大学出版社, 2011.

[151] 约翰·凯里. 知识分子与大众 [M]. 吴庆宏, 译. 南京：译林出版社, 2010.

[152] 约翰·罗尔斯. 正义论（修订版）[M]. 何怀宏, 等, 译. 北京：中国社会科学出版社, 2009.

[153] 约翰·罗尔斯. 政治哲学史讲义 [M]. 杨通进, 等, 译. 北京：中国社会科学出版社, 2011.

[154] 约翰·罗尔斯. 政治自由主义 [M]. 万俊人, 译. 南京：译林出版社, 2011.

[155] 约翰·洛克. 政府论（下篇）[M]. 叶启芳, 瞿菊农, 译. 北京：商务印书馆, 2008.

[156] 约翰·密尔. 密尔论民主与社会主义 [M]. 胡勇, 译. 长春：吉林出版集团有限责任公司, 2008.

[157] 约翰·密尔. 代议制政府 [M]. 汪瑄, 译. 北京：商务印书馆, 2012.

[158] 约翰·密尔. 论自由 [M]. 孟凡礼, 译. 桂林：广西师范大学出版社, 2015.

[159] 约瑟夫·列文森. 儒教中国及其现代命运 [M]. 郑大华, 任菁, 译. 桂林：广西师范大学出版社, 2009.

[160] 张一兵."类哲学"人本逻辑的彻底颠覆 [J]. 开放时代, 1998 (6): 116-119.

[161] 珍妮弗·皮茨. 转向帝国：英法帝国自由主义的兴起 [M]. 金毅, 许鸿艳, 译. 南京：江苏人民出版社, 2012.

[162] 中共中央编译局. 马克思恩格斯全集（第3卷）[M]., 北京：人民出版社, 1960.

[163] 中共中央编译局. 马克思恩格斯文集（第1卷）[M]. 北京：人民出版社, 2009.

[164] 中共中央编译局. 马克思恩格斯文集（第 2 卷）[M]. 北京：人民出版社，2009.

[165] 中共中央编译局. 马克思恩格斯文集（第 3 卷）[M]. 北京：人民出版社，2009.

[166] 中共中央编译局. 马克思恩格斯文集（第 4 卷）[M]. 北京：人民出版社，2009.

[167] 中共中央编译局. 马克思恩格斯文集（第 5 卷）[M]. 北京：人民出版社，2009.

[168] 中共中央编译局. 马克思恩格斯文集（第 9 卷）[M]. 北京：人民出版社，2009.

[169] 中共中央编译局. 列宁专题文集（论马克思主义）[M]. 北京：人民出版社，2009.

[170] 中共中央文献研究室. 习近平关于实现中华民族伟大复兴的中国梦论述摘编 [M]. 北京：中央文献出版社，2013.

[171] 中共中央宣传部. 习近平总书记系列重要讲话读本 [M]. 北京：人民出版社，2016.

[172] 周杰，张敏. 美利坚的裂与变 [M]. 北京：中国法制出版社，2018.

[173] 周琪，付随鑫. 美国的反全球化及其对国际秩序的影响 [J]. 太平洋学报，2017（4）：1-13.

[174] 周穗明. 西方右翼民粹主义政治思潮述评 [J]. 国外理论动态，2017（7）：58-72.

## （二）英文文献

[1] ALASDAIR MACINTYRE. Dependent Rational Animals：Why Human Beings Need the Virtues [M]. Chicago：Open Court，1999.

[2] AMARTYA SEN，BERNARD WILLIAMS（eds.）. Utilitarianism and Beyond [C]. Cambridge；New York：Cambridge University Press，1982.

[3] AMY CHUA. Tribal World：Group Identity Is All [J]. Foreign Affairs，July/August 2018：25-33.

[4] AMY GUTMANN. The Challenge of Multiculturalism in Political Ethics [J]. Philosophy and Public Affairs. Vol. 22, No. 3, (Summer 1993): 171-206.

[5] ANITA L. ALLEN, MILTON C. Regan (eds.). Debating Democracy's Discontent: Essays on American Politics, Law and Public Philosophy [C]. Oxford; New York: Oxford University Press, 1998.

[6] BERNARD WILLIAMS. Ethics and the Limits of Philosophy [M]. London and New York: Routledge Press, 2006.

[7] CHARLES TAYLOR. Philosophical Arguments [M]. Cambridge, Massachusetts: Harvard University Press, 1995.

[8] CHARLES TAYLOR. Dilemmas and Connections [M]. Cambridge, Mass.: The Belknap Press of Harvard University Press, 2011.

[9] DAVID FRUM. The Great Republican Earthquake [J]. The Atlantic, January/February 2016: 48-59.

[10] DAVID MILLER, MICHAEL WALZER (eds.). Pluralism, Justice, and Equality [C]. New York: Oxford University Press Inc., 1995.

[11] DAVID MILLER. Citizenship and National Identity [M]. Cambridge: Polity Press, 2000.

[12] DAVID MILLER, SOHAIL H. HASHMI (eds.). Boundaries and Justice: Diverse Ethical Perspectives [C]. Princeton and Oxford: Princeton University Press, 2001.

[13] DAVID MILLER. National Responsibility and Global Justice [M]. New York: Oxford University Press Inc., 2007.

[14] DONALD M. BORCHERT (ed.). Encyclopedia of Philosophy (2nd edition) [M]. Vol. 3, MI: Thomson Gale, 2006.

[15] FRANCIS FUKUYAMA. American Political Decay or Renewal? [J]. Foreign Affairs, July/August 2016: 58-68.

[16] GRETHE B. PETERSON (ed.). The Tanner Lectures On Human Values (XI, 1990) [C]. Salt Lake City: University of Utah Press, 1990.

[17] ISAIAH BERLIN. Liberty: Incorporating Four Essays on Liberty [M]. New York: Oxford University Press, 2002.

[18] JOHN STUART MILL. Collected Works of John Stuart Mill (v. 18)

[M]. London: Routledge, 2001.

[19] JOSHUA COHEN, MARTHA C. Nussbaum (eds.). For Love of Country? [C]. Boston: Beacon Press, 2002.

[20] JOSHUA ROTHMAN. The Enemy Next Door [J]. The New Yorker, Nov. 7, 2016: 72-75.

[21] LEO STRAUSS. Liberalism Ancient and Modern [M]. New York: Basic Books, 1968.

[22] LUKAS H. MEYER (ed.). Legitimacy, Justice and Public International Law [C]. New York: Cambridge University Press, 2009.

[23] MARTHA C. NUSSBAUM. Cultivating Humanity [M]. Cambridge, Mass. : Harvard University Press, 1997.

[24] MARTHA NUSSBAUM. Beyond the Social Contract: Capabilities and Global Justice [J]. Oxford Development Studies, Vol. 32, No. 1, March 2004: 3-18.

[25] MARTHA NUSSBAUM. Not for Profit: Why Democracy Needs the Humanities [M]. Princeton, N. J.: Princeton University Press, 2010.

[26] MICHAEL SANDEL. Democracy's Discontent: America in Search of a Public Philosophy [M]. Cambridge, Massachusetts: The Belknap Press of Harvard University Press, 1996.

[27] MICHAEL SANDEL. Public Philosophy: Essays on Morality in Politics [M]. Cambridge, Massachusetts: Harvard University Press, 2006.

[28] MICHAEL SANDEL. Justice: what's the right thing to do? [M]. New York: Farrar, Straus and Giroux, 2009.

[29] MICHAEL WALZER. Interpretation and Social Criticism [M]. Cambridge, Massachusetts: Harvard University Press, 1993.

[30] MICHAEL WALZER. Thick and Thin: Moral Argument at Home and Abroad [M]. Notre Dame, Indiana: University of Notre Dame, 1994.

[31] MICHAEL WALZER. On Toleration [M]. New Haven and London: Yale University Press, 1997.

[32]     MICHAEL WALZER. Pluralism and Social Democracy [J]. Dissent, Vol. 45, Iss. 1, Winter 1998: 47-53.

[33]     MICHAEL WALZER. Toward a Global Civil Society [M]. New York and Oxford: Berghahn Books, 2002.

[34]     MICHAEL WALZER. Thinking Politically: Essays in Political Theory [M]. New Haven: Yale University Press, 2007.

[35]     MICHAEL WALZER. Achieving Global and Local Justice [J]. Dissent, Vol. 58, Iss. 3, Summer 2011: 42-48.

[36]     PLATO. Republic [M]. Beijing: China Social Sciences Publishing House, 1999.

[37]     RONALD DWORKIN, MARK LILLA AND ROBERT B. Silvers (eds.). The Legacy of Isaiah Berlin [C]. New York: New York Review Books, 2001.

[38]     RONALD DWORKIN. Justice for Hedgehogs [M]. Cambridge, Massachusetts: The Belknap Press of Harvard University Press, 2011.

[39]     THOMAS POGGE AND KEITH HORTON (eds.). Global Ethics: Seminal Essays [C]. St. Paul: Paragon House, 2008.

[40]     VANESSA WILLIAMSON, THEDA SKOCPOL, JOHN COGGIN. The Tea Party and the Remaking of Republican Conservatism [J]. Perspectives on Politics, March 2011, Vol. 9/No. 1: 25-43.

[41]     What's gone wrong with democracy [J]. The Economist, March 1st-7th, 2014: 43-48.